U0136161

臺灣史研究叢刊 11

臺灣淡水埔頂及鼻仔頭地區

歷史建築空間變遷

張志源 著

蘭臺出版社

序一

「閱讀」淡水埔頂及鼻仔頭的空間文本，是一件「沉重」的負擔。這並不是說這本書不好「讀」，而是「閱讀」的時候，有一種歷史的沉重感。

熟知歷史的人都知道，淡水是北臺灣近代開發的縮影。從漢人所開發的滬尾聚落來看，埔頂及鼻仔頭是淡水空間的邊緣，一個在西，一個在東。但這兩個空間放在歷史之河來看時，卻是淡水變遷的核心。外國人「進入」淡水，並沒有直搗當地住民的空間核心，而是別有居心地占據空間的邊緣。一方面可以避免與當地住民直接的衝突；一方面則是占地利之便，可以攫取當地的政治、經濟、軍事利益。

我們可以看到：最先來的西班牙人占據了埔頂，建立了聖多明哥堡；荷蘭人趕走西班牙人，將聖多明哥堡修築為聖安東尼歐堡；淡水被迫開港以後，英國將之改為領事館(紅毛城)；他們的商人則沿著埔頂及鼻仔頭河岸開闢了港口，建立起貿易的洋行；加拿大基督教長老教會也進入了淡水，在埔頂的山坡及臺地，建立了他們傳播教義的教會及學校根據地；日本人接收臺灣以後，其實也是在淡水的兩側邊緣，建立起他們的統治機構及交通建設，以及昭和時期以軍事考量的水上飛行場。

張志源君從大學就讀淡江大學建築系以來，就非常關切淡水，尤其是從空間的角度來書寫淡水的歷史。這本書就是他二十多年來敏銳觀察淡水空間的累積成果，直接從淡水的兩側邊緣空間(埔頂及鼻仔頭)切入，雖說是邊緣空間的變遷，卻是掌握了淡水歷史變遷的核心所在。

今天走在淡水埔頂及鼻仔頭，觀覽沿途的「異人館」，應不難感受到當年歷史中不同的支配主體(外國人)的野心。

淡江大學建築系副教授 米復國 2013.4.21

序二

張博士這本書主要專注於研究淡水「埔頂」與「鼻仔頭」二個地區，分布在淡水漢人聚落的兩側，一個是早期劃為租借區的所在，海關與洋行聚集處；一個是火車淡水線車站所在，從淡水線可以直接連接到縱貫線，有助於物資的運送。從空間特色來看，正好是淡水市街兩側的二個山水交接的山頭所形成的自然區域。「埔頂」與「鼻仔頭」到目前為止仍舊維持日據時期的空間意象，特別是在畫家眼中，淡水被稱為「東方的拿坡里」，而紀錄在許多前輩畫家的畫面上。

淡水的景觀也成為居住者的空間體驗的敘述背景，是所謂的「原風景」！例如在最近的一段訪談中，藝術家林舜龍回憶與陳泗治校長的一段對話，場景在「小白宮」走下來的階梯上，林舜龍將要出國留學，陳校長與他在午後坐在階梯上，舉目四望。陳校長用手指著關渡方向，劃過淡水河來到出海口，他認為這是淡水最美的景觀，而希望林舜龍可以畫一張畫。後來，在校長的紀念會上，林舜龍才完成。這些在淡水成長的年輕人，淡水景觀已經深深烙印在他們的心中，而成為創作的永恆風景！有幾個地方有這樣的條件呢？

許多的空間經驗與心情經驗具現在空間中，淡水的城市歷史不是思古幽情的背景，而是生活的所在，是當代性的，面對未來的機會！透過許多地方歷史研究者的挖掘，空間的故事逐漸發展成為連結人與土地的綿密的關係線，於是一條條離開家門之後，所閃入的市街背後的小徑，可以感受到階梯邊的小花小草與早晨的露水，順著階梯而下，可以來到河邊。也就是這個具體的空間體驗與經驗，轉變了淡水長期以來地方文史工作者所累積在地的知識所進行的「導覽」工作，我們可以用「解說者」來說明這樣的轉變，「在地解說」強調的是如何透過生活經驗的分享作為背景，在文化歷史街巷之中來進行解說工作，經驗分享超越了知識的傳達。這本書的出版將提供這些解說者最好的參考書籍。

這本書的重要，不只是收錄作者多年所投入的研究，所完成的學術研究，而是作者隨著參與在地文化運動所累積而成。也就說這些論文有些最早是因為「搶救」淡水文化資產而啓動的寫作，之後逐漸發展成為學術論文，這部分也再次豐富淡水的地方研究成果。例如在「反對淡水河北側快速道路」的行動中，搶救聯盟提案將「殼牌倉庫」、「水上機場」、「測候所遺址」、「湖南勇古墓」與「海關碼頭」等指定成古蹟，張博士在短時間內協助進行初期的歷史資料寫作，使得審議委員可以短時間內進行古蹟指定工作。

淡水地區的城鎮歷史保存工作已經累積相當的成效，目前已經有三十處經過文化資產保存法所通過指定的古蹟與歷史建築，但是這並非政府的意願，而是地方工作的成果。而目前為止，搶救活動仍舊未停止，歷經十幾年的「搶救重建街」活動，仍在拉鋸中！更為荒謬的「小白宮」前的豪宅也在市政府默許下，將要遮蔽此一號稱「世界遺產潛力點」的關鍵景觀給破壞掉。淡水世界遺產潛力點是以「紅毛城暨其周邊歷史建築」為範圍，所強調的是殖民的「眼睛」所見，而成為空間的表現，興建在山坡上的一排有陽臺的居住建築，以紅毛城為首，依序是領事館官邸、二座牧師與姑娘樓、馬偕故居與「小白宮」等建築。淡水市街範圍內的五虎崗的第二個山頭，與淡水河平行而提供一個歷史文化地景的空間效果。這不就是淡水作為世界遺產潛力點的核心嗎？新北市政府允許公有地（占百分之五十三左右）配合都市更新將要興建的二十七層高的豪宅，不偏不移就位在「小白宮」的正前方！

眼前的淡水正遭逢與上述全然不同的發展的挑戰，當其他城市處心積慮的要創造觀光客到訪的理由，但是卻是面對遊客太多的處境！特別是一系列的破壞性建設衝擊著淡水城市。淡水河北側快速道路、淡江大橋、淡海二期房地產開發案及臺北港等等。這些超越鄉鎮尺度的大型建設，正在挑戰淡水河口景觀風貌的塑造。

「因為淡水的美，你我來到！但是卻因為你我的到來，而毀了淡水的美！」淡水在捷運通車之後，成為臺灣主要的風景區，因此，「錦上添花」的「破壞性建設」逐漸加碼，超越了淡水城市尺度的破壞力量已經從周邊進到歷史風貌核心區，新北市政府已在這樣的條件下，失去立場。因此，這些城市歷史資源面對前所未有的衝擊，小白宮前的豪宅已經說明這樣的都市價值！

文字的歷史逐漸增加，但是石頭的歷史卻是快速消逝。一邊抵抗著兵臨城下的開發力量，一邊順著這本書源源不斷的文化挖掘與歷史寫作，提供作為在地解說者的重要學術根據，有助於在地文化經驗的累積與深化到日常生活世界中。回到現場，這不會是歷史的終點，而是一個新的起點的開啟，關於在地行動！我們需要更為細緻的抵抗策略與行動。

黃瑞茂　淡江大學建築系專任副教授兼系主任

淡水社區工作室成員2013.6.20

序三

淡水是我從讀成功高中時，常與好友前去尋幽、探訪的地方，一去再去，三訪再訪，那時的我已「流浪到淡水」。樂此不疲，深深吸引了我。

讀文化大學史學系時，我忝掌社團「臺灣文化研究社」，承蒙先師林衡道教授帶隊介紹，對淡水的歷史、古蹟，有了更深一層的瞭解和認識，紅毛城、英式官邸、砲臺、教堂、醫院、學堂、自來水道、會館、廟宇、機場、氣象站、墓園、海關……等等遍布淡水的各個古蹟，更深深迷戀著我。我曾在臺北縣救國團《青年世紀》擁有兩個專欄「古蹟探源」與「風土民俗」，連載近十年之久，最早介紹的就是淡水鎮的古蹟群，比較學術性的古蹟研究案也寫過、「牛津學堂」、「馬偕墓園」、「龍山寺」、「小白宮」等等。去夏（2012年）我與真理大學張家麟教授又合著《續修淡水鎮志》〈社會篇〉，我與淡水之因緣實在太深了。

知道志源這位小老弟，是我在調查研究撰寫「稅務司官邸——小白宮」一案時，曾參考其碩論《殖民與去殖民文本的文化想像——重讀淡水埔頂地景》，而讚賞其人其文。爾後透過淡江大學米復國教授之介紹，在他們師徒倆調查研究「艋舺剝皮寮」古蹟案時，才有幸見面認識，從此開啟了我與志源長達二十年的友誼交情。而志源在這二十年中，也順利地從碩士，博士，直到如今在營建署任職；人生也從學生，成人，結婚，為人夫，直到為人父，如今也邁入四十歲的壯年期。

我所認識的志源是位勤奮、用功，練達盡責的人，二十年來，他撰寫了不少有關淡水的歷史及古蹟文章，「廿年磨一劍」，這次將二十年來的論文，予以增補編輯成書，名為《臺灣淡水埔頂及鼻仔頭地區歷史建築空間變遷》，交由蘭臺出版社刊行，並索序於我。這裡頭有些文章我早已拜讀過了，所以有親切熟悉之感。簡單並負責任的推薦說：這本書時間跨度長，從西荷時期到日治時期，空間似乎只侷限在淡水埔頂與鼻仔頭，其實正是北臺的一頁縮影。而與我們這些歷史學者所寫論文之不同及特色，正在這歷史空間的描寫，我常向學生說「古蹟」之定義，「古」者時間也，「蹟」者空間也，要時空並寫，缺一不可，志源做到了，真正符合傳統中國「左史右圖」的研究特色，而更重要的一項突出是時間是不可能重複的，空間卻可重複，志源的這一本書，表面上寫的是時間的變遷，其實卻是看過去空間的變遷去反射時間的流逝，而時間的流逝正是「歷史」本質所在。至於文本的結構完整，敘事的流暢，文章的可讀性，均是餘事。

我欣見本書的出版，更欣喜又一本亮眼的學術佳作的出版，對淡水的歷史、空間有深一層的認識可謂得其書，亦得其人，書品與人品兩相輝映，誠學界盛事，於我亦是一大樂事，是為序。

佛光大學歷史學系教授 卓克華于三書樓 2013.3.9

自序

本書主要就臺灣淡水埔頂與鼻仔頭二個地區進行建築歷史空間變遷的研究。筆者最初接觸此區域，是於民國80年就讀淡江大學建築系時，當時建築系內的古蹟家族學長姐帶領大一新生參訪淡水的采風之旅，後來大三暑假在淡水社區工作室當工讀生時，當時淡水社區工作室為了確認與瞭解淡水特殊的歷史資源，筆者2個月間曾在淡水老街與埔頂穿梭訪查許多巷子內特殊的歷史空間，在就讀淡江大學建築研究所時，筆者擔任恩師米復國老師所作的行政院國家科學委員會研究計畫《1860s－1890s淡水、大稻埕、艋舺殖民建築研究：殖民與後殖民論述考察》的兼任研究助理，當時藉由計畫經費的補助，簡易測繪了許多淡水埔頂重要的歷史建築物，也撰寫完成了碩士論文《殖民與去殖民的文化想像：重讀淡水埔頂地景》。

民國92年至93年間，因緣際會，協助李乾朗老師進行當時剛被臺北縣文化局指定為古蹟的淡水英商嘉士洋行倉庫、淡水水上機場及淡水氣候觀測所的調查研究計畫，藉由原始文獻的蒐整、現地調查及後來撰寫成期刊論文的修改，開始慢慢完成過去研究淡水歷史時從未深化探討的課題。

本書以年代作為分期，討論臺灣淡水埔頂與鼻仔頭二個地區的空間變遷，且重點放在清代開港後到日治末期階段，筆者就過去10多年間所作的相關研究資料再行增補，期望本書對進行臺灣開港通商口岸的建築與空間變遷研究有相當的幫助。

本書的完成首先要感謝恩師米復國老師、黃瑞茂老師的鼓勵與教導，再來要感謝當年碩士論文口試審查委員夏鑄九老師及曾旭正老師的指導。另外本書也是對當年在臺灣推動社區總體營造及社會改造的建築史學者陳志梧老師的懷念。

此外，要特別感謝李乾朗老師的鼓勵，同意後來筆者在他的調查研究案結束後，於工作之餘將所作的古蹟空間歷史調查研究重新改寫增補修正，於正式期刊發表。另外，也要感謝佛光大學歷史學系卓克華老師的牽線，使這本書能夠順利出版，以及感謝蘭臺出版社張加君小姐及林育雯小姐協助專業的編排與校對。

最後，筆者仍要感謝當年此書初稿完成相關的朋友們，包括江柏煒老師、歐金定建築師、曾尹君老師、洪睿珍老師、徐詩思博士、淡水滬尾文史工作室紀榮達先生、宋宏一老師、蘇文魁先生、李志仁社長、吳春和副社長及諸多默默鼓勵的師長、同事及朋友們。另感謝博士班的恩師邱上嘉老師對於筆者學術研究上的訓練。最後要感謝我的父親張鶴萬先生、母親廖素錢女士、岳父盧昭男先生、岳母施玉美女士、妹妹淑芳、妻子幸娟、女兒愷容及兒子祐嘉，因我的忙碌，疏於照顧與陪伴，感謝他們的包容。

這本書從民國95年修改至民國102年，筆者未來仍將繼續朝著19世紀中葉後東亞開港城市空間變遷這個課題深究，也自我期許未來能夠對學術研究有實質貢獻。

CONTENTS
目錄

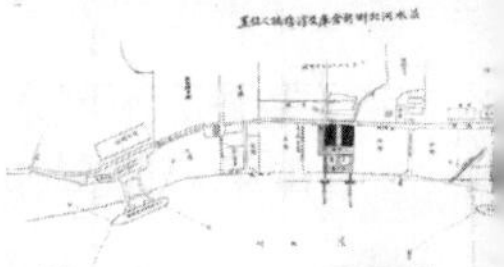

CONTENTS
目 錄

圖目錄

表目錄

第一章　緒論

德瑞克・葛里哥雷（D. Gregory）說：「歷史，不僅是時間的交織，也是空間的交錯。」[1]歷史，是由人類行動所建構空間與時間之間連續性的互動，它是個充滿衝突的過程。

本書以臺灣新北市淡水區的「埔頂」（又名「砲臺埔」、「炮臺埔」）與「鼻仔頭」（又名「鼻頭崙」）這兩個地區進行空間變遷的研究。研究的動機有下列幾點原因：

一、就淡水歷史變遷而言：這個區域是臺灣在西方大航海時代與清代臺灣開港通商後，保留完整西洋建築與中西混合建築的歷史痕跡。

二、就淡水空間變遷而言：由這些案例能夠瞭解過去外國人和淡水歷史發展與地景變遷的關係。

三、就殖民建築變遷而言：能夠瞭解洋人及漢人如何在淡水進行建築的活動。

「淡水」原為河名，由大崁科溪、新店溪、基隆河匯合而成，為臺灣的第三大河川，與高屏溪之舊名「下淡水河」南北稱之，或稱為「上淡水河」。清雍正元年（1723）諸羅縣下增設彰化縣及淡水廳，於是淡水成為行政區名。其範圍南自大

---

[1] Gregory. D., 1994, The Dictionary of Human Geography , p.583.

甲溪，北至今日基隆，並非指今日之新北市淡水區。清光緒20年（1894）本研究地區隸屬「淡水縣芝蘭三堡」，明治29年（1896）改隸為「臺北縣淡水支廳」，至明治30年（1897）改隸為「臺北縣滬尾辦務署」，明治34年（1908）改隸為「臺北縣滬尾支廳」，大正元年（1912）改隸為「臺北廳淡水支廳」，大正9年（1920）改隸為「臺北州淡水郡淡水街」。光復後，行政區域更改為「臺北縣淡水區淡水鎮」，民國39年（1950）撤廢淡水區署，改稱為「臺北縣淡水鎮」，民國100年（2011）改稱為「新北市淡水區」。

「淡水」古名為「滬尾」，為利全書行文方便，以「淡水」及「滬尾」之名並稱之。

研究一個區域的空間變遷，常涉及到該區域空間結構的變化討論。而空間結構的研究方法，19世紀迄今，從經濟學、社會學、都市地理學、人文地理學、交通與通訊技術、政治經濟學及批判理論等皆有不同角度的思考與操作方法。

本書的研究論點認為城市空間是歷史的產物，城市空間的形式、機能承繼自過去或來自衝突的歷史變遷，而賦予其新的意義。臺灣城鎮空間變遷的特殊性無法單純用西方空間結構的概念及理論解釋，因為西方城鎮在工業革命後，受到資本主義、現代主義的影響，有其自身的發展軌跡。臺灣在東亞歷史發展過程中，經歷文化、種族、殖民現代性過程，城鎮的發展融匯在中國文化、西方文化及日本文化過程中，所以分析臺灣城鎮空間變遷不應忽視這些層面。

空間是社會基本物質向度，也是政治、經濟和意識型態結構或過程之表現。人賦予了空間形式、功能與意義，所以空間不僅是社會結構的某個場面，而是每個社會在特定化的歷史總體之具體表現。

此外，空間形式是由人類行動所生產，並根據一定的生產方式和發展方式表現且執行支配階級的利益，所以空間形式表現了一個歷史界定的社會中國家權力的關係。

本書的章節架構是在討論淡水埔頂與鼻仔頭地區歷史轉化過程中，空間如何在一個歷時性過程中不斷產生變遷，並分析空間變遷與社會變遷在一個共時性的結構下關係，在這裏歷史、空間、社會、事件、人物相互交織。研究範圍界定在淡水埔頂及鼻仔頭兩個地區。「埔頂」位在新北市淡水區中正路的西端，範圍包括紅毛城、真理大學、淡江中學、前清淡水海關稅務司官邸、馬偕故居、華雅各故居、外僑墓園、滬尾偕醫館、淡水禮拜堂等地區。「鼻仔頭」位在淡水捷運站東側與鼻仔頭川、竿蓁林川西側範圍，範圍包括今日聖本篤修道院延伸到淡水區第一公墓至淡水殼牌倉庫、淡水水上機場及淡水氣候觀測所。

本書章節主要分成西荷時期、明鄭時期到清代開港前、清代開港後到日治前及日治時期等四個時期。討論的建築空間集中在淡水紅毛城、加拿大基督教長老教會建築、洋行、海關、水上機場及氣候觀測所等，在歷史演變過程中，建構了整個淡水埔頂及鼻仔頭空間變遷的發展。

一、在西荷時期先分析大航海時代下的臺灣情勢，再分析西班牙時期在淡水埔頂興建的聖多明哥堡及荷蘭時期修建的聖安東尼歐堡過程。

二、在明鄭時期到清代開港前的時期主要討論滬尾聚落的發展，再分析此時期淡水埔頂紅毛城的修築及滬尾水師守備狀況。

三、在清代開港後到日治前的時期先分析因對外貿易與國際分工而崛起的淡水港，再討論淡水海關、分布在淡水埔頂及鼻仔頭地區靠近淡水河岸洋行的設置及作為淡水英國領事館使用的紅毛城，最後討論加拿大基督教長老教會對淡水埔頂地區的影響。

四、在日治時期先分析淡水港的衰退與淡水市街的變遷，再分析加拿大基督教長老教會對淡水中學校與淡水高等女學校的經營，並將重點分析於此時期崛起的淡水鼻仔頭地區的洋行經營變遷及在昭和時期出現的淡水水上飛行場的興建與經營，最後以概述戰後淡水埔頂與鼻仔頭地區的空間變遷為總結。

第二章 西荷時期的淡水聖多明哥堡及聖安東尼歐堡

歐洲人在大航海時代為了追尋金、銀、香料及珍貴物品，在商業及宗教因素下，把戰線延伸到海外。17世紀的臺灣情勢介於西班牙、荷蘭、日本與中國等國的國際關係間，當時西班牙人在臺灣雞籠建立了聖薩爾瓦多城堡，並沿著北海岸擴展勢力，為了經濟物資補給的目的，在淡水興建了聖多明哥堡。而後西班牙人被荷蘭人驅離後，荷蘭人在此地修建了聖安東尼歐堡，荷蘭人被鄭成功軍隊驅離後，此地荒廢。本章分別從大航海時代下的臺灣情勢、西班牙時期興建的淡水聖多明哥堡及荷蘭時期修建的聖安東尼歐堡的相關建築活動與紀錄來進行分析。

第一節 大航海時代下的臺灣

一、西方人眼中的福爾摩沙

西元1510年歐洲人到達西太平洋，西元1511年葡萄牙人在中國珠江口小島定居。西元1521年為西班牙政府效力的葡萄牙探險家麥哲倫（Fernão de Magalhães）踏上菲律賓群島，當時西班牙與葡萄牙的航海勢力處於相互競爭狀態。

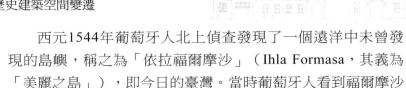

西元1544年葡萄牙人北上偵查發現了一個遠洋中未曾發現的島嶼，稱之為「依拉福爾摩沙」（Ihla Formasa，其義為「美麗之島」），即今日的臺灣。當時葡萄牙人看到福爾摩沙時，做了一首歌，歌詞上這樣寫著：

向西到那沒有冬天的島嶼，

那裏沒有水，也沒有雪，

居住在這鮮花怒放的仙島吧，

我們的家鄉正是冰天雪地，草枯葉落，

這是虹一般多采多姿的地方，

住在那裏，你就會瞭解我的意義。[1]

然而，這些人積極尋求殖民地的過程，背後有著複雜的政治、經濟與宗教關係。

16世紀及17世紀的2個世紀之間，歐洲的殖民者，包括葡萄牙、西班牙、荷蘭和英國等國家，為了追尋金、銀、香料及珍貴物品為新目標，在重商主義促動下，積極尋求殖民地。當時征服殖民地的主要動機也是為了要解決新教與舊教之間的衝突，而把戰線延伸到海外來解決[2]。

由於地理的大發現，使西方的教士經由海上航行繞過介於歐洲與遠東間回教徒的障礙。

歐洲人聲稱這個大發現把全世界展現在他們面前，這麼多未得之地亟待教會的救贖與努力[3]。

---

[1] 董顯光，1962，《基督教在臺灣的發展》，頁3-4。

[2] 中村孝志，1970，〈十七世紀西班牙臺灣的佈道事業〉，頁113。

[3] 例如當時西班牙女王伊莎貝拉一世（Isabel I la Católica）說：「朕主要的目標，是把印度及大陸上的人民，改信為神的天主教，所以我曾派遣高位聖職

西元1493年教皇頒布敕書，明定西班牙及葡萄牙東西分界線以亞速爾群島與維德爾角群島為界線，該島以西所有被發現的地區落入西班牙王室的手中，以東被發現的地區落入葡萄牙王室手中。

而後，瓦斯科・達伽馬 （ Vasco da Gama ）繞過好望角，沿著東非海岸到達了印度及中國，而麥哲倫（Fernão de Magalhães）亦在西元1521年踏上菲律賓群島。

另在那個時期東亞主要有耶穌會、奧斯定會、方濟各會、多明我會。經耶穌會士沙勿略（Francisco Xavier）、范禮安（Alexandro Valignano）、羅明堅（Michael Ruggerius）、利瑪竇（Matteo Ricci）等會士積極傳教的行動，羅馬教皇給了該會中國傳教的批准，那些宣教士以澳門做基地，在廣東、北京及南京等地傳教，而其他修道會亦有進入中國，但均被官方所阻[4]。

而在東亞的日本當時對天主教進行迫害，於是一大批東來的西班牙會士便以菲律賓為根據地，以臺灣作為進入中國及日本的跳板，並力說西班牙總督，稱臺灣是擴大傳教圈的重要基地[5]。

於是，在17世紀的臺灣版圖中，占領臺灣北部的西班牙屬

者、宗教家、學者到各地方，指導並教化他們。」詳見中村孝志，1970，〈十七世紀西班牙臺灣的佈道事業〉，頁113。

[4] 中村孝志，1970，〈十七世紀西班牙臺灣的佈道事業〉，頁117。

[5] 中村孝志，1970，〈十七世紀西班牙臺灣的佈道事業〉，頁119。西元1570年葡萄牙在日本長崎港進行貿易，而後，西班牙亦在浦賀港進行貿易。西元1613年荷蘭東印度公司壓迫日本，在平戶、長崎進行開港貿易，並設置商館。荷、英東印度公司互訂防守同盟，共同約定南洋貿易自由，編成20艘聯合艦隊，進攻葡、西兩國殖民地，並襲擊海上敵國船隻。

於舊教天主教，而占領臺灣南部的荷蘭屬於新教改革派。

另外，由於明太祖的冊封體制、朝貢貿易及海禁政策，形成明代的東亞交易圈體制[6]。但隨著西方大航海時代的來臨，東西交易圈再次進入無秩序時代。

由於東亞各國商業物資的流通需求，中國對東南亞香料需要量增加及對日本產銀的渴望，促進東亞各國國際貿易的興盛，而葡萄牙為先鋒的西方勢力亦在16世紀在東亞海域出現，使東亞的交易圈受到外來的刺激。當時明帝國對海上貿易活動採消極政策，並強化貿易的統制，僅准貢舶貿易，而禁絕私人貿易，又針對沿海國際海盜為患，故於沿海廣置衛所，造船練兵。同時為防中國平民販海通夷，引海盜入侵，於是頒布禁海令。

雖然明太祖將明帝國視為國際秩序的中心，將冊封體制及朝貢貿易結合在一起，但在與日本的供需關係上卻出現不平衡，於是除以中國為中心的冊封體制朝貢貿易外，來自中國沿海的走私商人以及日本博多（福岡）、大阪等地的商人以及東南亞諸國的華僑為主體的海商們，紛紛跳出國家貿易的限制，自行經營其貿易。當時以琉球為媒介的轉口貿易，使中國與東南亞之間，以及中國與朝鮮、日本之間的國際商品流通得到平衡，於是形成琉球—中國福建、琉球—東南亞諸國、琉球—博多—對馬—朝鮮、琉球—大阪等幾條交易路線。另亦有明成祖派遣鄭和出使西洋諸國。

但由於海禁政策，使唐、宋、元代沿海居民海外發展阻塞。在明帝國與日本貢舶貿易斷絕後，基於供需關係，禁令越嚴，獲利越厚，故國際海盜猖獗。

[6] 曹永和，1996，〈環中國海域交流史上的臺灣和日本〉，頁47-49、113、114。

明嘉靖26年（1547）中國大陸沿海經俞大猷及戚繼光等整頓海防，征剿海盜後，到萬曆初年方大體平定。當時這些鋌而走險、犯罪走私之徒，且商且盜，澎湖、臺灣這些地區成為海盜的巢穴。

另14世紀就有臺灣原住民用砂金、硫磺、鹿皮與漢人交換土珠、瑪瑙、陶器。16世紀時亦有橫行於臺灣、大陸、日本間的國際海盜以淡水河作為汲水地[7]。

此外，日本在16世紀末與菲律賓的西班牙人交涉頻繁，由於臺灣位處於中間的位置，於是從豐臣秀吉到德川家康時代，不斷對臺灣淡水、基隆等地發動侵略攻擊，德川家康時代亦有派人來臺灣調查物資，欲將臺灣作為中、日商船貿易轉接基地。

由於在菲律賓的西班牙人恐慌臺灣作為日人南進的跳板，於是起了攻占臺灣的計畫，認為一方面可讓中國船來馬尼拉貿易，確保近海航線安全，一方面亦可將該島作為佈教基地。又認為如果從墨西哥前來的西班牙船被荷、英聯合艦隊襲擊，中國商船的貿易亦會受妨礙，所以必須占領臺灣的一個港灣，作為抵抗敵方的艦隊，否則馬尼拉、澳門對日本及中國的貿易，不獨菲律賓各島嶼，並且在南洋的其他非屬荷、英的殖民地，亦難保不因此而滅亡[8]。

二、北部聖薩爾瓦多城及南部熱蘭遮城的興建

西元1622年荷屬東印度公司占領了澎湖，以此地作為東亞貿易的轉口基地。

---

[7] 白惇仁總編纂，1989，《淡水鎮志》，頁242。

[8] 劉寧顏主編，1990，《巴達維亞城日記第三冊》，頁7。

西元1623年荷蘭人於大員(今臺南市安平區)築木柵城，西元1624年於一鯤身築熱蘭遮城(Zeelandia)，以此地作為統治臺灣的中心。

西元1626年西班牙人進入雞籠水域後，發現社寮島有可供船隻停泊的港口，故將該港口命名為「聖三位一體港」，社寮島命名為「聖三位一體」，島上所建的城堡命名為「聖薩爾瓦多城」，其旁的市街命名為「聖薩爾瓦多街」[9]。由此處開啟了對北臺灣短暫的統治。

西班牙占領此地前後，此地已是臺、中、日國際交易的地點[10]。也有一些漢人商人住在金包里的對岸[11]。西、荷時期記載社寮島建築與工程設施如下：

1.聖薩爾瓦多城堡（又名「三位一體城堡」、「聖救主城」）：於西元1629年之前完成，荷蘭人占領以後將之改名為

[9] 另在西元1654年「手繪淡水及其附近村落及雞籠嶼圖」對這座島嶼這樣的描述：「這座雞籠小島，約有一小時路程之廣幅。據云周圍是塊岩石，果樹無法存活，玫瑰、百合花以及芸香則可生長，但生菜、豆類及其他蔬菜糧食卻不能種植與收穫。…在山下，此時要走上維多利亞圓堡的路旁，有處終年陽光照射不到的淡水冷泉，因此雞籠島上有泉湧不斷的冷水，山上空氣新鮮，香味怡人，當地令人身體健康。而淡水與雞籠之間的距離，雖僅八至九荷里，但兩地的氣候卻懸殊不同。…聖三位一體城與其圓堡，以及教堂、修道院，宏偉壯觀地矗立於雞籠島上。…如今卻與廢墟無異。該城護牆頗為寬厚，稜堡建造得高大而壯麗，就如北荷蘭〔稜堡〕一般，神父與修士就在裡面洗淨身軀。」詳見翁佳音，1998，《大臺北古地圖考釋》，頁189-190。

[10] 翁佳音，1998，《大臺北古地圖考釋》，頁118。

[11] 翁佳音，1998，《大臺北古地圖考釋》，頁118。另當時臺灣南北交通雖不如臺灣與中國間方便，但在荷蘭時代臺灣南北間貨物互通有無的交易路線卻已成立。例如有荷蘭人尼古拉斯•維米爾(Nicolaas Vermeer)帶領妻兒到雞籠貿易，並賺了錢，然後被允許到三貂與蘇澳交易。西元1664年荷蘭人再度占領雞籠島時、住宅倒壞，全島如荒野，草木叢生，而商館館長的宿舍劃分為3個住宅，並建砲手的住房及煉鐵工場。詳見翁佳音，1998，《大臺北古地圖考釋》，頁122。

「北荷蘭城」，清代時稱之為「紅毛城」、「紅毛樓」、「雞籠寨」，僅有東南方的北荷蘭稜堡與東北方的熱堡稜堡完全竣工，其餘兩角則為面山的西北方砲臺，西南方有護城防禦工事，另外有兩個城門，為「陸城門」與「水城門」，城牆圍50餘丈，高2丈。整座城砦內部為四方形，裡面有住房與倉庫，指揮官與其部屬住在此，城中有一口相當美麗的深水井，是花了不少力氣從岩礁中挖砌而成[12]。

2. 主管官邸：西元1650年10月荷蘭人重建時用藍色石塊砌成，房間牆壁厚度為2.5荷呎。略加整修後，兩間可供放置貨物，另一間可供外科醫生、助手及來往客人住宿之用[13]。

3.維多利亞圓堡：為今日白米甕砲臺的地點，建在約300餘呎的山頂上，為一棟圓形的崗樓，以白磚建造[14]。

4.愛爾騰堡：靠近今日八尺門的水道附近[15]。

荷蘭人對臺灣的經營重心則擺在臺灣南部的熱蘭遮城，熱蘭遮城內有稜堡、守衛室、守望臺、醫院、長官官邸、倉庫和公司職員宿舍等[16]，曾這樣描述：

> 熱蘭遮城包括一個建立在小山丘的堡壘，部份是人工的，是一個每邊約60碼廣場的城堡，大約離城北邊約100碼的地方，順著海岸還加蓋一座牆，與城堡在西邊與北邊的角上相接，每個角都蓋著稜堡。整個城堡都是用巴達維亞運來的小磚塊蓋成，牆上佈滿了槍眼。…城堡

[12] 翁佳音，1998，《大臺北古地圖考釋》，頁129-132。

[13] 翁佳音，1998，《大臺北古地圖考釋》，頁121。

[14] 翁佳音，1998，《大臺北古地圖考釋》，頁123-128。

[15] 翁佳音，1998，《大臺北古地圖考釋》，頁122-123。

[16] Zonduliet，1997，《十七世紀荷蘭人繪製的臺灣老地圖》，頁53。

> 要建造在靠近公司並且大船能停泊的海灣的一角上，在戰時能提供城堡內所需要的糧食、人員及武器，抵抗原住民的暴動或其他歐洲國家的圍攻。在城堡四周皆有空地，從城堡看下去視野廣闊沒有障礙，來攻擊的人無法躲避砲火[17]。

西元1644年因中國本土政治動盪，很多中國商人、農人渡海來臺，大員市鎮繼續擴大，有市政府、醫院、市場、孤兒院、婦女收容所、運河及格子狀街道。普羅岷西亞亦有馬廄、果園、菜圃、大員官員別墅及城堡等。因中國人居住區迅速發展及荷蘭人貿易正達顛峰，當時還考慮大員市鎮是否要建造一個有圍牆的大市鎮與城堡，但又害怕中國人會在圍牆內叛亂，所以決定不興建。另當時大員市鎮基本規劃系統已建立，包括衛生、防火、街道、區域規劃及運輸系統。因為重視衛生需求，興建了水上廁所、排水道、醫院及收容所[18]。又為讓軍隊容易鎮壓，興建城堡及設有威嚇的設施[19]。

---

[17] Zonduliet，1997，《十七世紀荷蘭人繪製的臺灣老地圖》，頁48。

[18] Zonduliet，1997，《十七世紀荷蘭人繪製的臺灣老地圖》，頁52。

[19] Zonduliet，1997，《十七世紀荷蘭人繪製的臺灣老地圖》，頁64。例如：在市鎮與城堡間會留下一塊空地，這樣的廣場可以宣示政府的法律權威，可將犯人帶至大眾面前處罰，對死刑犯而言，在那裡亦可設絞刑臺將人犯吊死。…要設立一個地方官去治理赤崁地區，那地方官要駐在那新城堡裏。在那城堡裡要建造地方官的居處，那居處不但要使地方官及其家人居住，也必須能使他的部屬及奴僕居住。在那居處的地窖須能儲藏糧食和火藥，在城堡裡須有水井，以便被圍攻時不致缺水。

第二節　西班牙時期的淡水聖多明哥堡

一、聖多明哥堡的興建

西荷時期淡水稱作“Tanchui”、“Tanchuy”。對占領北臺的西班牙人而言，淡水在當時屬於軍事管轄邊緣的位置。

當時藉口征服淡水的原因主要是原住民[20]殺害西班牙人，故在雞籠的守將才欲將淡水置於掌握之下[21]。

淡水當時只築了聖多明哥堡為堡壘，作為疆域拓展的軍防地。

此外，淡水是西班牙人在臺灣第二個收入版圖的地區，由於雞籠有港灣之長，淡水有米糧之豐，故為西班牙人在臺灣的殖民據點各自提供了需求[22]。

西元1626年西班牙人占領北臺灣前，或許得自於往來馬尼拉經商閩南華人的訊息，從西元1597年由西班牙人科羅聶爾（Hernando de los Rios Coronel）所繪製的「菲律賓群島、福爾摩沙島與部分中國海岸地圖」，即已清晰標示了淡水港與雞籠港在臺灣島的相對位置，故當西班牙遠征軍來到福爾摩沙島

---

[20] 史前時代淡水的原住民可能是分布在淡水河兩岸到金山之間的北海岸以及臺北盆地西北側的埤島橋類型文化，原因是在時間序列上可接續淡水河系部分原住民村落。西荷時期淡水河流域原住民分布以地域加以分為六類，詳見詹素娟，1998，〈分類的迷思—淡水河系原住民的族群類緣問題〉，頁9、10、15-16，原始文獻出自中村孝志，1936-1937，〈蘭人時代の蕃社戶口表〉，頁48-51；劉益昌，1995，〈第九十九回臺灣研究會記錄—史前文化與原住民關係初步探討〉，頁83-90；溫振華、江蒽，1998，〈清代淡水地區平埔族分佈與漢人移墾〉，頁4。

[21] 中村孝志，1970，〈十七世紀西班牙臺灣的佈道事業〉，頁123。

[22] 陳國棟，1978，〈西班牙及荷蘭時代的淡水（上）〉，頁27-37；陳國棟，1978，〈西班牙及荷蘭時代的淡水（下）〉，頁25-33。

時，早已對淡水有若干認識與瞭解[23]。

西元1627年底西班牙人因自馬尼拉運送補給物品的船隻遲遲未抵達雞籠，糧食不足的西班牙駐軍受到淡水原住民首領的邀請，殖民地長官命令安東尼歐・德・維拉(Antonio de Vera)率領20名西班牙人員至當地，希望與此原住民首領交好，以運回重要的糧米，但安東尼歐・德・維拉及7名士兵被原住民所殺，其餘人逃回雞籠。

之後，西班牙人率領約100名步兵及4艘大型中國帆船參與報復淡水原住民的行動，對今日紅毛城一帶的Senar原住民聚落展開攻擊，捉獲數名有威望的原住民首領，有的處以死刑，有的戴著鎖鍊服勞役。Senar原住民後來為安東尼歐・德・維拉等人致死之事向西班牙人致歉，並提出和平共處請求。西班牙人在寄望淡水稻米成為駐軍補給的情況下，答應原住民的議和[24]。

約自西元1628年開始，西班牙人在Senar原住民聚落地[25]構築防禦工事及要塞，並將聳立於今日淡水河口丘陵上的要塞名之為「聖特・多明哥」（Santo Domingo），當時環繞此一區域及用大木樁圍成的附近土地，亦稱之[26]。

因缺乏石材，故防禦工事構築以木材為主，駐軍人員先將木樁深插入土，底部鋪上土石加以穩固，最後再以木樁環繞築

[23] 李毓中，2005，〈從大航海時代談起：西班牙人在淡水(1627-1637)〉，頁14。原始文獻取自A.G.I., MP, Filipinas,6.

[24] 李毓中，2005，〈從大航海時代談起：西班牙人在淡水(1627-1637)〉，頁15。原始文獻取自R.A.H.(Real Academia de la Historia), Jesuitas, Tomo 84, N.12.

[25] 約在今日紅毛城附近的山邊及淡水河邊一帶。

[26] 李毓中，2005，〈從大航海時代談起：西班牙人在淡水(1627-1637)〉，頁15。

成要塞，其築成時間約在西元1629年後[27]。

另在西元1629年繪製的北臺灣地圖(圖2-1)，西班牙人除在淡水紅毛城位置建築一座要塞，並且在淡水河畔以木柵圍成城塞式的防禦工事，以保護船舶靠岸及上下補給的安全。城塞內看似房舍的建物可能為駐軍的宿舍、貨倉及火藥庫等，其要塞結構體為土牆圓堡，堡內有五、六間屋舍，周圍有木片籬笆，一旁架設大砲防禦[28]。

西元1632年西班牙神父的報告指出，所有要塞均以木材搭建，但僅是在屋頂上鋪茅草，因此駐軍與神父們皆為火災可能帶來的損失而感到苦惱，而淡水潮濕的氣候與風災亦易造成木材的受潮與腐爛，故駐軍在防禦之餘，頻繁進行要塞的整建[29]。

西元1635年西班牙臺灣殖民地長官阿隆索・賈西亞・羅美羅（Alonso Garcia Romero）在報告中描述，聖多明哥堡是由三座木造小稜堡及一座瞭望臺所組成，外圍有木柵圍繞成的廣場[30]。在淡水要塞中設有專人看守的烽火臺，主要功能作為偵察原住民的動態[31]。

西元1636年發生淡水原住民的叛變事件，許多西班牙人遭

---

[27] 李毓中，2005，〈從大航海時代談起：西班牙人在淡水(1627-1637)〉，頁16。

[28] 李毓中，2005，〈從大航海時代談起：西班牙人在淡水(1627-1637)〉，頁16。

[29] 李毓中，2005，〈從大航海時代談起：西班牙人在淡水(1627-1637)〉，頁16。原始文獻取自A.U.S.T.,Libros, Tomo 49,ff.313.

[30] 李毓中，2005，〈從大航海時代談起：西班牙人在淡水(1627-1637)〉，頁16。原始文獻取自A.H.N.,Diversons 34, N.39.

[31] 李毓中，2005，〈從大航海時代談起：西班牙人在淡水(1627-1637)〉，頁16。

到殺害[32]，當時西班牙人與當原住民有許多相互爭鬥的事蹟[33]，其中在《巴達維亞日記》有這樣的描述：

> 西班牙在雞籠十八年間，與淡水土番交戰。其原因為淡水土番曾招待彼等，而隱藏雜草中突然出為襲擊。…彼等亦謀復仇偽裝和平，數人受牧師洗禮，距今十年至十二年，一夜雞鳴時，襲擊西班牙人於其城，而焚其城（以沙卡泰Saccatij葺之），殺七十人（其中有傳教士三人），其他逃亡。後來賴傳教士等之努力，土番歸順。…「特拉波安」附近基波爾摩瓦（Kipormowa）土番於九年前曾殺害曾一船漂著之西班牙人及中國人計三十人。…西班牙人為復仇而率兵一百多人重來，捕獲淡水重要土番十四人，殺其數人，其餘繫鎖而奴役之。…西班牙率兵一百人及同數之基馬武里與三貂腳土番合計二百人出為復仇，燒毀全村捕去三人。西班牙在全臺灣最多五百人，而僅與八村和好[34]。

要塞遭原住民縱火焚毀後，西班牙人決定以石材重建，但在要塞興建完成得以進駐時，接獲菲律賓總督毀城撤軍命令，在幾經掙扎下，西班牙守軍焚毀了剛蓋好的石造要塞，撤軍離去。西班牙統治淡水的短暫歷史也告結束[35]。

---

[32] 李毓中，2005，〈從大航海時代談起：西班牙人在淡水（1627-1637）〉，頁16。

[33] 李毓中，2005，〈從大航海時代談起：西班牙人在淡水（1627-1637）〉，頁17。原始翻譯文獻來自李慧珍、吳孟真、周佑芷、許壬馨、李毓中譯，2003，〈哈辛托·艾斯奇維（Jacinti Esquivel）神父1632年所寫「福爾摩沙島情況相關事務的報告」〉，頁283-306；吳孟真、吳奇娜、馬若庸、許壬馨、李毓中譯，2004，〈1632年哈辛托·艾斯奇維（Jacinti Esquivel）神父所寫「有關福爾摩沙島近況變化的報告」〉，頁326-341。

[34] 李汝和主編，1989，《巴達維亞城日記第二冊》，頁414-415。

[35] 李毓中，2005，〈從大航海時代談起：西班牙人在淡水（1627-1637）〉，頁16。

二、淡水傳教士的事蹟

此時期淡水附近著名的傳教士有馬地涅（Bartolome Martines）、愛斯基委（Jacinto Esquivel）、伐愛士（Francisco Vaez）、神父基洛斯（Teodoro Quiros de la Madre de Dios）、幕落（Luis Muro），當時傳教的地區包括雞籠、淡水、基毛里（Kimauri）、大巴利（Taparri）、三貂角（Santiago）等地，並於淡水興建教堂[36]。他們主要將在臺灣傳教作為進入中國及日本的跳板。

西元1630年愛斯基委神父與西班牙士兵來到淡水沙巴里（約在今日的淡水市街位置），他曾建議興建醫院，以治療當地的漢人、日本人及原住民[37]。

但抵達淡水後，士兵逃亡，致使愛斯基委神父留在淡水學習語言與教化住民。愛斯基委神父在淡水建玫瑰聖母堂，於數月間編成《淡水語詞彙》及《淡水語教理書》。

有一段記載傳教士受西班牙兵士保護，舉行玫瑰聖母堂獻堂典禮遊行經過的描述，可看到軍隊護送聖母神像及原住民對奇特儀式的疑惑：

> 〔玫瑰聖母堂〕獻堂典禮時，守將格司曼、愛斯基委、桑・多明我、世門斯等由兵士護送，而住民則抬聖母像，不顧雨後路壞，膝沒泥濘，做行列走到散拿教堂。…住民很多來拜聖像，或跟世門斯學聖母頌，甚至在清淨祭（二月二日）持聖像歸城時，住民為此感到疑懼動搖[38]。

---

[36] 中村孝志，1970，〈十七世紀西班牙臺灣的佈道事業〉，頁138；中村孝志，1991，〈十七世紀中葉的淡水、基隆、臺北〉，頁118-132。

[37] 翁佳音，1998，《大臺北古地圖考釋》，頁80。

[38] 中村孝志，1970，〈十七世紀西班牙臺灣的佈道事業〉，頁124。

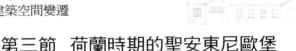

第三節　荷蘭時期的聖安東尼歐堡

一、聖安東尼歐堡的修築

西元1642年8月荷蘭人擊敗西班牙人，隨後占領此聖多明哥堡，並似乎以當時巴達維亞總督安東尼•范•帝門（Anthonio van Diemen）[39]之名重新命名(或譯為「狄緬堡」)[40]，此堡除了偶爾遭火焚毀外，也飽受雨季侵襲。稜堡和土牆往往因此倒塌或是被水沖失。

西元1643年7月荷蘭聯合東印度公司福爾摩沙的長官和議會終於決定要新建石頭城堡，加以取代原堡[41]。

西元1644年荷蘭人重新修築堡壘，稱此堡壘為「聖安東尼歐堡」（Fort Anthonio）。當時第一塊基石是西元1644年5月10日荷蘭聯合東印度公司的淡水守軍安放的，聖安東尼歐堡的興建是為了取代原堡[42]。文獻記載：

去年因故尚未著手築造之淡水堡壘，今召集該地附近之

---

[39] 安東尼•范•帝門總督在荷蘭亞洲貿易王國擴張及整合上扮演重要的角色。他擔任總督期間，荷蘭聯合東印度公司（Dutch East India Company，荷文為Verenigde OostIndische Compagnie，簡稱VOC）主宰亞洲航運的霸權，他驅逐了葡萄牙人，占領半個斯里蘭卡的領土，拿下麻六甲。荷蘭當時也成為被允許在日本貿易的唯一外國勢力。他並與柬埔塞、寮國、越南的交趾支那及東京簽署貿易條約，也下令派出特遣隊赴澳洲、太平洋、韓國、庫頁島和日本東南海域進行調查。詳見臺北縣立淡水古蹟博物館，2006，《荷蘭與淡水的邂逅—重現荷蘭歷史的安東尼堡》，頁5。

[40] 林會承，2005，〈臺灣的西式城堡〉，頁69；臺北縣立淡水古蹟博物館，2006，《荷蘭與淡水的邂逅—重現荷蘭歷史的安東尼堡》，頁5。

[41] 臺北縣立淡水古蹟博物館，2006，《荷蘭與淡水的邂逅—重現荷蘭歷史的安東尼堡》，頁9。

[42] 臺北縣立淡水古蹟博物館，2006，《荷蘭與淡水的邂逅—重現荷蘭歷史的安東尼堡》，頁2。

歸順之各村落酋長，諭令負該築造義務及納貢品，此外為行種種工程起見，上尉榜（Boon）於四月初，以也哈多船布列士肯號滿載石灰及其他必需品，帶同中國泥匠及必需工人前往淡水。該上尉於抵達後，即選定現在城中「基面」稜堡所在之山之南側一角及西側，有頗險峻之二斷面而適合側面防禦工程，且有遠望之地點，於五月七日即興工奠定一顆石後，工程順利進行。後因「約新」之帆船所載石灰一千五百包遺失，布列士肯號及帆船數艘載運石灰返回，及其他事故，以致工程遲延，據該地最近報告，至今始築至高八呎，著手築造第一穹窿。但石窟因努力加工，故能期望其早日完竣。（西元1644年12月）[43]

故可知西元1644年4月當時為了新建工程的進行花費了許多心力。另當時熱蘭遮城的官員也派漢人磚匠到淡水，所需的天然石塊和木材是從拆解自雞籠的西班牙城堡運來，石灰則是由魍港（今日嘉義縣布袋鎮附近的蚊港村）運來[44]。

聖安東尼歐堡與今日紅毛城建築範圍不同，該堡範圍包括今日紅毛城及淡水英國領事館官邸。向河斜坡中間還有一座支援砲陣地的半月堡，此碉堡本身約略為方型，但在西北角靠近

---

[43] 李汝和主編，1989，《巴達維亞城日記第二冊》，頁413-414。有關聖安東尼歐堡的修築，根據華特·海樂伯藍（Walter Hellebrand）的觀點，當時淡水紅毛城是荷蘭聯合東印度公司最北的一個防禦工事，至於17世紀荷蘭聯合東印度公司的防禦工事會根據接管或新建及根據建築物的目的、自然地形的差異、當地國家情勢的特性及興建理由而有不同的防禦工事形式。詳見Walter Hellebrand, 2005, Fighting for Profit—The Dutch East India Company's 17th Century Fortifications and Fort Anthonio In Tamsui, pp.21-42.

[44] 臺北縣立淡水古蹟博物館，2006，《荷蘭與淡水的邂逅—重現荷蘭歷史的安東尼堡》，頁12。

山丘的陡坡邊緣是圓弧形[45]。

當時城磐的四個角之中，半月形窗的（南）西角為「帝門」（Diemen），東北角為圓堡「瑪莉亞」[46]（Den Burcht Maria），南（東）角為「硫磺角」[47]（Swaevelpunt），另一鈍角及半月門則未命新名[48]。

此碉堡的第一位長官是來自荷蘭烏特勒支的湯瑪士・佩德爾（Thomas Pedel），他與一個六人議會奉命掌管此地財產[49]。

碉堡內的大砲是從荷蘭人駛往淡水的船上搬運上岸，製作碉堡的砲架和興建彈藥庫地窖所需的木材，由一艘被截獲的老舊中國戎克船上解下，此艘戎克船因非法載運硫磺而遭荷蘭人沒收[50]。當時的碉堡內有71名守軍[51]。

第一座安東尼歐堡內有一間崗亭及一些供長官、號兵、越南士兵、銲工、彈藥總管、商務員居住的房舍，還有一間彈藥

[45] 臺北縣立淡水古蹟博物館，2006，《荷蘭與淡水的邂逅—重現荷蘭歷史的安東尼堡》，頁7。

[46] 此圓堡以安東尼總督的夫人為名。詳見臺北縣立淡水古蹟博物館，2006，《荷蘭與淡水的邂逅—重現荷蘭歷史的安東尼堡》，頁7。

[47] 可能因荷蘭人對淡水內陸豐富的硫磺礦感興趣，故於西元1641年12月淡水荷蘭司令接獲荷蘭聯合東印度公司的指令，要他「為公司取得該地和它的硫磺貿易。」詳見臺北縣立淡水古蹟博物館，2006，《荷蘭與淡水的邂逅—重現荷蘭歷史的安東尼堡》，頁7。

[48] 翁佳音，1998，《大臺北古地圖考釋》，頁82。

[49] 臺北縣立淡水古蹟博物館，2006，《荷蘭與淡水的邂逅—重現荷蘭歷史的安東尼堡》，頁7。

[50] 臺北縣立淡水古蹟博物館，2006，《荷蘭與淡水的邂逅—重現荷蘭歷史的安東尼堡》，頁8。

[51] 臺北縣立淡水古蹟博物館，2006，《荷蘭與淡水的邂逅—重現荷蘭歷史的安東尼堡》，頁8。

庫地窖及若干存放商品和米的倉庫，並在碉堡四周以壕溝圍繞，壕溝內遍布陷阱[52]。另在碉堡山丘的山腳下，有一間存放石灰的屋子、高級商務員的住宅及幾間兵營都由竹子蓋成。

為了堡內士兵的補給，荷蘭聯合東印度公司從熱蘭遮城總部調派裁縫師、鞋匠、麵包師、園丁和漁夫等人來淡水，形成全新的小屯墾區[53]。

在城堡內除了越南人外，成員混雜著荷蘭人、德國人、波蘭人、北歐人、法國人、比利時人、瑞士人與英國人。此外，荷蘭聯合東印度公司高層官員身邊還帶著來自印尼與馬來西亞的僕役[54]。

西元1645年由於許多人罹患傳染病，造成工程進度延宕，有一陣子部隊當中有四分之三的人生病無法工作，故共花了2年半的時間才完工[55]。

此安東尼歐堡是當時荷蘭聯合東印度公司碉堡的一種，該公司因地制宜將它在歐洲防禦工事的作法在海外加以運用，通常用來防禦來自當地敵人，而非歐洲敵人的攻擊[56]。此堡也成為總部熱蘭遮城外荷蘭聯合東印度公司在臺灣的第二個重要據

---

[52] 臺北縣立淡水古蹟博物館，2006，《荷蘭與淡水的邂逅—重現荷蘭歷史的安東尼堡》，頁8。

[53] 臺北縣立淡水古蹟博物館，2006，《荷蘭與淡水的邂逅—重現荷蘭歷史的安東尼堡》，頁8。

[54] 臺北縣立淡水古蹟博物館，2006，《荷蘭與淡水的邂逅—重現荷蘭歷史的安東尼堡》，頁9。

[55] 臺北縣立淡水古蹟博物館，2006，《荷蘭與淡水的邂逅—重現荷蘭歷史的安東尼堡》，頁12。

[56] 該碉堡建造的詳細內容，詳見臺北縣立淡水古蹟博物館，2006，《荷蘭與淡水的邂逅—重現荷蘭歷史的安東尼堡》，頁10-11。

點。

荷蘭聯合東印度公司曾好幾次以淡水為特遣基地進行領土勢力的擴張，最後終使整個臺灣北部都納入他們的勢力範圍[57]。

另西元1645年10月14日此碉堡屋頂的射擊矮牆才剛完工，便首度在碉堡蔭涼處舉行北部年度地方會議，邀集願意接受該公司保護的村落長老們來開會[58]。當時村落長老們藉此向荷蘭聯合東印度公司表示忠誠，公司則贈以刻有VOC字樣的藤杖作為紀念[59]。

二、聖安東尼歐堡的重修

西元1654年荷蘭人再度修補聖安東尼歐堡，認為應把八角形的屋頂拿掉，並改成平臺，再用四角形石塊與石灰鋪上，縫隙及龜裂部分則用亞麻油石灰泥塗抹以防漏水[60]。

西元1655年1月3日當時寫給西蒙・給爾得辜（Simon Keerdekoe）的一份報告中這樣說：

> 城砦相當深邃，矗立於河口適當的位置，係由地上建起四個厚重磚石砌成十字交叉圓拱的建築。地下有兩間地窖，放置儲糧、彈藥等物品。在下層兩個與上層兩個拱頂之間，區隔著四個房間，其間放置著鑄鐵大砲、貨

[57] 臺北縣立淡水古蹟博物館，2006，《荷蘭與淡水的邂逅—重現荷蘭歷史的安東尼堡》，頁13。

[58] 臺北縣立淡水古蹟博物館，2006，《荷蘭與淡水的邂逅—重現荷蘭歷史的安東尼堡》，頁13。

[59] 臺北縣立淡水古蹟博物館，2006，《荷蘭與淡水的邂逅—重現荷蘭歷史的安東尼堡》，頁13。

[60] 翁佳音，1998，《大臺北古地圖考釋》，頁82。

物、現金，以及指揮官、砲手的武器。在入口處，設有哨崗，由此有兩個不相連續的樓梯，拾階而上可通往官員及一般士兵的住房。整個四方形的城砦，共有十二個漂亮的半月型窗戶，以保空氣的流通。城頂高處的柱狀塔相當寬厚，成八角形，為堅硬木材所造，頂尖包以鉛片，塔頂也緊密覆蓋著瓦片。…因此，這座城砦相當堅固，且似所費工本不多。然而，此項工事卻有大缺陷，相當不適合防禦。追究其因，不在於建材缺乏，而是先後當政者怠忘公事而汲汲鑽營私利。再者，〔指揮官〕斐德因害怕疾病染身，並未在淡水駐守。職是之故，所帶來的磚瓦匠如脫羈之馬，濫用材料、槍櫃等就是證據。[61]

由上述描述可知荷蘭人召集臺灣當地歸順的酋長，帶領原住民及運用外國船艦載運材料及中國的泥水匠來修建此建築物。城址選擇是在險峻、有防禦工事及可遠眺的觀測點上。城堡平面是四邊形，有設計防禦及眺望使用的稜堡，以防範當地淡水原住民的侵襲。空間使用區分的很清楚，並使用西洋式穹窿做法，注意到通風衛生的問題。

三、聖安東尼歐堡周邊的生活

西元1654年由約翰・拿索（Joan Nessel）抄繪[62]的「手繪淡水及其附近村落及雞籠嶼圖」（圖2-1）[63]，這份地圖描繪出社寮島、臺灣北海岸及淡水河周圍海岸、山勢、河川，並生動地標示水田及旱園種作，以及森林、山脈和未墾平埔的情形。

[61] 翁佳音，1998，《大臺北古地圖考釋》，頁82。

[62] Zondulìet，1997，《十七世紀荷蘭人繪製的臺灣老地圖》，頁13。

[63] 該圖可能為約翰・卡爾班特松・布拉克（Jan Garbrantsz Black）於西元1629年繪製，是荷蘭人為取得西班牙人情報偵察繪製的。

在該圖編號39號標註為「漢人住區」，繪有三排整齊的房舍，位置在今油車口一帶，四周有開墾的農田，今有「大埤」地名，上面繪有數間簡陋的房子，應是代表農人耕作的草寮，水田的地點為今日的大庄埔。

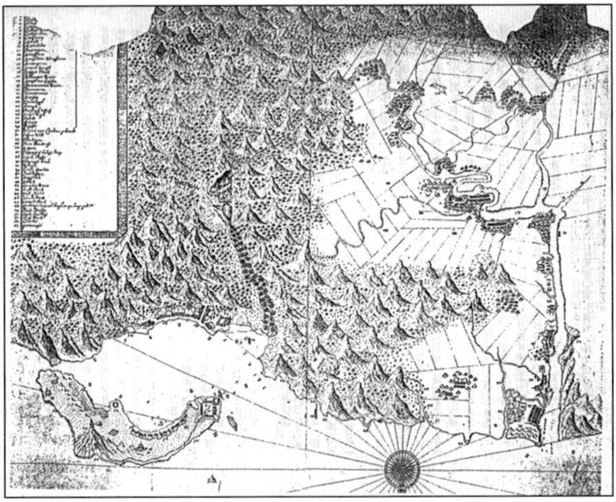

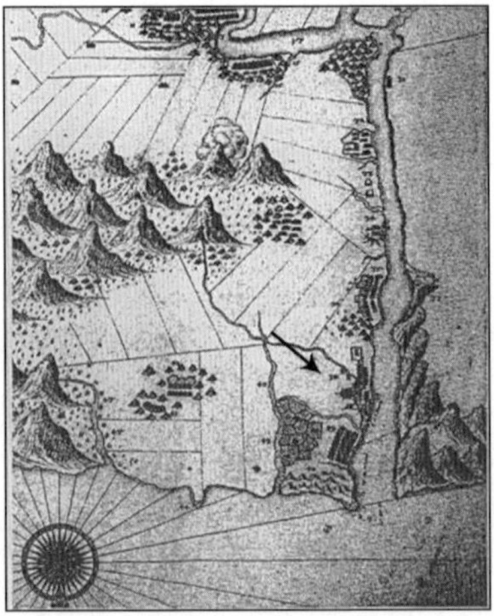

圖2-1：17世紀中葉前的聖多明哥堡（箭頭處）。原圖出自荷蘭海牙國立檔案館。

有一段為當時社會生活的描述：

> 城砦的山腳下，有數間竹屋，住著〔原住民番社〕頭人及其他〔對公司〕忠誠的人。病院、打鐵店與公司的庭園，位於漢人市區與前述住家之間。此外，在城磐之後，有高高的平地及深谷，北投、林仔及錫板等社的番人每年在那裡種作稻米。…這裡也是燒磚的好地方，並且可從小山崙中砍伐木材，製造各種有用的器物。為達到此目的，得說服漢人及土番。要本地番社的土番相信我們輕而易舉，但特別要將沿河一帶的漢人集中到城砦下的住區，同時得禁止漢人與土番之間的通婚。…總督閣下，若有他人稍識淡水者，即可證明淡水是一個鼠疫、熱症猖獗的不健康之地，每逢六、七、八月，特別是十一月，〔風土病〕便侵襲著基督徒與世俗人。[64]

故在荷蘭人的眼中，當時淡水是一個鼠疫、熱症猖獗的不健康及危險之地[65]。

西元1656年之後荷蘭人在屋頂平臺搭建懸吊式的巡邏走道以加強碉堡防禦[66]。同年，聖安東尼歐堡發生長官及高級商務員相繼高燒死亡，衛兵因染病而需有人代班。同時淡水來了

---

[64] 翁佳音，1998，《大臺北古地圖考釋》，頁82-83。

[65] 直至西元1651年仍有記載在淡水的荷蘭士兵因誤食毒水而喪命的描述：「我有一位叫亨利·尤頓的屬下竟在這裡窒息而亡，其他人則為熱症所侵襲而燥狂，因此無人敢住在那裡。…但就如一六五一年十一月所發生的事，雖然不算最嚴重的輕微災情，竟使五分之一的淡水守兵，被此惡臭的潭池奪去性命。死者利用晚上掩埋，俾使外人無法察覺我們發生了麻煩。」詳見翁佳音，1998，《大臺北古地圖考釋》，頁188。

[66] 臺北縣立淡水古蹟博物館，2006，《荷蘭與淡水的邂逅—重現荷蘭歷史的安東尼堡》，頁14。

第一位荷蘭傳教士，並在附近建學校，以荷蘭教本教導學童上課[67]。

西元1657年因淡水碉堡遭受到包圍，最後熱蘭遮城派出一支240名士兵組成的主力部隊，前往淡水周邊掃蕩，才恢復秩序[68]。

四、聖安東尼歐堡的荒廢

西元1661年荷艦抵達淡水，載運當地駐軍前往增援被鄭成功軍隊圍困的熱蘭遮城時，正值當地的原住民反抗，燒毀了荷蘭公司的住宅及華工居住區[69]。並有部分人員已死亡及罹病。

自大員前往之荷蘭人最後冒險地將守軍救出，並奉命將堡壘（可能即是聖安東尼歐堡）燒毀，並將大砲炸破後離去[70]。

當時巴達維亞議會派船接應荷人，荷蘭聯合東印度公司最高階官員已不在聖安東尼歐堡，而在雞籠。

這些官員在熱蘭遮城決定派兵馳援前1個月，已決定棄守這些碉堡，前往日本長崎出島的貿易站[71]。

西元1664年荷蘭人再度返回雞籠，次年年底有來自大員的武裝中國人約70人在聖安東尼歐堡廢址上，設立板圍，導致駐守於雞籠的荷蘭人缺糧，雞籠的荷軍因而計畫派員前往驅

[67] 臺北縣立淡水古蹟博物館，2006，《荷蘭與淡水的邂逅—重現荷蘭歷史的安東尼堡》，頁14。

[68] 臺北縣立淡水古蹟博物館，2006，《荷蘭與淡水的邂逅—重現荷蘭歷史的安東尼堡》，頁14。

[69] 劉寧顏主編，1990，《巴達維亞城日記第三冊》，頁262。

[70] 劉寧顏主編，1990，《巴達維亞城日記第三冊》，頁317。

[71] 臺北縣立淡水古蹟博物館，2006，《荷蘭與淡水的邂逅—重現荷蘭歷史的安東尼堡》，頁15。

離[72]。故當時可能荷蘭人並未派員駐紮淡水。此外，此期間明鄭王朝曾派軍隊前往雞籠征伐，並占領此城[73]。

西元1668年荷蘭據臺完全結束，但聖安東尼歐堡始終無恙[74]。

---

[72] 劉寧顏主編，1990，《巴達維亞城日記第三冊》，頁348。

[73] 翁佳音，1998，《大臺北古地圖考釋》，頁83。

[74] 臺北縣立淡水古蹟博物館，2006，《荷蘭與淡水的邂逅—重現荷蘭歷史的安東尼堡》，頁3。

第三章 明鄭時期到清代開港前的淡水埔頂地景變遷

明鄭時期淡水此處作為邊陲之地，僅有守將何祐駐軍在此。清代乾隆、道光後，滬尾街隨著人口及經濟發展成為大型的聚落。但由於有民亂與械鬥，官方逐步加重軍事守備，亦因應現實之故，滬尾水師守備移出紅毛城。此時期埔頂地區不在滬尾[1]聚落發展的主軸，屬於聚落的邊陲位置。本章從清代滬尾聚落的形成、寺廟的出現簡略說明空間發展的過程，再討論清官方為防民亂設置軍事守備與砲臺，最後分析清代紅毛城的修築及埔頂地區有少數漢人墓地的出現。

第一節 滬尾聚落的發展

一、滬尾聚落的形成

明鄭時期淡水紅毛城周邊地區並未開發，而後鄭克塽曾派守將何祐駐淡水，修築紅毛城。

清代大嵙崁溪（大漢溪）流域、新店溪流域、基隆河流域及淡水河流域的聚落，是因水運之便而發展，例如康熙時期開

[1] 清代淡水主要稱為「滬尾」，為行文方便，本章以「淡水」與「滬尾」之名交互稱呼。

始發展的三角湧（三峽）、士林；乾隆時期開始發展的大料崁（大溪）、樹林、鶯歌、景美街、深坑、暖暖、水返腳（汐止）、艋舺（萬華）、大龍峒；道光時期開始發展的新店街、石碇；咸豐時代開始發展的大稻埕。

有關滬尾港海口的形勢，在《臺灣府輿圖纂要》有這樣的描述：

> 滬尾港海口：在龜崙嶺之北、艋舺之西，離城一百四十里。港分南、北、中三大溪，名曰內港。南溪之源出自大壩尖山，由大姑崁、三角湧向西北至新莊，與艋舺會合；至大稻埕折而向西至關渡，與北溪合流而出滬尾。北溪之源出自三貂嶺，南至水返腳、錫口轉西南，過劍潭會磺溪至關渡，與南溪合流而出滬尾。中溪名曰艋舺溪，發源於獅頭山，入拳山保大坪林折而向西至大加臘保，會南而流入於海。南溪自新莊起、至艋舺溪邊尾，另有小駁船往來駁貨；北溪自暖暖、八堵起，至關渡、滬尾亦有小駁船往來；艋舺溪東至擺接堡枋橋街，亦有小駁船往來。南北周圍百餘里水，均由滬尾入海；與郡之鹿耳門、彰化之鹿港為全臺三大口。潮漲時，南溪至新莊止，北溪至水返腳止；關渡以內係淡水，關渡以外係鹹水。海口寬約三里許，兩邊皆有暗沙，止一口門可行船隻；漲潮則寬，潮退則狹。口門以內至關渡相近之處，溪中另有沙梗一條；潮漲則隱，潮退則見。八里坌與滬尾街，須候潮漲時對渡，勢甚顯要；另為淡屬之第一大海口也。[2]

滬尾在清代乾隆、嘉慶時期之前，以八里坌與關渡為主

[2] 臺灣銀行經濟研究室，1963，《臺灣府輿圖纂要》，頁279-280。

要的泊碇所[3]。乾隆24年（1759）關渡（干豆）及滬尾稱為「庄」，但人口甚少。乾隆25年（1760）淡水地區形成「滬尾庄」、「竿蓁林庄」兩個農業聚落。乾隆30年（1765）「滬尾街」地名首次出現。

滬尾聚落發展是沿著淡水河進行線形擴張，背山面水，除道路平行於河岸外，並添加許多重複而不連貫的平行道路，地景如由手掌伸向四周。

乾隆初年滬尾形成三個村市，在今日靠近淡水福佑宮臨水一側的山腳及重建街、清水街、下街、公館口的位置。當時重建街東側尚有平野可耕作，並可通到樹林口（當時三芝地區作物集散地），而公館口亦有水運之便。

先來滬尾的泉州人以福佑宮作為河港中心，並在通往附近鄉村地區的道路沿線發展出商店市街。當時大街主要以船頭行為主，重建街則作為運送農產及山產作物的通道，米市街（今日的清水街）與下街（布埔頭）則是米、布、雜貨等民生用品買賣的街道。

二、清代廟宇的興建

廟宇是漢人以祖籍地為中心所組織的公共空間，滬尾街一些重要廟宇亦於乾隆時期之後慢慢形成。

當時因泉州人早到滬尾，故選擇發展地點較好的福佑宮附近，而晚來的移民，如汀州人，擴散到市街以東的地區，在今日鄞山寺附近。在清代滬尾重要的廟宇興建主要包括：

1. 嘉慶元年（1796）興建福佑宮。
2. 嘉慶9年（1804）興建文昌祠。

[3] 陳國棟，1983，〈淡水聚落的發展〉，頁7-8。

3. 嘉慶9年（1804）興建上帝公廟。

4. 嘉慶9年（1804）興建蕭府王爺廟。

5. 道光3年（1823）興建鄞山寺。

6. 道光10年（1830）興建蘇府王爺廟。

7. 道光13年（1833）興建福德正神祠。

8. 道光21年（1841）興建晉德宮。

9. 咸豐4年（1854）興建興建宮。

10.咸豐4年（1854）興建金福宮。

11.咸豐5年（1855）興建保安宮。

12.咸豐8年（1858）興建龍山寺。

13.同治6年（1867）以前興建清水祖師廟。[4]

廟宇的興建與地方的頭人有重大關係，更為跨地域同族群共同信仰的日常生活行動表徵[5]。

---

[4] 戴寶村，1984，《清季淡水開港之研究（1860－1894）》，頁11。另福佑宮興建年代資料詳見李乾朗，1996，《淡水福佑宮調查研究》。

[5] 可以淡水龍山寺碑記為例。淡水龍山寺碑記全文如下：「仝立公□□人芝蘭三堡滬尾街晉南惠三邑人眾首事：黃龍安、紀朝陽、黃欽瑞、蔡垂隆、林彩貢、周雲程、吳瑞清、李德陞、蔡文顯、雷□觀、紀盛遣、王宴觀等。竊思我三邑人等住淡水以來，前往艋舺街創建龍山寺，崇奉佛祖英靈赫濯隆福□皆由來久矣，玆我滬尾三邑眾等，意欲就滬尾街再建廟寺崇祀佛祖，凡捐題廟資眾均樂從，只缺廟地一所別無所措。幸有業主洪光海、洪光城兄弟踴躍倡首，敬獻廟地一所共成其事。此等虔誠協力同心賓神靈顯赫無既也。眾等念洪江海等，有此誠心善事，此廟若建完成應立業主獻地祿位，以招勵樂善之一也。又念廟地年應納課，恐有剝□眾議每年此廟凡有做戲，戲棚應歸業主。搭棚位每棚大戲點出工銀壹員、戲仔八角，應歸獻地業主收入。其前後左右每日生理買賣，架仔位等項，執公秤錢，一切歸洪業主世世管掌、收稅納課。此係眾公堂妥誠立功炳課，不准別主生奪，如違眾等，共誅決無虛言，口恐無憑仝立公約。代筆人周庭 咸豐捌年參月 日立公約主人三邑眾首

此外，在聚落發展過程中，因族群爭鬥，故有用廟宇傳說以風水附著在意義解釋上，例如：淡水鄞山寺風水傳說該地為蛙穴，滬尾草厝尾為蜈蚣穴，隱含當時閩西汀州移民來滬尾與在滬尾街泉州三邑人利益上的紛爭。但廟宇風水也有守財之義，例如：淡水清水祖師廟旁興建土地公廟，可以讓在米市街店家的財富不要流到布埔頭去。

故廟宇對於漢人移民者，除了祈福、庇佑及除禍的功能外，亦扮演教化的作用[6]。

三、清代民亂的影響

康熙20年（1681）明鄭王朝鄭克塽派何祐守淡水，並修葺紅毛城。康熙22年（1683）6月施琅攻臺灣，何祐以雞籠、淡水降清，明鄭亡。臺灣北部荒廢。

最初，清廷欲棄臺灣，有一些官員認為臺灣是「海外丸泥之地，不足為中國加廣；裸體文身之番，不足與共守，日費天

事公記」。資料來源：筆者於淡水龍山寺抄錄。

[6] 例如淡水清水祖師廟三川殿左側的雕刻寫著：「勝地開靈剎千家香火供披袈能伏怪咒缽欲降龍環寺山皆麗安那昭屢封淡江秋水溢道是佛思濃」、「光緒甲申年八月二十日西人犯淡水神威顯相退敵全戶安然清帝感護國佑民恩賜匾額功資拯濟」、福佑宮清廷賜匾「翌天昭佑」、龍山寺清廷賜匾「慈航普渡」、清水祖師廟清廷賜匾「功資拯濟」、鄞山寺對聯「官渡潮來皆法水，砲臺日射盡恩光」、「深及盛朝燦燦金身顯八荒，功昭宋代巍巍廟貌尊千古」、「擇忠禦災功昭宋代，庇民護國法顯皇朝」、「古貌古心祥興宋代，即空即色法曜臺疆」、「古蹟起汀南妙化妙法彰宋代，神靈昭淡北佛力佛恩鎮雲岩」、福佑宮的對聯寫著：「屯山水奠咫尺渚州欽赫濯，坌水環繞千年淡海慶安瀾」、「澤滋滬海濟郡生允矣神功浩蕩，靈佑墩山育萬物大哉后澤巍峨」、「廟堂更新靈昭芝山福地，慈光赫奕神鎮淡水滬江」、「滬美揚靈疪舳艫千里，磺溪膺祉蒙熙嫗萬象」。資料來源：筆者於淡水清水祖師廟、淡水龍山寺、淡水鄞山寺、淡水福佑宮現場抄錄。

府金錢；無益，不若徙其人而空其地。」[7]但一些官員對堅壁清野策略提出反對，認為會成為國際海盜巢穴。後經施琅的力諫，臺灣保留下來。但官方對臺灣的政策僅是消極的防守、封禁而已，並無積極鼓勵人民來臺開發。

臺灣於是成為中國海外的邊疆，統治者與移民者之間構成了社會的階層性。官方視偷渡來臺之民為內地無恆產、遊手好閒之徒，是影響社會安定的不良份子。但雖屢次申嚴海禁，卻仍不能遏阻移民的浪潮。

淡水在此時期由移民、開墾、械鬥及官方的控制力量所組成。雖然漢人陸續來淡水拓墾，可是很多動亂及械鬥，諸如朱一貴、林小文、蔡牽及朱濆等事件，皆影響到淡水聚落的發展。

羅列清代與淡水相關的重要械鬥及民亂，主要包括[8]：

1.康熙49年（1710）鄭盡心、陳明隆自遼海竄據淡水。康熙50年（1711）江、浙、閩、廣四省舟師追捕鄭盡心，分防千總黃曾榮移駐淡水。

2.康熙60年（1721）夏4月朱一貴事起，遣部將范景文等入淡境煽動。5月淡水守備遣隊目鄭明、蔡武赴廈門請援。

3.乾隆48年（1783）林爽文亂，淡水人王作、林小文糾眾應之。乾隆51年（1786）秋8月天地會北路黨人林小文等攻新莊，陷之乃西略淡水沿岸，圍同知程峻及前巡檢李國楷眷屬於滬尾。聲威浩大，淡水營都司據艋舺，募鄉民以抗12日淡水營都司易某，率千總席榮，把總蘇陞，守備董得魁協同鄉民黃朝陽等收復新莊，黨人劉長芳殺

[7] 郁永河，1983，《裨海紀遊》，頁69。

[8] 白惇仁總編纂，1989，《淡水鎮志》，頁36-46。

之。乾隆52年（1787）淡水同知徐夢麟招降林小文斬之。

4.清嘉慶5年（1800）有海民黃勝長者入據八里坌港口，淡水同知李明心、都司許元勳會水師提標游擊魏成德以砲出擊之，乃退出口外。

5.嘉慶10年（1805）蔡牽亂，春正月去鹿耳門，3月21日夜再回滬尾，蔡牽船數百隻，5月去竹塹、鹿耳門等地。4日復泊滬尾，旋去。秋9月蔡牽再泊滬尾。冬11月14日蔡牽據八里坌，16日焚新莊，陷艋舺，略地南及竹塹。

6.嘉慶12年（1807）朱濆入臺海，秋7月入滬尾，千總袁恩、監生黃振坤、鄉民胡振煒集眾為守。

7.嘉慶14年（1809）淡水地區漳泉分類械鬥。清官方定淡水同知半年輪駐艋舺之制。

8.清道光16年（1836）山陰監生婁雲任淡水同知，以分類械鬥連年不止，頒莊約四則、禁令八條，嚴戶口，禁外來流民留樓，並嚴查人民之私藏鳥槍、藤牌及火藥軍品。

9.清道光21年（1841）晉江、南安、惠安三邑人與同安人分類械鬥。

故官方在每一次械鬥、民亂後便加重了一些防禦措施，諸如：增設淡水營守備及加強兵員（增設戰船與步兵）、升守備位階（改陸淡水營守備為都司）、重修紅毛城城堞、募鄉民對抗械鬥、頒莊約、禁令、嚴戶口及禁外來流民。

第二節　清代紅毛城的修築

一、滬尾營盤移出紅毛城

入清之後，聖安東尼歐堡似乎未受到關注，郁永河於清康熙36年（1697）來臺時所見的紅毛城亦是殘破不堪。

清雍正2年（1724）淡水同知王汧增建紅毛城東西二大門，南北二小門，作為兵營，今僅存南門，此為少數明確之記載。直至咸豐10年（1860）不見紅毛城有修築記載，另當時重修紅毛城使用之細節，文獻亦闕如[9]。

清康熙年間因班兵都集結在鹿耳門港，配舟以回閩，然因臺北各營如果南下府城，道路遙遠，跋涉相當艱辛。故在嘉慶15年（1810）經閩浙總督趙復軫奏准，嘉義以北的班兵改由鹿港搭船回大陸。嗣後，又因鹿耳門港道淤淺，船少兵多，而鹿港一地船戶又感到運送班兵之事困苦非常，所以臺北營兵方由艋舺點驗，八里坌港分船配載。

當時艋舺營參將轄艋舺陸營兵共707名，滬尾水師守備營兵707名，分為上府兵與下府兵[10]，而參將以福建人居多，亦有少數艋舺人、彰化人及大陸各省，如廣東、江西、湖南[11]。而這些兵是由八里坌登岸，由艋舺參將點驗分收各營。

另清代械鬥民變對滬尾水師守備有所影響：

…福州省垣為根本重地，而與淡水呼吸相通。…然則八

---

[9] 臺灣大學土木研究所，1983，《淡水紅毛城古蹟區保存計畫》，頁12。

[10] 臺地班兵分為「上府」兵與「下府」兵，「上府」為閩江以北的兵，「下府」為閩江以南的兵，因班兵更替需遠渡重洋，自來就是大事。詳見陳捷先編纂，1982，《臺北市發展史(二)》，頁174。

[11] 臺灣銀行經濟研究室，1963，《淡水廳志》，頁147-170。

里坌一口有關沿海大局，較鹿耳港為尤要也，雞籠三面皆山，獨北臨海，港口似不若滬尾之繁榮，…蓋滬尾口門雖寬，兩岸沙岸為累，雞籠無之，此入口之難易不同也，滬尾有水師營，兵力既多，距艋舺參將營僅三十里，有警就近可以策應，雞籠惟陸路汛兵九十名，距艋舺五十餘里，鞭長莫及，又無舟師，此兵力厚薄之不同也，滬尾行鋪眾多，又與艋郊聲氣相應，易於救援。咸豐四年，小刀會黃位等肆擾臺北竄雞籠，不竄滬尾，八年來黃位餘黨復來窺伺，亦游奕於雞籠，不逞志於滬尾，其明證也。…不留意，匪船可直達艋舺，誠為第一緊要之海口也。…自嘉慶年間在外口門北岸建設新砲臺，又有滬尾水師守備專轄，足資防禦；而總須刻刻留心，不使稍涉大意。[12]

嘉慶13年（1808）以前淡水營守備、都司皆駐在八里坌，未駐軍在淡水。直至該年福建興化協標左營守備移駐滬尾，改為艋舺營滬尾水師守備，當時記載：

艋舺營參將邱鎮邦，督陸營弁兵，每月至雞籠滬尾二口巡防二次，隨時調度策應。署淡水同知范學恆帶鄉勇二百名，往來各口稽查，督勸各莊義首、總理、團練義勇一千人，聽候調撥。[13]

道光三年鹿港行商求與淡水之八里坌口分船配載，趙文恪公行鎮府議。…八里坌並無配載，商人苦樂不均；且帶并有賠墊之苦，亦難責其鈐束，官與兵商，三者皆不便，亟宜量為變通，請以蘭、艋、滬尾北右四營中，上府兵二千二百四十一名，改由艋舺參將點驗，自八里坌

[12] 臺灣銀行經濟研究室，1963，《臺灣府輿圖纂要》，頁175、282。

[13] 臺灣銀行經濟研究室，1963，《淡水廳志》，頁175。

配渡，徑入五虎門。四營中下府兵與北協三營兵，仍由鹿港如故。其內地換班來臺，應撥蘭、艋、滬尾北右四營者，亦請以督標、福協、延、運、邵、汀、福寧、長福、海壇、閩安、羅源、連江、桐山、楓嶺、烽火朱營上府兵，由督協或福協點驗。…均自五虎門竟渡八里坌登岸，由艋舺參將點驗分收各營。[14]

另滬尾水師守備[15]管轄範圍幾乎包括了臺灣西北海岸重要的地點，輪防及隨防的編制包括滬尾、金包裏、石門、八里坌、北港、小雞籠：

滬尾營水師守備，駐防滬尾砲臺；管轄水師官兵。千總一員，協防滬尾。把總二員，隨防滬尾，輪防金包裏。外委四員，遞年輪防砲臺、石門、八里坌、金包裏。額外外委三員，隨防。戰守兵七百名，以五百八十名隨防滬尾、三十名分防石門、五十名分防金包裏，三十名分防八里坌等汛，以十名分防北港、小雞籠等塘。[16]

道光20年（1840）姚瑩的〈臺灣十七口設防狀〉記載當時的紅毛城已廢，同時滬尾市街形成一個小聚落。附近有水師駐守於附近：

滬尾：即八里坌口，在淡廳北二百里。《府志》所云：淡水港是也。兩岸南北相對皆山，中開大港，寬七、八里。口門水深一丈七、八尺，港內深一丈二、三尺，或八、九尺。滬尾在北岸，八里坌在南岸。港西為海口，昔時港南水深，商船依八里坌出入停泊。近海淤淺，口

---

[14] 臺灣銀行經濟研究室，1963，《淡水廳志》，頁160。

[15] 滬尾水師守備營安放的砲原在紅毛城下，後來才移至紅毛城，而在埔頂另一面的草原林地有兵營（位置於今淡水高爾夫球場內）。

[16] 臺灣銀行經濟研究室，1963，《臺灣府輿圖纂要》，頁60。

> 內近山有沙一線，商船不便，皆依北岸之滬尾出入停泊。口內北岸六、七里許有已廢紅毛樓尚存。背樓臨水舊建大砲臺一座頗雄壯，台基可容千人，水師守備一員，本汛兵五百八十名駐此。循北岸東行二里許，居民街約二、三百家，即滬尾街也。[17]

綜上所述，嘉慶13年（1808）福建興化協標左營守備移駐滬尾，改為滬尾水師守備，淡水才具規模駐軍。但營盤已不在紅毛城內，改在城下興建新砲臺，此區成為漢人的移民者無法任意接近的空間領域。其證據為文獻所述：「八里坌山下，紅毛時設有砲城。雍正二年重修：東、西二大門，南、北二小門；嘉慶年間，外口門北岸東，建一臺。」[18]、「滬尾海口…前有紅毛人建砲臺一座，在口門內北岸；…已不合用。自嘉慶年間，在外口門北岸建設新砲臺，又有滬尾水師守備專轄，足資防禦。」[19]

另紅毛城這一帶的駐軍並不是北臺灣最大的軍事中心，當時北臺灣最大的軍事中心是在艋舺的營盤，嘉慶13年（1808）新莊移臺協右營游擊於艋舺，使艋舺一舉成為北臺軍事指揮的中樞，艋舺亦在當時成為漢人移墾在臺北盆地集散的中心。此外艋舺與滬尾呈現不同地域角色，滬尾的水師守備相較於艋舺其地位是次要的，另因紅毛城已不具備防禦上的功能，故在附近興建砲臺。

清代淡水埔頂並不在滬尾聚落發展過程的主軸上。在《淡新檔案選錄行政篇初集》中有提到「道光二十七年滬尾街文昌祠董事林步雲等，為營兵滋鬧建祠，請淡水廳移會艋舺營詣勘

[17] 臺灣銀行經濟研究室，1963，《淡水廳志》，頁174-175。

[18] 臺灣銀行經濟研究室，1963，《臺灣府輿圖纂要》，頁282。

[19] 臺灣銀行經濟研究室，1963，《臺灣府輿圖纂要》，頁282。

諭止」一事，說明了當時滬尾水師守備的營兵在此地的生活，當時文昌祠重修，營兵來此充當小工，混領工資並帶領滬尾營的兵士來搗亂，引起居民反彈，而告到艋舺營：

> 具僉稟滬尾街文昌祠董事林步雲…生員蘇袞榮…監生李維巖…暨各生童等，為挾私阻撓文祠延擱，僉懇會勘諭止，以便竣工事。…重修滬尾崎仔頂文昌祠，蒙示諭，印發捐薄，捐廉陸拾元為倡。本月八月十九日興工，有滬營目兵陳順、陳祥等，自請充傭小工。…豈料該兵希圖蔭丁，不共興作，初亦忍受全好。迨乎本月初十日，祠已蓋瓦垂成，不用小工。該兵竟不辭，乃欲如前，混領工資；當場色怒，罔與爭較。乃於十四日，套同惡兵十餘人，出阻祠工，趕毆匠人，藉稱傷礙兵房，動起兵器，飛石相加。雲等以修建文祠，乃為振興斯文起見，倘一經較鬧，反為不美，喝令將祠停工，〔奔向〕該地營主，現街庄人眾紛紛，皆言營弁係在此臺，離崎仔頂一里之外，豈容藉詞兵房，阻撓文廟，且白日興起□鎗，勢難阻遏，一旦釀〔禍〕，咎將〔誰屬〕？[20]

二、淡水埔頂地區出現漢人墓地

清代淡水埔頂地區除了紅毛城之外，埔頂及滬尾街後山仔頂地區有作為漢人墓地使用[21]。

此說有兩項證據，一為《淡水廳志》上記載：「滬尾義塚在滬尾街後山仔頂，嘉慶元年，何宗泮獻給。」[22]另在馬偕《臺灣六記》敘述：

---

[20] 臺灣銀行經濟研究室，1971，《淡新檔案選錄行政篇初集》，頁23。

[21] 何時開始出現漢人墓地，無法得知，但在光緒21年(1895)之前已有墓地是確定存在。

[22] 陳培桂主修，1983，《淡水廳志》，頁196。

> 那就是加拿大長老會的佈道團所設立的Oxford College及女學校。…另一座和佈道團的房屋並列，是中國海關的稅務司所住的。從那裡起，有一片漢人的墓地傾斜地下來到一個谿谷為止；谿谷中有一條小溪流著，瀉入前面的河中。淡水鎮就在那裡開始，背山面河地伸展著。[23]

又漢人墓地主要範圍應在今日真理街3巷到新民街一帶，包括目前淡水文化國小範圍，主要證據是淡水文化國小興建時，挖掘出清代人的墳墓，其中還有清軍河南勇墳墓[24]。推測此處形成墓地可能原因為下列幾點：

1. 滬尾市街以西這一帶屬邊緣位置並無發展，新店口這邊尚是潮汐地。
2. 在紅毛城下有清軍駐守，成為漢人的移民者無法接近的空間領域。

[23] 臺灣銀行經濟研究室，1960，《臺灣六記》，頁118。

[24] 根據民國87年（1998）滬尾文史工作室紀榮達先生對筆者口述。

第四章 清代開港後到日治前的淡水埔頂與鼻仔頭地區空間變遷

19世紀中葉淡水被迫開港，淡水市街的空間結構轉變為洋人可自由進出的港口。外國人之租屋借地個案大多分布於鼻仔頭及埔頂兩個地區，此時期陸續來淡水的洋人逐漸填滿了當時淡水尚未發展的邊陲地帶。洋人興建的建築物主要靠近滬尾街兩端，包括西端砲臺埔紅毛城一帶的荒地、沙灘地、墓地及東端的鼻仔頭荒地。

本章從清代開港後因對外貿易與國際分工而崛起的淡水港及各國條約對臺灣洋人租借權之限制進行討論，此時期淡水埔頂與鼻仔頭地區因為洋人的進入而開始發展，形成與淡水市街不同的空間紛圍。此外有滬尾海關及稅務司官邸興建、埔頂及鼻仔頭地區洋行的設置、淡水英國領事館官邸及加拿大基督教長老教會興建的洋式建築，包括理學堂大書院、淡水禮拜堂、滬尾偕醫館、宣教師宿舍等等的興建。

第一節　對外貿易與國際分工而崛起的淡水港

一、淡水港崛起的背景

鴉片戰爭後臺灣備受重視，主要原因有下列幾項：1.有航海必需的煤礦。2.位在戰略地位。3.需在險要海峽航行的需求。當時歐洲強國與美國曾認真考慮是否要占領臺灣[1]。

另早在清代開港前就有洋人曾議論要占領臺灣建立英國的殖民地[2]。

---

[1] 戴寶村，1984，《清季淡水開港之研究(1860－1894)》，頁29。

[2] 主要包括：1.怡和洋行曾向英國政府建議如果許可該公司有貿易的獨占權，則該公司可為英國占領臺灣島。2.道光10年(1830)英國平民院收到一件請願案，47位英僑署名希望在中國沿海附近取得夠大的地方安置英國的商業，有人注意臺灣；道光19年(1839)英國國會議員嘉定(William Jardine)向英國外相提出私人的建議，說為了迫使中國簽訂允許前往廈門、福州、寧波、上海及膠州貿易的商業性條約，英國必須占領三、四個島嶼，如臺灣、金門、廈門、舟山。3.鴉片戰爭時怡和洋行另一股東麥哲遜(James Matheson)仍中意臺灣，但嘉定認為臺灣太大，嘉定設法說服義律(Charles Elliot)占領舟山群島，後來義律聽從琦善之提議而選擇了香港。4.臺灣開埠前有商人提出將臺灣東南海岸的紅頭嶼作為美國的保護，而當時美國東印度艦隊的司令貝里則基於海軍的觀點，企圖以臺灣作為基地，使美國發展成為亞洲太平洋地區的商業帝國。當時美國政府不願採取直接控制臺灣的行動，而只願保護那些自願在臺灣建立獨立政府的美國人，以便有利於商業與殖民，咸豐7年(1857)在打狗的美國商人羅賓上書提出建議：「這樣一個政治措施，不會招致歐洲列強的反對。中國目前對該島的控制很少，如果在世界上的這個地方，建立一個獨立而軟弱的政府，和歐洲政治不發生聯繫，則對英 、法、俄各國將極為有利；臺灣的港口可供突然宣戰後船艦整補和尋求保護的處所。」5.美國首任駐日本公使兼總領事哈里斯(Townsend Harris)提出購買臺灣的建議，他認為有幾點好處：(1)作為中國大陸出口的儲貨站。(2)成為向大陸宣揚基督教和傳播美國文明的據點。(3)從臺灣來控制中國海一帶的貿易。(4)成為美國西岸至中國貿易必經之地。(5)以臺灣為基地拓展對日貿易。實施的六個步驟如下：第一步是平定臺灣沿海及近海小島的海盜；第二步是付款；第三步是對中國表示友善；第四步是澳門割讓給葡萄牙；第五步是只要臺灣捲入任何一個國家的戰爭必難免失陷；第六步是與原住民談判購買臺灣西部的權利。詳見葉振輝，1985，《清季臺灣開埠之研究》，頁30-35。

此外，清代以前官方不准外國人在中國取得不動產主權，但自中英鴉片戰爭以後，逐漸開放各處港口與各國通商，但早在開港前就有外國的商船來到淡水進行非法的貿易，例如：道光4年（1824）英船經常出入鹿耳門、雞籠、淡水之間，出售鴉片，收購樟腦，並測繪海岸；道光7年（1827）英國人來滬尾潛售鴉片；道光20年（1840）中英鴉片戰爭，增建滬尾砲臺；咸豐元年（1851）外國商船開始在滬尾、雞籠貿易，由官方給予執照，清官方設釐金局，收取外商的鴉片釐金[3]。

另在19世紀50、60年代後，臺灣社會由早期的移墾社會轉型為以大陸母體社會為標準的文治社會，在內地化的過程中與外力衝擊的現代化下合而為一[4]。

清代臺灣開港後，早先臺灣與大陸維持區域分工的關係，被納入了世界體系之中，亦推動了茶、糖、樟腦等農產品的生產與交換[5]。

當時洋人在淡水、基隆、安平、臺南、打狗等處通商貿易，在與中國的對岸貿易及區域分工的基礎上，進行對外貿易與國際分工的商品生產與交換，反應在臺灣的城市空間，塑造兩岸河港、海港城市的崛起，並與原有城市分庭抗禮。商品交換與流通模式在空間結構上造成臺灣區域空間兩極化的現象，貨物的出口日漸集中於淡水、打狗兩港。新竹、鹿港及東港都逐漸隸屬於淡水、打狗。淡水便在此時興起，但並未立即造成安平與打狗的沒落。淡水、臺南及打狗當時並透過大陸對岸與香港轉口輸出商品到國際市場。

---

[3] 白惇仁編纂，1989，《淡水鎮志》，頁45-46。

[4] 李國祈，1996，〈清代臺灣社會的轉型〉，頁111-148。

[5] 林滿紅，1978，《茶、糖、樟腦業與臺灣之社會經濟變遷》，頁64。

咸豐11年（1861）英領事由安平移駐滬尾，同治元年（1862）甸德洋行及怡和洋行正式開辦，其代理人常駐淡水，同治3年（1864）寶順洋行在淡水創設商號，同治10年（1871）得忌利士洋行開闢香港、滬尾航線。

臺灣建省後，臺灣巡撫劉銘傳計畫將大稻埕闢為商業區，並劃定商埠及外僑區，取代了艋舺的商業地位，此時作為出口港的淡水，受到了郊商及洋行的重視。

另光緒11年（1885）至光緒21年（1895）臺灣北部貿易已為南部的兩倍，臺灣經濟重心已由南往北移，淡水取代了打狗，成為臺灣最重要的貨品輸出港。

二、條約上之淡水港

清代計有英、法、德、丹麥、西、比、希、奧、日、秘魯、巴西等簽訂開港條約[6]。依照《中美條約》及《中法條約》，臺灣應設立商埠及領事館。

《天津條約》後洋行紛在淡水設立。然而在《南京條約》與《天津條約》簽訂之間，英人已有官方私下給外國商船執照，允許在淡水、雞籠間貿易，並收取稅金。

將清代開港通商之條約中有關淡水的部分條列如下[7]：

1. 《中俄合約》第3條規定：「此後除兩國旱路於從前所定邊疆通商外，今議准由海路之上海、寧波、福州府、廈門、廣州、臺灣、瓊州府等七處海口通商。若別國再有在沿海增口岸，俄國一律照辦。」

[6] 臺灣省文獻委員會，1990，《臨時臺灣舊慣調查會第一部調查第三回報告書臺灣私法》，頁482。

[7] 戴寶村，1984，《清季淡水開港之研究（1860－1894）》，頁32-33。

2.《中美合約》第14條規定：「大合眾國人民嗣後均照例挈眷赴廣東之廣州、潮州、福州之廈門、福州、臺灣、浙江之寧波、江蘇之上海並嗣後與大合眾國或他國定立條約准開各港口市鎮，在彼居住貿易；任其船隻裝載貨物於以上所立各港，互相往來。」第30條規定：「嗣後大清朝有何惠政恩典利益施及他國或其商民，無論關涉船隻海面，通商貿易，政事交往等情為該國並其商民從未沾抑為此條約所無者，亦當立准大合眾國官民一體均沾。」

3.《中英合約》第11條規定：「廣州、福州、廈門、寧波、上海五處已有江寧條約舊准通商外，即在牛莊、登州、臺灣、潮洲、瓊州等府港口，嗣後皆准英商亦可任意與無論何人買賣船貨，隨時往來，至於聽使居住賃屋、租地起造禮拜堂、醫院、墳塋等事並另有取益防損諸節悉照已通商五口無異。」

4.《中法和約》第6條規定：「中國多添數港，准令通商，屢試屢驗，實為切時切要。因此議定將廣東之瓊州、潮洲、福州之臺灣、淡水、山東之登州、江南之江寧六口與通商之廣州、福州、廈門、寧波、上海五口，准令通市無異，其江寧俟官兵剿滅後，大法國官員方准本國人領執照前往通商。」

咸豐8年（1858）《天津條約》四國條約中，唯有法國特別要求提到淡水一口[8]，此為淡水開口通商的條約依據。同時

[8] 當時中國與列強的條約與法令稱船舶出入停泊的港灣為「口」或「港口」、「進口」、「出口海口」、「條約所開各口」，並稱沿口的市街為「口岸」，其餘地區為「內地」，所以條約港的範圍限於口岸，外國人除中英條約外，只能在口岸買得建物、租借建物及土地。詳見臺灣省文獻會，1990，《臨時臺灣舊慣調查

因《中俄合約》第3條、《中美合約》第30條有提到最惠國待遇，使淡水成為一個外人可握有私產的通商港，並具體保護了洋商利益。洋商間亦各有互不侵犯的默契。清官方更讓外國領事有裁判權，以為可以約束在中國與臺灣的洋人。

另臺灣正式開埠的實施不是始於《天津條約》生效之日，而是始於臺灣第一個外國領事館，即英國駐臺灣府副領事館正式開辦之時[9]。當時臺灣北部開放的通商口岸有淡水及基隆二口，但以淡水為主口（本關）。因基隆主要以煤礦為進出口，所以海關、領事館都設於淡水[10]。但臺灣政治的中心仍以安平（臺南）為主，清人設海關在北部，主要是可避免與洋人接觸。而當時除了德國、荷蘭在臺灣設有領事外，其他各國尚無領事駐臺，一切領事的事務皆由美國來代理。

當時通商條約規定的通商口岸以淡水、臺灣府為「正口」，這是有條約正式規定的口岸，而所謂的「外口」與外港的性質相若，是一時權宜之計。在臺灣開埠之後增添了兩個外口雞籠與打狗後來都變成永久性的商埠。外口的增添是臺灣開埠的特色，外口與子口不同，子口只徵進出口半稅，而外口還徵進出口正稅與土貨復進口半稅[11]。

咸豐11年（1861）英國副領事郇和（Robert Swinhoe）通告：

因淡水港較臺灣島所有其餘諸港，具有更大之便益，本

會第一部調查第三回報告書臺灣私法》，頁493。

[9] 葉振輝，1985，《清季臺灣開埠之研究》，頁119。

[10] 戴寶村，1984，《清季淡水開港之研究（1860－1894）》，頁2。

[11] 葉振輝，1985，《清季臺灣開埠之研究》，頁81。另中國與列強的條約中有關臺灣的開港載為「福建的臺灣」或「臺灣淡水」，而不記載打狗、基隆及安平。

官員已將其辦公處所，自臺灣府移往該處，是以今後視淡水為臺灣境內開放對英貿易之領事港口，該港之境內，經規定為自淡水河口沙洲向海方延展，又上溯淡水河約四哩處峽谷向陸地沿展。[12]

同治2年（1863）福州關稅務司美里登（Baron de Meritens）以「淡水、雞籠、臺灣府、打狗港四處…如以外國人作稅務司辦理，臺灣新關每年足可收銀三十萬兩，實是中國大有利益」[13]為由，向當時的南洋通商大臣李鴻章請增子口，並歸滬尾正口管轄後，貿易量大增。

所謂的「臺灣條約港」係指「臺灣全島」[14]。由於過去稱臺灣北部的行政區域為「淡水廳」或「淡水縣」，因此德國領事憑此廣義地名主張「淡水港」為「淡水縣全境」，並與中國交涉，終於艋舺亦視為淡水港的一部份。故在日治時期〈條約上之淡水港〉記載的淡水港尚包括大稻埕及艋舺。該文寫著：

明治三十年四月總督府告示第二十二號外國人雜居地區域中曰：「大稻埕視為淡水港之一部份，以自艋舺街之北端江瀕街為起點，出河溝頭街，通過六館街傍之溝渠，出直線達圓山新路，由約其三分之二程，出大龍峒庄之南端，入淡水河一線作為區域。」而此由自然地理觀察，以潮距淡水港中心滬尾約四里遠之大稻埕作為淡水港之一部份，固非適當，但此乃在臺灣外交沿革上之結果，長期被遵行之事例，因此終作為條約上之地名，

[12] 臺灣省文獻會，1960，《臺灣通志稿（卷三）政事志外事篇》，頁109。

[13] 臺灣銀行經濟研究室，1997，《籌辦夷務始末選輯》，頁211。

[14] 但伊能嘉矩卻認為淡水港其區域本來限制於滬尾的港口。詳見手塚猛昌，1911，《臨時臺灣舊慣調查會第一部調查第三回報告書臺灣私法附錄參考書第一卷下》，頁190。

視大稻埕為淡水港之一部份，係基於舊慣也。

淡水港於西元一千八百六十年（清之咸豐十年）依清法條約第十六條開港，當時清國政府之意，淡水港乃指限於淡水河口之滬尾附近地域，惟古來「淡水」之名稱，除指河流之特有名詞外，同時亦為對北部臺灣一帶之普通名詞，依據雍正以來稱北部臺灣之地方行政官廳為淡水廳亦明也。而時之外國人，尤其如德國領事館以此地名曖昧二樣為良機，主張條約上所定之淡水港，乃指廣義之淡水地方，非單指淡水河口之滬尾附近，凡淡水河流沿岸適用於通商之地，以條約之結果，當然為開港之場所，結局今之艋舺設外人居留地。然爾後艋舺附近之淡水河身深減，無論如何不適巨船隻來往，外人等有再擇大稻埕之地移往者，光緒十一年，巡撫劉銘傳到任臺北，看破臺北商業上之中心地，除擇大稻埕外莫屬，乃開拓當時寥寥荒蕪之地，設計新市街，且依從前之慣例將此地視為淡水港之一部份，設定外人居留地。

此乃將原稱「淡水港」之特有名詞，即實在之地名與稱「淡水」之普通名詞，即假定之地名之區別混同。實由於清國政府當局者缺乏地理知識所致，但因此反而媒助臺北商業上之發達甚多，聞慧眼如巡撫劉銘傳，認為寧利用此誤解，可得較多之利益，自然地理學上之見解別論，條約上之淡水港作併稱滬尾、大稻埕之兩市街。[15]

由上文可知，因住在此地的外國人屢次與本地人發生糾紛，臺灣巡撫劉銘傳便在大稻埕街外劃設地，建設堤防與道路，並將外國人集中於此處居住，終於大稻埕也成為淡水港的一部份。

[15] 臺灣省文獻會，1984，〈條約上之淡水港〉，《臺灣慣習紀事（中譯本）第壹卷上》，頁129。

另基隆、淡水、安平、打狗四港的口岸範圍都沒有明確的界限，在光緒12年（1886）批准交換的「中英煙臺會議條款」第3之2條規定：「新舊各口岸除已定有各國租界無庸異議外，其租界未定各處應由英國領事官會商各國領事官與地方官商議，將洋人居住畫定界地。」[16]

此部分一直至明治29年（1896）1月29日日本政府發表宣言通知各國，准許外國人在條約口岸區域內租借土地、建物及買得建物，又明治30年（1897）日本政府劃定外國人居住區域，不准外國人在區域外行駛上述權利，直至明治32年（1899）實施新條約後方解除此外國人居住區域，但對華僑仍不解除[17]。

三、洋人租借權之限制

由於條約港內的外國人與中國人風俗習慣不同，且不願住於髒亂的市街，所以通常在郊外另闢所謂的「租界」[18]。當時主要的土地與建物租借手續中，有分為租借土地（分官地、民地）及租借建物[19]。

---

[16] 手塚猛昌，1911，《臨時臺灣舊慣調查會第一部調查第三回報告書臺灣私法附錄參考書第一卷下》，頁190；臺灣省文獻委員會，1990，《臨時臺灣舊慣調查會第一部調查第三回報告書臺灣私法》，頁493。

[17] 手塚猛昌，1911，《臨時臺灣舊慣調查會第一部調查第三回報告書臺灣私法附錄參考書第一卷下》，頁191；臺灣省文獻委員會，1990，《臨時臺灣舊慣調查會第一部調查第三回報告書臺灣私法》，頁494。

[18] 臺灣省文獻委員會，1990，《臨時臺灣舊慣調查會第一部調查第三回報告書臺灣私法》，頁495。

[19] 臺灣私法提到：「外國人得在通商港口區內建造、典買或租借房屋、行棧、醫院、教堂、校舍及墳墓等建物，此等建物在臺灣皆向人民取得，尚無向官方取得之例。其契字以租借為名義，並稱租借人為租主，其原因似是外國人對臺灣的土地只能租用，為省去買賣房屋與租借土地分別立契字的麻煩。」詳見

清政府與外國政府共同協定不動產租借手續（永代借地權），居留的外國人主要為傳教士、商人、官吏。當時對美、英、法三國租借地區條約限制的內容也不同[20]。在條約下由於不受限制的租借規則，為避免與淡水市街混雜及行政上的干預，於是在淡水市區外設立「居留地租界」。條約中容許的行為包括：租貸民屋、行棧存貨、租地自行建屋、禮拜堂、醫院、救濟院、學房、墳地[21]。

當時雖適用前述的條約，但在兵備道發給的執照有規定：「但按約祇准起蓋行棧、樓屋，不做別用」、「但按約祇准起

臺灣省文獻委員會，1990，《臨時臺灣舊慣調查會第一部調查第三回報告書臺灣私法》，頁491。

[20] 臺灣省文獻委員會，1990，《臨時臺灣舊慣調查會第一部調查第三回報告書臺灣私法》，頁492-493。對美國，於條約第12條規定地區限制：1.通商各港口貿易。2.久居或暫住。容許行為：1.租貸民屋。2.租地自行建屋。3.設立醫院。4.設禮拜堂。5.設殯葬處。對華民的限制：1.公平議定租息，內民不得抬價措勒，稅契地方官不得阻止。2.墳地被中國人毀掘，中國地方官嚴拏照例治罪。對外國僑民的限制：1.美國商船寄局處所，商民水手人等，不准赴內地鄉村市鎮私行貿易。2.不許強占，須各出請願已昭公允。對法國，條約第6條規定地區限制於通商各口地方居住。容許行為：1.租貸民屋。2.行棧存貨。3.租地自行建屋。4.禮拜堂。5.醫院。6.救濟院。7.學房。8.墳地。對華民的限制：1.法國房屋數、地段寬廣不必議定。2.中國人觸犯毀壞禮拜堂及墳地，地方官照例嚴拘重懲。對外國僑民的限制為謹防強壓迫受租。對英國，條約第11條規定容許行為：1.貸屋。2.買屋。3.禮拜堂。4.醫院。5.墳塋。對華民的限制為按民價公平定議，不得互相勒措。

[21] 手塚猛昌，1911，《臨時臺灣舊慣調查會第一部調查第三回報告書臺灣私法附錄參考書第一卷下》，頁192。另在安平與打狗租借的官地多是海灘官地，而在臺南市街多是民地，所以無外國人租借官地之例。另安平與打狗租借海灘官地在道光初年由兵備道管轄，外國人租借該區域的地要經該國領事（亦有經海關稅務司）向兵備道申請，兵備道受理後，命令府縣官及通商委員會同領事實地勘查，認為不影響公司安寧及利益後簽報兵備道，兵備道則發執照交付領事，領事登記後交付借地人而留謄本，亦有交付謄本保留正本之例，如打狗旗後砲臺旁邊的空地與建孫德福醫院的案例。

蓋醫院，不作別用」等，故限於充為建築基地[22]。外國人只有商權與傳教權而已，其所租用的房屋與土地必須用於經商或傳教，不得作其他用途[23]。

租借淡水的官地之中，有一例是經過該國領事向縣或府申請，縣或府派員到實地勘查後呈報布政使、巡撫或按察使，經核准後由知縣製發執造交付借地人。而實際亦有由滬尾口通商局發給執造，或不經領事而直接向府或縣申請者，如滬尾砲臺下的官地租借案[24]。

租借官地的正常程序如下：由清政府官員發給執造於英國領事館，英國領事館再租地給英商，並訂明租約的日期50年，英商納租銀先呈繳給英國領事館，然後轉送滬尾口通商局代收，並寫明應注意的事項，例如一例為官地分租給德記洋行、和記洋行與怡和洋行，同時在租地前的海灘為起卸貨物的要路，所以特別規定雙方不得相互干擾。但租借民地部份較不同的是兵備道並不參與，例如在安平與打狗兩港的租借民地，由土地業主立租給約據一式三份交付借地人，借地人將該契字經領事呈報道臺，道臺受理後轉交領事，領事登記後存留一份，一份發還借地人。但在基隆、淡水部份不一定遵守此程序，亦有由淡水知縣、基隆廳撫民理番同知或臺北知府許可。在滬尾

[22] 手塚猛昌，1911，《臨時臺灣舊慣調查會第一部調查第三回報告書臺灣私法附錄參考書第一卷下》，頁202。例如在基隆臺灣知府將大沙灣法國士兵墳地後面的空地租給英國時，其轉飭有「祇可借為造葬洋船水手墓塚，不得起建亭臺及別作他用。」

[23] 臺灣省文獻委員會，1990，《臨時臺灣舊慣調查會第一部調查第三回報告書臺灣私法》，頁499。但仍有例外，例如臺灣南部的西班牙傳教士在通商區域外的萬金庄、赤山庄的教堂有土地，亦有田園及魚塭。

[24] 手塚猛昌，1911，《臨時臺灣舊慣調查會第一部調查第三回報告書臺灣私法附錄參考書第一卷下》，頁193。

砲臺埔附近有一件埔地永租案例可參考：

> 立永遠租約据字人吳應宜、永順、成立等，有承祖父遺地一所，址在淡水縣管轄滬尾砲臺埔地方今因別用，愿披出一塊地出租，其地非四方之式，特畫一圖列後，其丈尺界址，量明載在下首地圖之內，四至明白為界，托中，將此地永遠租與英商格琴士地阿施徵為業，三面議定，價銀七百六十大元正，其銀即日同中收足，隨將界址踏明，交與租主，前去掌管，任憑改造別業，抑或轉租他人，悉從其便，自此永遠租給之後，租主自應永不納租，順等亦不敢別生枝節，保此埔地，係順等自己之業，與別人無干，亦無重張典當，以及來歷不明等弊，嗣後設有人爭執言說，則順等應即出頭承當，與租主毫無干涉，至該山埔地應納錢糧課稅，約明業主自理，合併聲明，口恐無憑，今欲有憑，立此永遠租給約据字一式三紙，付執為照。…再此內地段，刻据業戶英商格勤士地稟稱，伊現與英民阿施瀓議明，作為二人合夥公業，一同掌管，為此批明，以憑考察，此批
>
> 光緒拾參年九月[25]

當時官方對洋人藉故買地之事也大傷腦筋，並加以明令禁止。例如加拿大基督教長老教會的滬尾偕醫館即是由嚴清華本人買得後，以租給偕叡理牧師為名義的方式來使用，當時立契字三份，經領事呈送淡水知縣，知縣派員勘查後蓋公印於該契字，並留存一份，二份交給領事，領事存留一份，一份再發還給借地人[26]。

---

[25] 手塚猛昌，1911，《臨時臺灣舊慣調查會第一部調查第三回報告書臺灣私法附錄參考書第一卷下》，頁199。

[26] 臺灣省文獻委員會，1990，《臨時臺灣舊慣調查會第一部調查第三回報告書臺灣私法》，頁497。

在光緒6年（1880）臺灣知府頒發諭示規定：「租給要由契據地保蓋章後，經領事呈送地方官辦理，土地不得以教民的名義買得後租給外國傳教士。」並規定「房屋買賣給教民時要註明用於居住，不得作為教堂，違者沒收房屋及一半契價。」[27]

四、淡水砲臺的興建

淡水砲臺的興建與當時官方對此地的軍防有關。清代道光之前臺灣的海防重點在維持治安、防範民變及海盜，但因年久失修，海防砲臺趨於陳舊且不符需要。姚瑩早年曾任官閩粵沿海，他認為當時西方海上武力較清政府為優，故應採取「守定而後議戰」，以「守口守岸」為策略。道光20年（1840）所陳的「覆鄧制府籌防夷狀」認為：「至北路各口，經瑩於八月初七啟行，…北境之滬尾以至極北之大雞籠要口，凡十七處，接當設防。而尤以樹苓湖、躪仔藔、番仔挖、滬尾、雞籠五處為最要，均會都營將廳縣設立砲礮。」[28]

清代開港後淡水成為重要的通商口岸，也成為進入臺北之要地，故官方更思考於淡水新建砲臺，並備戰船補足砲臺機動性的不足[29]。

同治13年（1874）發生牡丹社事件，官方為防範臺灣被日人及洋人侵占，故興建砲臺，以求守口守岸。

光緒元年（1875）來臺幫辦防務的羅大春興建沙崙砲臺

[27] 手塚猛昌，1911，《臨時臺灣舊慣調查會第一部調查第三回報告書臺灣私法附錄參考書第一卷下》，頁194；臺灣省文獻會，1990，《臨時臺灣舊慣調查會第一部調查第三回報告書臺灣私法》，頁497。

[28] 臺灣經濟研究室，1963，《臺灣府輿圖纂要》，頁73。

[29] 臺灣經濟研究室，1963，《臺灣府輿圖纂要》，頁172。

（又稱白砲臺），板橋林維讓、林維源捐萬金助建[30]。

在中法戰爭之前，淡水以砲臺要塞防禦淡水河口。又當時紅毛城因作為英國領事館的用地，所以清政府在油車口、中崙、沙崙做了三座砲臺以進行防禦。

光緒10年（1884）中法戰爭[31]波及臺灣，海防吃緊，劉璈

---

[30] 臺灣經濟研究室，1963，《臺灣府輿圖纂要》，頁27。

[31] 中法戰爭時，有一些奏摺描述這部份的史實，如「敵陷基隆砲臺我軍復破敵營獲勝摺」（光緒10年6月16日臺北府發）、「法船併犯臺北基滬俱危移保後路摺」（光緒10年8月15日臺北府發）、「敵攻滬尾血戰獲勝摺」（光緒10年8月24日臺北府發）等。例如「法船併犯臺北基滬俱危移保後路摺」（光緒10年8月15日臺北府發）提到清軍沈船塞港的目的及當時守備攻擊狀況：「竊臣前將法人擬調陸兵攻擾臺北各情，…三法船停泊基隆，敵兵千人自口外西山登岸。恪靖營營畢長和各帶百餘人接戰，往復衝盪，血戰兩時，敵復自山巔抄擊，…正當全力相持之際，忽報滬尾敵船五艘，直犯口岸。滬臺新造，尚未完工，僅能安砲三尊，保護沈船塞口。敵砲如雨，孫開華、劉朝祐飭張邦才等用砲還攻。砲臺新壅泥沙，不能堅固，被砲即毀。」詳見劉銘傳，1958，《劉壯肅公奏議（第二冊）》，頁173-174。另該書有敘述當時戰爭狀況：「竊臣前將法船分攻滬尾、拔隊援守等情，馳報在案。…二十日清晨，敵船忽散。孫開華決其勢必登岸，親督右營官龔占鼇伏假港，中營官李定明伏油車，…部署初定，敵砲轟數百響，煙塵漲天，炸彈如雨。復以小輪分道駁兵千人，猝登海岸，攻撲砲臺。…戰後，孫開華舉戰勝各情具報前來。臣查此次敵兵猛撲滬口，蓄銳猝登，志在必克。當敵划送兵上崖，各划皆開入海中，自斷歸路，以決死戰。我軍自基臺被毀，無砲還攻，全賴軍事赤手短兵，誓死不退。雖槍砲如雨，士氣亦奮絕無前，竟能斬將擘旗，扼其兇焰。滬尾英人登山觀戰，拍手狂呼，無不頌孫開華之奮勇絕倫。」詳見劉銘傳，1958，《劉壯肅公奏議（第二冊）》，頁176-177。另在「點石齋畫報」的「滬尾形勢」也有記載河口到市街的狀況：「三月初臺灣擢勝營友送來滬尾地圖一緘，其中一切布置井井有條，爰倩名手臨□一通，並附誌數語以告世之留心形勢者，滬尾之山分南北，北曰大屯南曰觀音，水在中央，海口西嚮，口之窄處塞以竹排，排外有竹網，網之外有水雷十餘具，其護水雷者則沈溺之石船焉，由石船而水雷而竹網而竹排凡四重，而又慮為敵所乘，復於排內伏水雷二十餘具，此水路之設防嚴密也，大屯西麓圍以長城，城有砲駐兵守之，向東地勢漸高，疊石為座，方可數十畝，置巨砲其上，是謂大砲臺，分駐五營，築城以為屏蔽，再進則南面為滬尾街，即洋人設埠通商處，英有護商兵輪泊焉，山北港道分岐，有兵三營駐其處，為大屯之後路，觀音與大屯相為犄角，而大小之數止及其半，其西面海口

親自勘察淡水防務，將靠近油車口的舊砲臺改建成新砲臺。另在劉銘傳《逃報法兵侵臺紀事殘輯》的「禦法條陳」有一段記載：

> 噫！法人之危害甚矣。我中國仁義之邦，忍人之所不能忍，容人之所不能容，欲息事以安民，與各國共享昇平之福。詎意法人狡焉思逞，黷武窮兵，悖理橫行；不仁不義，實神人所共憤、天地所不容。今者法艦麇聚於臺灣，志在必逞。臺地孤懸海中，南北隔絕；法船遊弋，海道幾致不通，援救無從，深虞疲我！然仗國家之威靈，民心之敵愾，且有劉省師帥先聲奪人，若泰山之難撼；轉危為安，指日可卜也。…砲臺前有餘地，用灰泥築實，同岸配高；直至臺上，高踰頂五、六尺。後、左、右三面，如法為之。築階級形，以便上落，越厚越堅。臺後鑿塘環繞，開主要一門以便出入；臺頂開一塘，引水其間，俾得救火之需。開仗時，砲勇可於塘邊庇身，放鎗發砲；臺外積草燒煙，使敵船不能注定轟擊。左右多築土壘，以助砲臺之不及。若用此法，以兵勇三千趕緊興築，不十日可告成也。…宜在要隘暗設地雷火砲，多掘陷阱；兩岸多穴地為室，置巨砲其間。[32]

劉銘傳當時提出了幾項應變方式：1.瓊州一帶海防的佈陣，並派朝中大員駐節其間。2.造堅固之戰艦，製鐵甲之砲臺。3.多造火船，用上等機械，多設水鑊，務求行駛迅速。

三營為前敵，一營為後援，不設砲臺，挖濠數重以自守，濠外沙灘築有水城藏兵其中，看守堵口料物與陸兵相呼應，此陸路兩岸之設防嚴密也。去秋滬尾之戰，法人戰斃溺斃者約數百人，而其登岸之處即在長城之外，是圖出而與親履其地目睹形勢者無以異也，而戰事可無煩贅述已。」詳見吳有如等畫，1998，《點石齋畫報》，頁235。

[32] 劉銘傳，1958，《劉壯肅公奏議（第二冊）》，頁102-104。

4.內地宜備佈置。5.餉項宜籌。6.招兵須選善泅水者[33]。

光緒11年（1885）劉銘傳奉命以巡撫銜渡海來臺督辦軍務，上「遵籌整頓海防講求武備摺」：「各海口砲臺，亟宜改建，以嚴防守也。外洋現造砲臺，大者重至數百墩；城營之守禦，萬不能用牆垣為隱蔽。查各口所築砲臺，雖形勢各殊，細究皆不合法度；外人恆竊議之。臣現製砲臺圖式，恭呈採擇。」[34]中法戰爭後，劉銘傳加強辦理海防，光緒12年（1886）興工，為真正做到以師夷長技以制夷，他聘請洋人包恩士督造，並由製造大砲的工廠派專家勘驗，以鐵水泥修築砲臺與子牆，同時兵房仿造西洋圖形，同時興建「北門鎖鑰」[35]及「保固東瀛」（清水雷營舊址）兩座砲臺，互為犄角之勢。

故在同治年間在淡水中崙興建的砲臺，將防禦範圍由淡水河口推進到河口臨海一帶，到中法戰爭時，「保固東瀛砲臺」與「油車口新砲臺」參與了中法戰爭戰事[36]，而後砲臺盡毀。因為法軍進入淡水時是從沙崙北岸登陸，所以劉銘傳新建砲臺時，便以沙崙海岸附近列為主要的防禦區，早期興建的砲臺防守的位置反居次要地位。另淡水人吳輔卿捐款募工，建防衛的長堤，有長短兩條，長條稱「外岸」，約2公里，由港子平向內延伸經過沙崙到中崙，短條稱「內岸」，約1公里，由滬尾

[33] 劉銘傳，1958，《劉壯肅公奏議（第二冊）》，頁103-105。

[34] 劉銘傳，1958，《劉壯肅公奏議（第二冊）》，頁131。

[35] 此砲臺為二重方型，面積約1.5公頃，外圍城牆以泥土堆至3丈高，周圍四周成方形，內牆以三合土築成，兵房位於砲臺下，同時共經過三次興修。雖然沒有安平億載金城那麼大的範圍，但有運用當時西方堡壘構築的技術，並有構築壕溝。

[36] 周宗賢發現沙崙砲臺與中崙砲臺在中法戰爭時沒有發生作用，但在文獻上卻有記載，故他推斷是否存在都是疑問。詳見漢光建築師事務所，1988，《淡水滬尾砲臺修護調查研究報告書》，頁23。

砲臺向北延伸到今日的淡水高爾夫球場到大庄埔[37]。

第二節 滬尾海關的設置

一、滬尾海關興建歷程

滬尾海關是清開港後淡水重要的官方機關之一。此海關部分土地採用永久租用[38]。當時滬尾海關借用滬尾水師守備舊營房，而設立稅務司官邸的位置則在紅毛城附近。

當時稅務司是清廷的海關洋員，海關內主要的人員除稅務司外，還包括了幫辦、醫員、總巡、二等驗貨、三等驗貨、扞子手、同文供事、文案、書辦等職位[39]。主因是清政府不諳洋務，所以在開港通商後海關的業務便請外國人來擔任首位的稅務司。

同治3年（1864）總理衙門以「通商各口募用外國人幫辦稅務章程」，將洋人稅務司與中國的海關監督間劃清了界限：

> 通商各口辦理收稅事宜，如有不妥，均係各關監督之責成。是以凡有公事，自應歸監督作主。如此則稅務司所辦之事，即監督手下之事。惟稅務司係總稅務司所派之人，非監督（之）屬員可比，然不得因非其所屬，遇事招搖攬權，有礙公事，以致監督難專其責。[40]

---

[37] 周明德，1994，《海天雜文》，頁92。

[38] 明治28年（1895），《臺灣總督府公文類纂》，〈淡水、基隆稅關受渡ニ關シ島村〔久〕公使〔館書記官〕トモールストノ談判書類〉，冊號：32，文件號：11。

[39] 葉振輝，1985，《清季臺灣開埠之研究》，頁154。原出處自賴永祥，1976，〈淡水開港與設關始末〉，頁17。

[40] 葉振輝，1985，《清季臺灣開埠之研究》，頁162。原出處自席裕福纂，《皇（清）朝政典類纂》，卷102，征榷20，頁3233-3238。

清政府以上海新式海關作為開埠後各式新式海關的範本[41]。另洋稅是通商大臣經費來源之一，在同治4年（1865）確定以兩江總督監理南洋大臣之時起，淡水關與臺灣關每年自洋稅項下撥4成給南洋大臣[42]。

當時各關監督多由道臺擔任，也稱作「關道監督」，如第一、二任淡水關監督區天民與馬樞輝都擁有道臺官銜，而後來的劉青藜與馮慶良都只有知府官銜。而稅務司並不是海關監督，只是負責監督手下[43]。

臺灣海關業務有受到外國領事的壓力，相關案例如同治3年（1864）打狗鴉片船「瑪芝號」駛入雞籠港案、同治5年（1866）天利行三桅帆船「珍珠號」安平運米案及同治7年（1868）怡和洋商與英人必麒麟（ William Alexander Pickering)勾串私販在內山購買樟腦，由鹿港裝運出口案[44]。

當時海關設立對臺灣的官方是極為吃味的，認為會影響他們的重大利益。必麒麟曾這麼描述：

> 當海關在臺灣成立時，（丁）道臺和其他官員都以一種驚訝的態度，來看著這樣重大的革新。他們做出一種正確的判斷，以為他們過去在從貨物方面所得到的大量收益和徵斂將大為減少；而那些外國人，在繳納關稅之

---

[41] 海關的收入包括船鈔與洋稅。船鈔須按結提撥3成作為同文館經費，七成以一成付給赫德，在同治7年（1868）3月底前為沿海各口興辦一切之需，另六成存儲各關，為設浮樁、號船、塔表、望樓經費之用，在同治7年（1868）4月起此七成全部按結撥交總稅務司，作為統籌建造塔樓等項之款。詳見葉振輝，1985，《清季臺灣開埠之研究》，頁153-155。

[42] 葉振輝，1985，《清季臺灣開埠之研究》，頁155。原出處自臺灣銀行經濟研究室，1987，《清朝柔遠記選錄》，頁32-33。

[43] 葉振輝，1985，《清季臺灣開埠之研究》，頁163-164。

[44] 葉振輝，1985，《清季臺灣開埠之研究》，頁174-175。

後便可以自由買賣，…所以他們拿定主意：如果不能公開反對這項法律，也要設法使歐洲人在臺灣感到困難重重，使大家都願意離去，使滿清官員恢復從前那種獨佔和勒索的幸福狀態。[45]

此外，有關興建海關官署及關員宿舍土地契約的紀錄如下：

辦理淡雞二口通商稅務署稅務司廷　立永遠租約事，案查前因建蓋關署，以資辦公。勘得滬尾口舊炮臺腳田地壹所，堪以為永遠租蓋關署，當經照會貴前通商道馮查商去後嗣准照覆，以該處田地係抄封叛產為臺灣府官田，即經淡水廳富暨新庄縣丞章踏勘丈量寔係抄封官田與民田盧墓毫無掛礙並經插標立界議□將該官田撥出約貳拾分之壹分，經議明四至，東至炮臺為界，西至官田為界，南至海墘大路為界，北至官田為界，南約長貳拾參丈肆尺，北約長壹拾柒丈，東約長壹拾肆丈，西約長壹拾參丈陸尺，每年約定交納租銀壹拾兩解交駐滬通商衙門轉交臺灣府庫查收，立約之日起先交全年租銀壹拾兩，以後按定外國陸月初壹日全年交納不得短少，臺灣府亦不得以此地不租稅務司及另租他人為詞，總當永遠作為海關辦公之所，和立永遠租約字肆紙，送請貴通商協鎮府會印分別申移備案各執為據，須至租約者。同治捌年肆月貳拾壹日。…[46]（同治8年（1869）4月21日）

另光緒17年（1891）亦有永租該關署後側官田之土地契約紀錄如下：

四品銜署理臺北淡基二口稅務司副稅務司夏…立永遠租

---

[45] 臺灣銀行經濟研究室，1959，《老臺灣》，頁48。

[46] 詳見明治28年（1895）《臺灣總督府公文類纂》，〈淡水、基隆稅關受渡ニ關シ島村〔久〕公使〔館書記官〕トモールストノ談判書類〉，冊號：32，文件號：11。

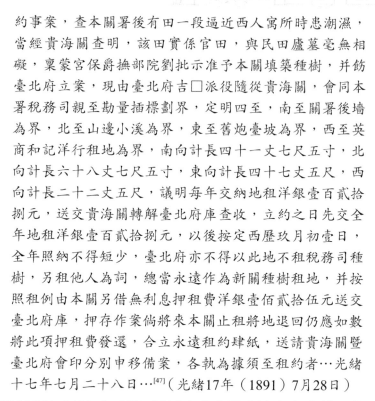

約事案，查本關署後有田一段逼近西人寓所時患潮濕，當經貴海關查明，該田實係官田，與民田廬墓毫無相礙，稟蒙宮保爵撫部院劉批示准予本關填築種樹，并飭臺北府立案，現由臺北府吉□派役隨從貴海關，會同本署稅務司親至勘量插標劃界，定明四至，南至關署後墻為界，北至山邊小溪為界，東至舊炮臺坡為界，西至英商和記洋行租地為界，南向計長四十一丈七尺五寸，北向計長六十八丈七尺五寸，東向計長四十七丈五尺，西向計長二十二丈五尺，議明每年交納地租洋銀壹百貳拾捌元，送交貴海關轉解臺北府庫查收，立約之日先交全年地租洋銀壹百貳拾捌元，以後按定西歷玖月初壹日，全年照納不得短少，臺北府亦不得以此地不租稅務司種樹，另租他人為詞，總當永遠作為新關種樹租地，并按照租例由本關另借無利息押租費洋銀壹佰貳拾伍元送交臺北府庫，押存作案倘將來本關止租將地退回仍應如數將此項押租費發還，合立永遠租約肆紙，送請貴海關暨臺北府會印分別申移備案，各執為據須至租約者…光緒十七年七月二十八日…[47]（光緒17年（1891）7月28日）

明治28年（1895）6月9 日日本政府設立淡水事務所。當時洋海關仍有稅務司馬仕（H . B . Mose）執行職務。但日人採強硬態度毅然接收海關，同年6月17日重新開設淡水稅關，8月5日臺灣總督府民政局署名通報馬仕稅務司，淡水洋海關終告結束。

明治42年（1909）日本政府廢安平海關，改為分關，屬淡水所轄。明治44年（1911）臺灣採行與日本本國相同之關稅制度，當時的淡水海關設於淡水港口，又在臺北大稻埕設立海關

[47] 詳見明治28年（1895）《臺灣總督府公文類纂》，〈淡水、基隆稅關受渡ニ關シ島村〔久〕公使〔館書記官〕トモールストノ談判書類〉，冊號：32，文件號：11。

辦事處，至大正5年（1916）大稻埕辦事處升為本關，淡水港口為分關，淡水海關逐漸沒落，大正10年（1921）本關移至基隆，淡水成為基隆分署。

淡水海關自設立後其設施包含海關關署、長官官邸及碼頭區等。碼頭區則包括碼頭本體、洋樓及倉庫等。區域內現在有清代與日治時期海關之相關建設，包括碼頭本體、二層洋樓一棟、倉庫二棟及其他相關建築遺蹟。淡水碼頭本體全長約為150公尺，全屬重力式岸壁構造，岸壁表面全為硬石，另有「繫船石」及登船口，可供船舶停靠、上、下貨之用[48]。

二、淡水關稅務司官邸興建

同治5年（1866）海關公署以洋銀900元向淡水人吳春書、吳煌業兄弟購得位於砲臺埔土地，東西24丈，南北19.5丈，開始興建第一棟海關長官的官邸。當時助理官員仍借住紅毛城內[49]。相關字契如下：

（一）建新海關長官邸及庭園

> 立賣山場字人吳春書、惶業兄弟二人承祖父遺下滬尾山炮臺埔山場壹所，東至西貳拾肆丈，係捌拾步；北至南壹拾玖丈半，係陸拾陸步，四至明白。今因要需託中賣與洋稅新海關起造關署，三面言議約議定價洋銀玖百元。至該山場係春書、惶業二人兄弟份下與別房叔

[48] 淡水海關相關研究詳見徐福全，2005，《臺北縣縣定古蹟淡水海關碼頭調查研究與修後計畫》。

[49] 淡水海關土地位置考證，可參考俞怡萍，2002，《清末臺灣洋務政策下的建築活動〈1863-1895〉》，頁2-7-2-16，本書61頁至63頁字契內容參考該文的抄錄。

姪兄弟無干至山場內並無墳墓骨殖等件…[50]（同治5年（1866）4月24日）

（二）擴建官邸

光緒元年（1875）海關公署向吳氏兄弟購買土地，興建助理與職員的兩棟宿舍，有「埔頂三塊厝」之稱。內容如下：

立賣山場字吳順、春書、惶業兄弟三人承祖父遺下滬尾山炮臺埔山場一所，東自石界起至西石界止，寬貳拾參丈；南至稅務司公館後門起至北領事地界止，長伍拾捌丈陸尺，四至明白，今因要需，託中賣與洋稅新關起蓋，三面言議約定價銀貳百捌拾玖元陸角，該山場係順、春書、惶業兄弟三人份下與別房叔姪兄弟無干。至山場內並無墳墓骨殖等件，如有墳墓骨殖，順、春書、惶業等自當起清嗣後，倘有來歷不明，順、春書、惶業等情甘坐罪與買主無干。今當新關收足洋銀貳佰捌拾玖元陸角，即日將山場交代明白，聽其如何起蓋不得異言反悔，恐口無憑，立賣山場字壹紙為據，中人陳合榮，光緒元年肆月念柒日立永遠租約字人吳順、春書、惶業[51]（光緒元年（1875）5月31日）

（三）擴建官邸

另一件官邸契約是在第二份契約的上方，內容是：

立永遠租約字吳順、春書、惶業兄弟三人承祖父遺下滬尾山炮臺埔山場壹所，東自稅務司公館起至西牧師地

[50] 詳見明治28年（1895）《臺灣總督府公文類纂》，〈淡水、基隆稅關受渡ニ關シ島村〔久〕公使〔館書記官〕トモールストノ談判書類〉，冊號：32，文件號：11。

[51] 詳見明治28年（1895）《臺灣總督府公文類纂》，〈淡水、基隆稅關受渡ニ關シ島村〔久〕公使〔館書記官〕トモールストノ談判書類〉，冊號：32，文件號：11。

界止，南邊拾參丈貳尺，北邊貳拾貳丈參尺；南自稅務司公館前門起至北稅務司公館後門止，四至明白，今因要需託中永遠租與稅務司好大老爺，三面言議約定價銀參佰柒元伍角，該山場係吳順、春書、惶業兄弟三人份下，與別房叔姪兄弟無干，至山場內並無墳墓骨殖等件，如有墳墓骨殖，順、春書、惶業等自當起清嗣後，倘有來歷不明，順、春書、惶業等情甘坐罪與租主無干，今當好大老爺臺前收足洋銀參百柒元伍角，即日將山地交代明白與其掌業不得異言反悔，恐口無憑，立永遠租約字壹紙為據，中人陳合榮，光緒元年肆月念柒日立永遠租約字人吳順、春書、惶業[52]。

由上述內容可知淡水關稅務司官邸周邊的最初發展，但是該助理宿舍毀於中法戰爭，職員宿舍也因經二次世界大戰之戰火摧殘，於戰後被拆除。

日治後淡水海關逐漸沒落，淡水關稅務司官邸也被改為賓館使用，成為休憩、聯誼、打球、進食的場所。

[52] 詳見明治28年(1895)《臺灣總督府公文類纂》，〈淡水、基隆稅關受渡ニ關シ島村〔久〕公使〔館書記官〕トモールストノ談判書類〉，冊號:32，文件號:11。

第三節　埔頂與鼻仔頭地區洋行的設置與變遷

清開港後淡水洋行並非販賣場所，而是在貿易活動中扮演國際間貨物集散的代理商角色，大多擁有獨自的倉庫。淡水主要的洋行有甸德洋行（Dent＆Co.）、德記洋行（Tait＆Co.）、怡和洋行（Jardine Matheson＆Co.）、和記洋行（Boyd＆Co.）、美利士洋行（Milish ＆Co.）、費爾哈士迪洋行（Field Hastis＆Co.）、公泰洋行（Buttler＆Co.）、得忌利士洋行（Lapraik, Douglas & Co.）、寶順洋行（Dodd & Co.）等。這些洋行主要分布在埔頂地區烽火段，龍目井段及砲臺埔段的淡水河邊及鼻仔頭地區間，藉由租借官地與民地來進行商業貿易。隨著日治時期時代變遷，商業貿易的轉移及日本政府有計畫的排除外國商行，日治中期以後許多淡水外國洋行的貨棧廢棄或紛紛被日本洋行代理接收，淡水市街碼頭填築工程、市區改正及水上飛行場興建築、淡水洋行逐漸消失或土地面積發生改變。

一、埔頂地區洋行的分布

清咸豐10年（1860）至同治9年（1870）間臺灣北部發生幾起中外衝突事件，都由英商與領事派兵解決，再由政府懲治老百姓，例如同治元年（1862）甸德洋行事件、淡水白砲臺事件等[53]。此外寶順洋行租屋衝突，靠著領事居中為後盾，與漢人來解決爭端[54]。

---

[53] 葉振輝，1985，《清季臺灣開埠之研究》，頁209。原始出處自F.O. 228/351, PP.45-48. Braune to Bruce, 6/2/1863.

[54] 戴寶村，1984，《清季淡水開港之研究（1860－1894）》，頁39；黃富三，1982，〈清代臺灣外商之研究—美利士洋行（上）〉，頁39。另有關洋行資料內容可參考林會承，2002，〈臺灣清末洋行建築研究（一）洋關領事館、燈塔與洋行〉。

當時清代開港後在臺灣設置的洋行不僅僅是普通商行，有許多洋行還經營華工出口的業務，著名的有德記洋行[55]、英商怡和、顛記、乾記、祥勝、美商同孚、西班牙瑞記、荷蘭吉時、元興，德國魯麟，法國利民等洋行[56]。

淡水埔頂主要的洋行主要有甸德洋行[57]、德記洋行[58]、怡和洋行、和記洋行、美利士洋行[59]、費爾哈士迪洋行、公泰洋行、得忌利士洋行[60]等。這些洋行分布在油車口至新店口間。

---

[55] 德記洋行是愛爾蘭商人傑姆士·德(James Tait)於道光25年(1845)成立，初期以運銷中國茶葉去歐洲各國為主要業務，同時並代理歐洲產品來中國傾銷，如火油、洋燭、肥田粉、毛線、衣料。而後在汕頭、上海、福州、天津等地設立分公司。德記洋行在同治3年(1864)後到臺灣發展，在臺南安平設立分公司，經營臺灣土產茶葉、樟腦、砂糖等商品，稍後在淡水、基隆等地設立分公司。

[56] 當時洋商藉著當地不肖華籍職員，用不正當的手段與方法，甚至欺騙、誘拐、強迫威脅的手段使華人簽下「情甘出口」的契約而強迫出洋，例如在廈門的德記洋行招收大批華工前往澳洲，經營此類勞工業務稱為「販賣豬仔」，囚禁此輩勞工稱為「豬仔館」。當時華工出口主要市場在中南美洲的古巴、祕魯等國，所以廈門德記洋行在華工出洋業務中扮演了重要的角色，此外還兼任西班牙、葡萄牙、荷蘭三國駐廈門領事職務。詳見劉渭平，1993，〈德記洋行的盛衰〉，頁53-56。

[57] 甸德洋行在淡水主要代理人1862年的紀錄為達思慮(P.F. da Silv)，1863年為藍玻(C.C. Rainbow)，1865為陶德(J. Dodd)，於1866年倒閉。

[58] 德記洋行在淡水主要代理人1870年的紀錄為布魯斯(R. H. Bruce)，1875年為盧德蘭(T. E. Ludlam)，1880年為貝司特(C. H. Best)，於1887年遷至大稻埕。

[59] 美利士洋行在淡水主要代理人1865年的紀錄為美利士(J.Miliscl)，在1870年6月倒閉。

[60] 得忌利士洋行在淡水主要代理人在1884年的紀錄為克里斯提(W. Christy)，1887年為雅士頓(F. Ashton)，1893年更名為拉派克·嘉士公司(Lapraik, Cass & Co.)。成為拉派克·嘉士公司後，在淡水主要代理人在1893年的紀錄為懷特(H. P. White)，1895年為范嘉士(F. Cass) (在廈門)，懷特(H. P. White)(淡水)，1901為雅士頓(F. Ashton)，在1902年倒閉。有關得忌利士洋行研究詳見黃俊銘，2010，《淡水藝術大街第二期工程前期

有一份在清光緒6年（1880）和記洋行取得紅毛城西邊官地蓋行棧及領有官方執照案件，執造內容如下：

大清欽加同知銜署臺北府淡水縣正堂 為給發執照事

照得，同治十三年八月間，經英國領事館，請將滬尾砲臺下西邊官地一所，租給英商，起蓋行棧，量明四至，約租五十年，每年議納庫平洋銀八十兩，由英國領事館，移交中國地方官收入，業經會同意妥，立約交租，在案，現准英館領事館費，請將所租之地，分租德記行、和記行、怡和行英商賈士三家，逕由地方官發給執照，交予各英商收執等因，茲將該地，照原租丈數界內，大小劃為三塊，繪成地圖，註明英商承租段落，附粘照尾，租給英商和記洋行，自行起蓋行屋，每年計納租銀二十五兩，届期由英商和記行，呈繳英國領事館，轉送滬尾口通商局代收，該地仍照前約，自同治十三年即英曆一千八百七十四年十月初一日起，租賃五十年為準，此後按年應納租銀，英商或因遲誤缺租，或係無力完納者，地方官於經年後，即可照會英國領事官查辦，或將該地追還，或令英商租納應領事官，作速酌辦。五十年限內，地方官固不得以不租為詞，五十年後，英商若欲再租，自按和約，秉公辦理。英商如不愿租，將地交還所有起蓋行棧木石物料，先期亦任從折取，除照會英國領事館立案外，合行發給執照，給交英商和記行收執為据，須至執照者，

再議明，租地界址之前面大路外海灘，為英商起卸貨物之要路，中國官民，不得另築別業，致阻出入，然英商亦不得在海灘之上處，起蓋行棧，致礙港道，至於左右後面，不屬英商所租者，將來官民另築別業，英商自不

評估案階段成果報告》。

得阻止，批照 記粘圖壹紙

大清光緒六年五月二十九日給縣正堂行 右照給和記行，准此[61]

另根據香港的資料記載，光緒2年（1876）當時淡水的洋行包括和記洋行(Boyd& Co.)、水陸洋行 (Brown& Co.)、寶順洋行(Dodd& Co.)、怡記洋行(Elles& Co.)及德記洋行(Tait& Co.)。資料顯示重要的洋行商人包括：和記洋行的萊德勞（Walter Laidlaw）（茶葉檢查員），水陸洋行的斯科特（Grant Scott）（茶葉檢查員）及雅士頓（F. Ashton）；怡記洋行的卡斯（J. Gratton Cass）（代理人）、克里斯提（W. Christy）；寶順洋行的拉肯（M. Larken）（茶葉檢查員）、莫斯（J. Moss）；德記洋行的盧德蘭（T. E. Ludlam）（代理人）及林格（Ringer）、斯圖爾特（Beverley Stewart）等（為淡水與基隆的醫療從業人員）等；怡記洋行的格茨（W. Götz）[62]。資料記載這些洋行進行代理保險業務：寶順洋行代理勞合北美中國保險（Lloyd's North China Insurance Company）及中國保險有限公司（Chinese Insurance Co., Limited.），怡記洋行代理廣東保險協會聯盟（Union Insurance Society of Canton），德記洋行代理爪哇海上火災保險有限公司（Java Sea and Fire Insurance Co.）。

至日治初期靠近淡水新店口一帶有漢人經營的金門館、廣興隆、烽火館、淡水海關、守備衙門、同山館及漢人陳阿順擁有的碼頭。因當時滬尾街南側的新店口仍是一片沙地，故有得

[61] 手塚猛昌，1911，《臨時臺灣舊慣調查會第一部調查第三回報告書臺灣私法附錄參考書第一卷下》，頁193。

[62] Hong Kong Daily Press ,1876,Chronicle & Directory for China, Japan, the Philippines,p.264.

忌利士洋行、德記洋行專屬的碼頭[63]。

當時淡水洋行並非販賣場所，而是在貿易活動中扮演國際間貨物集散的代理商角色，大多擁有獨自的倉庫。這些洋行及海關在清末於淡水河岸形成特殊的碼頭景觀。例如得忌利士洋行的基地內配置有辦公室、倉庫、宿舍與碼頭，該洋行與嘉士洋行有代理關係[64]。另日治初期洋行及周邊土地為當時的學租財團所有，該財團承接清代學海書院擁有的土地[65]。得忌利士洋行緊鄰德記洋行東側，在德記洋行西側有一條向東北延伸的小路通往砲臺埔，在該洋行前方具有東西向貫通滬尾街區的主要道路。此外，該洋行為烽火段規模最大的洋行，次大的為德記洋行西側的雅士頓（F. Ashton）擁有的永代借地。另相關記載亦有德記洋行向淡水稅關要求埋海埔地已興建埠頭及倉庫，但後來並不被認可的案例[66]。

直至大正3年（1914）因為淡水烽火段一帶進行淡水河碼頭填築工程[67]，使此區發生較大的變化。茲就此區在日治初期的洋行位置圖與現有照片整理成圖4-1至圖4-8。

另淡水埔頂地區沿岸重要官方與洋商的碼頭設施，可分為官屬及私屬碼頭。

---

[63] 柯設偕，1933，《淡水教會史》。

[64] 明治33年（1900）12月19日，《臺灣日日新報》，〈臨時代理店〉。

[65] 大正5年（1916）《臺灣總督府公文類纂》，〈芝蘭三堡滬尾街ニ於ケル官有地學租財團ヘ無償下付等ノ件〉，冊號:1202，文件號:6。

[66] 明治32年（1899）《臺灣總督府公文類纂》，〈英商テート商會滬尾海埔埋立不認可〉，冊號:4619，文件號:8。

[67] 大正5年（1916）《臺灣總督府公文類纂》，〈芝蘭三堡滬尾街ニ於ケル官有地學租財團ヘ無償下付等ノ件〉，冊號:1202，文件號:6。

（一）官屬碼頭

1.淡水海關碼頭：淡水海關管理，作為關稅、釐金、受檢等官方業務使用，約同治元年（1862）興建。

2.英國領事館碼頭：英國外交領事管理，供該國領事事務使用，約同治6年（1867）興建。

（二）私屬碼頭

1.瑞記洋行碼頭：約明治28年（1895）興建。

2.德記洋行碼頭：約同治11年（1872）興建。

3.得忌利士洋行碼頭：約同治4年（1865）興建。

4.陳阿順專屬碼頭。

5.嘉士洋行碼頭：約光緒20年（1894）興建[68]。

---

[68] 相關分析詳見莊家維，2005，《近代淡水聚落的空間構成與變遷-從五口通商到日治時期》，頁4-21；黃俊銘，2010，《淡水藝術大街第二期工程前期評估案階段成果報告》；林會承；2002，〈臺灣清末洋式建築研究(一)洋關領事館、燈塔及洋行〉。

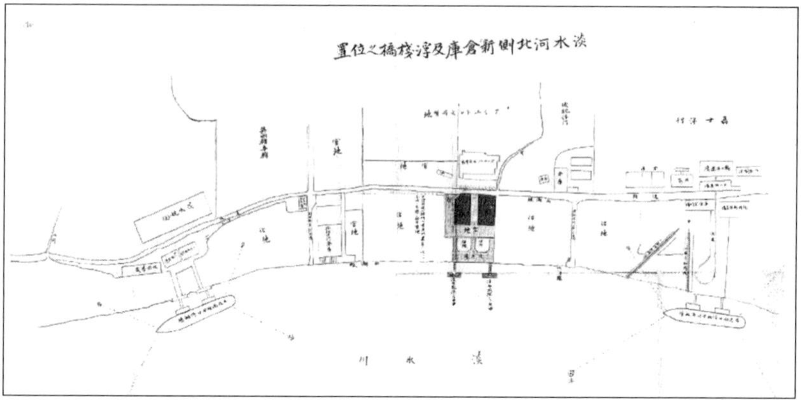

圖4-1：淡水新店口與烽火段洋行倉庫及棧橋位置圖。資料來源：明治33年（1900）《臺灣總督府公文類纂》，〈英國人エフ、アシトン埠頭倉庫會社設立ニ付滬尾棧橋築設認可并同棧橋許可一〉，冊號：562，文件號：9，檔案編號：000005620099003002M。

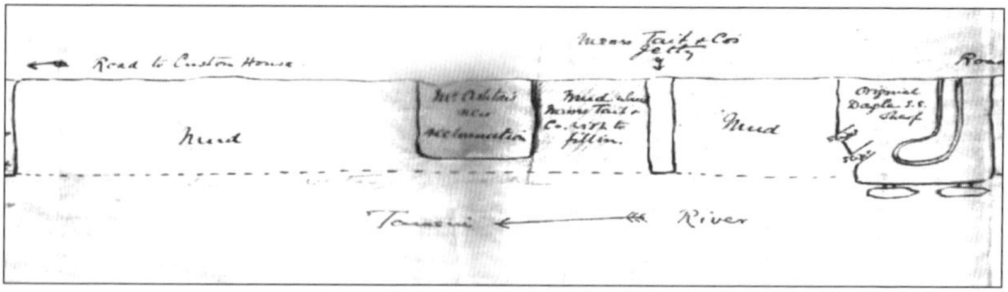

圖4-2：日治初期淡水新店口德記洋行碼頭周邊配置簡圖。資料來源：明治32年（1899）《臺灣總督府公文類纂》，〈英商テート商會滬尾海埔埋立不認可〉，冊號：4619，文件號：8。

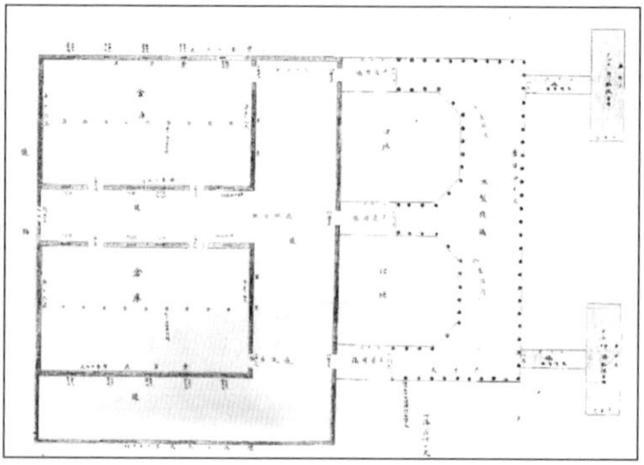

圖4-3：淡水新店口德記洋行倉庫與碼頭平面圖。資料來源：明治33年（1900）《臺灣總督府公文類纂》，〈英國人エフ、アシトン埠頭倉庫會社設立ニ付滬尾棧橋築設認可并同棧橋許可一〉，冊號：562，文件號：9，檔案編號：000005620099003001M。

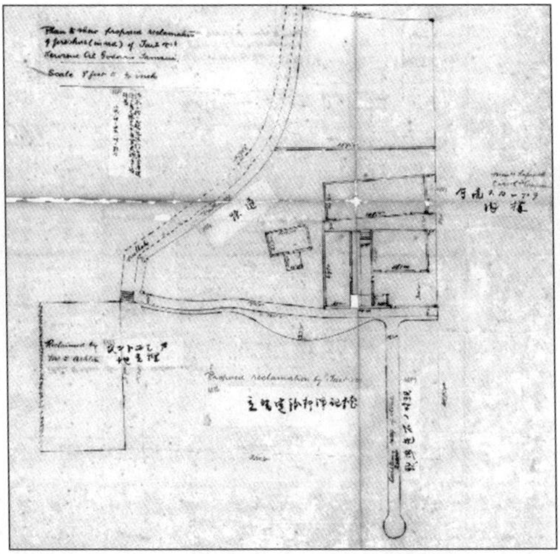

圖4-4：淡水新店口德記洋行附近河岸地貌。資料來源：明治32年（1899）《臺灣總督府公文類纂》，〈英商テート商會滬尾海埔埋立不認可〉，冊號：4619，文件號：8，檔案編號：000046190089002001M。

圖4-5：淡水海關附近河岸現況。

圖4-6：淡水原德記洋行碼頭現況。

圖4-7：淡水新店口現況。

圖4-8：淡水得忌利士洋行修復現況。

二、淡水鼻仔頭的洋行

淡水鼻仔頭東段最初有怡和洋行租用土地、興建房子。怡和洋行在同治9年（1870）左右之土地可能在日治末期淡水水上飛行場附近。

怡和洋行代理商最早為美利士洋行，寶順洋行是在美利士洋行於同治9年（1870）倒閉後，由墨雷（Alexander Morrison）代表怡和洋行租予寶順洋行，所以怡和洋行代理人初為美利士洋行的美利士（James Miliscl），後為寶順洋行的陶德（John Dodd）。同治11年（1872）3月8日馬偕初到淡水時，即住在怡和洋行租給寶順洋行的房子裡。茲就相關洋行的歷史整理如下：

（一）怡和洋行

墨雷為怡和洋行代理人，駐臺南，監督臺南、淡水業務。當時怡和洋行創設的日期在咸豐10年（1860），主要業務為樟腦、茶葉、糖及保險代理，初設於打狗，於同治元年（1862）設代理人，後設洋行於大稻埕。美利士洋行主要業務則為樟腦、鴉片及海運拓殖。寶順洋行主要業務則為茶。

怡和洋行在中國所經營的業務包括貿易、保險、金融，後又進行碼頭、貨棧、工業及其他投資。該洋行對中國貿易的體制歷經三階段：船長總監、商務代理人制、委託代理商制、分公司制[69]。

怡和洋行在臺灣的商業圈包括淡水、艋舺、香山、後龍、吞霄（通霄）及基隆等，其銀師也企圖在噶瑪蘭建立貿易的據點。他所僱用的成員有銀師、譯員，交易對象是華商，通常鴉片售予經銷商，大戶是臺南的金茂號，艋舺的三大富商為中型戶，又有直接定合同雇工代行交易[70]。

第一階段的船長總監是最初怡和洋行利用鴉片走私與華商的貿易，為防止海盜及清官員的干預而形成的策略，由船長負責該船貨物銷售與土產購買，每月由香港總行發布訓令予貨船船長總監與華南、華東的經銷站，以快帆船裝備武裝來阻止清水師與海盜的阻擾。所謂「在印度購買鴉片，降低進貨成本，而其船隻又有武裝，可防海盜，安全性高，非小資本商所能比。」、「到1845年怡和與甸德兩家大洋行排除競爭者，寡占對華鴉片貿易。」[71]

《天津條約》後怡和洋行第一個貿易據點為打狗，主要因為接近香港之故[72]。當時船長定期或不定期造訪，未能登陸常駐營業，所以洋商委託各港口華商代理交易事宜，交易方式大致是洋船抵港時，將鴉片交予委託之華商，取託買的商品並結帳，中國稱之為「依商貿易」，因此港口出現專作洋船貿易的

[69] 黃富三，1996，〈臺灣開港前後怡和洋行對臺貿易體制演變〉，頁1。

[70] 黃富三，1996，〈臺灣開港前後怡和洋行對臺貿易體制演變〉，頁12。

[71] 黃富三，1996，〈臺灣開港前後怡和洋行對臺貿易體制演變〉，頁3。

[72] 黃富三，1996，〈臺灣開港前後怡和洋行對臺貿易體制演變〉，頁5。

華商，如臺南府城的金茂號 。[73]

第二階段的商務代理人的角色主要為：一、擔任怡和洋行在臺法律代理人，與政府（包括清官方與英國領事館）交涉；二、監督並負責各港口與怡和洋行來往的商號貿易；三、點驗怡和洋行船隻運交的貨物與出口貨及報告行情，所以商務代理人常與政府交涉，並奔走於沿岸各港，如打狗、府城、梧棲、竹塹與淡水等地[74]。例如咸豐10年（1860）5月30日沙利文（Sullivan）（怡和洋行首任駐台商務代理人）報稱：「（在淡水）甸德洋行透過布朗上尉（Captain Brown）之銀師提克蘇（Ticksui），安排建一貨棧，而德記洋行亦透過華人想買一片地建棧，又據聞有廈門洋行欲購紅毛城為貨棧。」[75]故外商在華經營除建棧外，在經營組織方面因語言、法規、風俗習慣的差異難以直接與華人貿易，因此需要華人協助。內文如下：

> 沙利文（Sullivan）以集貨船為辦事處與居住地，先在野波（Wild Wave）號，約自1861年9月30日改為冒險（Adventure）號。他在淡水先後擔任兩次商務代理人之職，第一次在1860年4月14 日至1861年12月9日 。[76]
>
> 沙利文在1862年10月18日離開泉州，22日至淡水，帶新孟加拉(new Bengal)鴉片十二箱給福斯特洋行（Foster&Co）。…他仍以金茂號為主要合作對象，進行鴉片、樟腦交易。…對手甸德洋行在1863年7月派特爾納特（Ternate）號至淡水為集貨船，對怡和洋行形成威

[73] 黃富三，1996，〈臺灣開港前後怡和洋行對臺貿易體制演變〉，頁6。

[74] 黃富三，1996，〈臺灣開港前後怡和洋行對臺貿易體制演變〉，頁7。

[75] 黃富三，1996，〈臺灣開港前後怡和洋行對臺貿易體制演變〉，頁7。

[76] 黃富三，1996，〈臺灣開港前後怡和洋行對臺貿易體制演變〉，頁11。

脅。[77]

沙利文在淡水之職務與打狗相同，即拓展商務並擴張沿岸各港商業圈，必要時與地方官交涉，他不時向怡和行報告市場狀況，包括進出口價格、成交情形，以及競爭對手如甸德洋行、華商之經營情形，有時也報導地方上事件，如1860年10月29日北部之血腥械鬥。…但沙利文不斷尋找其他經銷商，如1861年10月8日，報稱艋舺與三大鴉片經銷商（張德寶、黃祿、王則振）結好，約定只買怡和鴉片，但怡和鴉片須購米、糖、硫磺、茶之類商品。[78]

但北部生意似乎不理想，首先是商業界之彼此競爭，除需與甸德行、華商競爭外，陸續有小洋商之設立，如1862年6月馬克白（MacPail）在淡水設立福斯特洋行，另外當時戴潮春事件引起的動亂亦是一因。[79]

上述幾點都是怡和洋行在憂慮經營狀況不好以及如何與本地商人合作及與其他洋行的競爭描述。同治4年（1865）怡和洋行在臺商務成為普魯士商人美利士（James Milisch）在淡水所設的洋行代理。商務代理人制轉為第三階段的洋行代理制。

（二）寶順洋行與美利士洋行產權讓渡

美利士洋行經營的時間在清同治4年（1865）由淡水移至艋舺，原因除擴大營業外，當時認為淡水只是漁村及外船或大船的停泊港，真正商業中心在艋舺[80]。美利士洋行為第一個進

[77] 黃富三，1996，〈臺灣開港前後怡和洋行對臺貿易體制演變〉，頁11。

[78] 黃富三，1996，〈臺灣開港前後怡和洋行對臺貿易體制演變〉，頁12。

[79] 黃富三，1996，〈臺灣開港前後怡和洋行對臺貿易體制演變〉，頁12。

[80] 黃富三，1982，〈清代臺灣外商之研究—美利士洋行（上）〉，頁131。

入艋舺的外國住戶[81]，以經營鴉片為主，但此洋行在清同治9年（1870）6月便因經營不善而倒閉，便停止了怡和洋行的代理權。

當時寶順洋行也加入代理怡和洋行的商務[82]。與美利士洋行成為既合作又競爭的商業伙伴，兩行相互協調售價，以免惡性競爭[83]。美利士洋行可能在淡水有一位代理辦理裝卸貨物與通關手續，艋舺有美利士與一位銀師或買辦負責銷售外貨與採購土產等事宜[84]。

美利士洋行成為怡和洋行的代理商意義是從僱華籍代理人與銀師經營業務改成由英籍船長負責送貨及監督商務，從美利士洋行來臺灣後，改成以委託小洋行為代理商[85]。美利士洋行與怡和洋行的關係主要有五項：交換市場情報、進口貨的處理、出口貨的處理、資金與業務檢查[86]。當時美利士洋行倒閉是因怡和洋行運作方式複雜、業績不理想、銀師的問題（中國買辦制的問題）[87]。美利士洋行在同治9年（1870）破產後，由墨雷代表怡和洋行租予寶順洋行。內容如下：

> 承允住進美利士洋行之房屋，以及使用怡和洋行之舊貨棧與樟腦貨棧連同所有在埤仔頭之土地。…我們同意每年付五百元，三年共一千五百元之租金。再者，我們同

[81] 黃富三，1982，〈清代臺灣外商之研究—美利士洋行（上）〉，頁107。

[82] 黃富三，1982，〈清代臺灣外商之研究—美利士洋行（上）〉，頁130。

[83] 黃富三，1982，〈清代臺灣外商之研究—美利士洋行（上）〉，頁125。

[84] 黃富三，1982，〈清代臺灣外商之研究—美利士洋行（上）〉，頁125。

[85] 黃富三，1982，〈清代臺灣外商之研究—美利士洋行（上）〉，頁131-132。

[86] 黃富三，1982，〈清代臺灣外商之研究—美利士洋行（上）〉，頁129。

[87] 黃富三，1982，〈清代臺灣外商之研究—美利士洋行（上）〉，頁139。

意付出估計值五千元之地產的保險費。日後之修理費與改良費均由我們負擔。[88]

但當時美利士不肯簽署財產讓渡書以及合法讓渡程序而與陶德發生糾紛，在同治9年（1870）12月曾交予上海的領事法庭檢審，到光緒14年（1888）6月還發生鼻仔頭房屋轉移費的問題[89]。此外美利士洋行相關事蹟包括在同治9年（1870）於基隆與華人發生占地糾紛，直至光緒2年（1876）由英國領事館人員與買辦介入方解決[90]。

茲就相關洋行圖面整理成圖4-9至圖4-11。

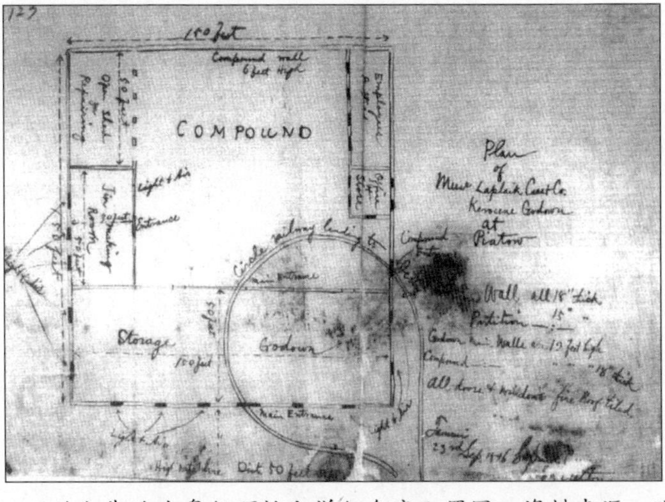

圖4-9：日治初期淡水鼻仔頭怡和洋行倉庫配置圖。資料來源：明治30年（1897）《臺灣總督府公文類纂》，〈英商ヅヤーデン、マゼソン〔會社〕及英商ラプレイク、カス會社〔ヨリ〕淡水鼻仔頭石油倉庫及附屬棧橋建設出願ノ件〉，冊號：174，文件號：3。

[88] 黃富三，1984，〈清代臺灣外商之研究—美利士洋行（續補）〉，頁130。

[89] 黃富三，1984，〈清代臺灣外商之研究—美利士洋行（續補）〉，頁130。

[90] 黃富三，1984，〈清代臺灣外商之研究—美利士洋行（續補）〉，頁129。

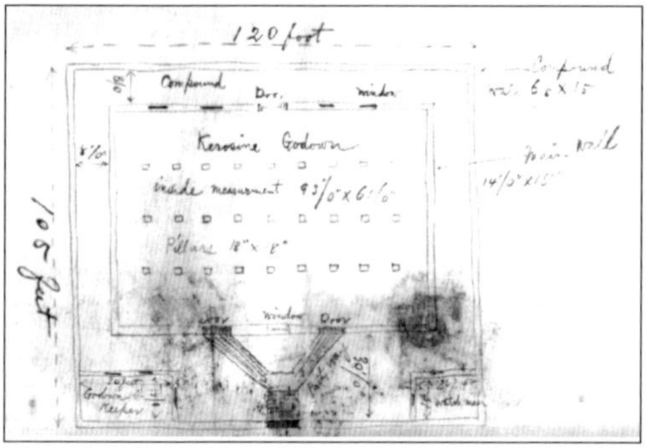

圖4-10：日治初期淡水鼻仔頭怡和洋行倉庫棧橋建設。資料來源：明治30年（1897）《臺灣總督府公文類纂》，＜英商ヅヤーデン、マゼソン〔會社〕及英商ラプレイク、カス會社〔ヨリ〕淡水鼻仔頭石油倉庫及附屬棧橋建設出願ノ件＞，冊號：174，文件號：3。

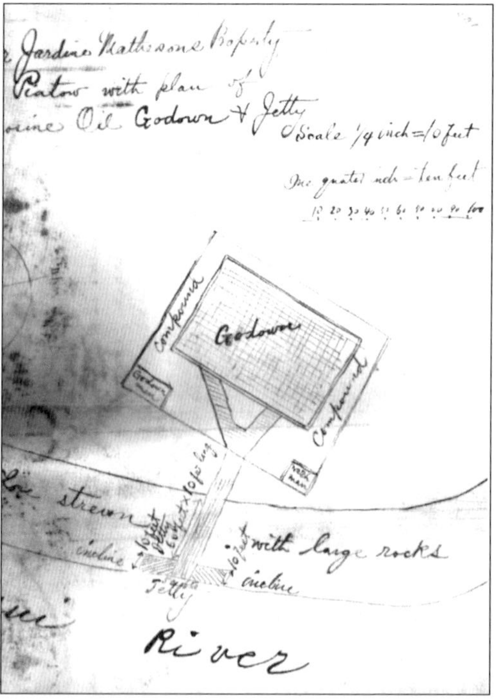

圖4-11：日治初期淡水鼻仔頭怡和洋行棧橋配置與淡水河關係。資料來源：明治30年（1897）《臺灣總督府公文類纂》，＜英商ヅヤーデン、マゼソン〔會社〕及英商ラプレイク、カス會社〔ヨリ〕淡水鼻仔頭石油倉庫及附屬棧橋建設出願ノ件＞，冊號：174，文件號：3。

第四節 作為淡水英國領事館使用的紅毛城

一、淡水英國領事館的設置

清咸豐11年（1861）英國副領事郇和(Robert Swinhoe)至淡水後，因無適當居住地點，故先住在船上，同治元年（1862）12月23日時租下滬尾岸邊的民房作為辦公處所。當時郇和描述：

> 離岸不遠，拒本地官員住所也近。…但十分低濕，空氣不易流通，是簡陋中式小屋，若換在英國，連適合作畜舍可能性也微乎極微。…包括三間正房，兩間廂房，正面對過去，是一整排髒臭茅舍。[91]

故當時淡水的環境對英國領事[92]是難以接受的，於是英國領事便積極覓地建造館舍，但當時本地居民相信租土地給外國人會破壞風水，因此租地建館的過程並不順利[93]，郇和及其後繼者只好繼續居住於三合院，並年年整修，在同治2年（1863）於三合院前加築木製門廊，將辦公室側牆的茅草翻曬，以避免建築物過於潮濕[94]。

---

[91] 鄭吉鈞，1997，《臺灣涼臺殖民地樣式建築發展歷程之研究》，頁43-44；葉振輝，1987，〈英國副領事館的設置〉，頁109-121，原始文獻引自F.O.228/330, PP.21-25, Swinhoe to Bruce,1/14/1862及F.O.228/330, P34, Swinhoe to Bruce,2/26/1864.

[92] 關於淡水各國領事館人物整理，詳見黃信穎，2002，《日治時期臺灣「外國人雜居地」之空間研究》，附表1。

[93] 鄭吉鈞，1997，《臺灣涼臺殖民地樣式建築發展歷程之研究》，頁44；葉振輝，1987，〈英國副領事館的設置〉，頁109-121，原始文獻引自F.O.228/330, P25, Swinhoe to Bruce,1/14/1862.

[94] 鄭吉鈞，1997，《臺灣涼臺殖民地樣式建築發展歷程之研究》，頁44；葉振輝，1987，〈英國副領事館的設置〉，頁109-121，原始文獻引自F.O.228/351, P62, Swinhoe to Bruce,10/1/1863.

同治5年（1866）英代理領事額勒格里（Willian Gregory）任內決定在淡水興建領事館，包括領事住宅、副領事住宅、領事補佐住宅、監牢、警衛宿舍等，並由英工務部上海事務所技師柏士（Robert H. Boyce）負責規劃，並決定其敷地設在紅毛城遺址[95]。

同治6年（1867）英國政府與清廷以永代借地方式取得今日紅毛城與附近土地作為領事館與領事官邸敷地後，美國則在同治7年（1868）擬以寶順洋行洋商作為領事，但不為清官方承認，故以廈門領事兼辦淡水事務[96]。

同治7年（1868）英國領事館設置紅毛城內，紅毛城於是從軍事防禦城砦轉化成領事辦公地點，但直至光緒3年（1877）英國領事館辦公室方完成整修工作[97]。當時將原建築物一樓改建為四間牢房，二樓隔出東側二間房間作為領事辦公室、西側二間房間作為武官宿舍。

光緒4年（1878）英國在淡水設正領事，於打狗設副領事，徹底將紅毛城改建。明治42年（1909）《臺灣總督府民政事務成績提要》記載淡水領事館位於臺北廳芝蘭三堡滬尾街砲臺埔72號土地，土地權屬為英國土木及共設建築物監督署永代借地[98]。大正5年（1916）亦為同樣記載[99]。

---

[95] 鄭吉鈞，1997，《臺灣涼臺殖民地樣式建築發展歷程之研究》，頁44。

[96] 林子侯，1978，《臺灣涉外關係史》，頁23。

[97] 泉田英雄，1989，〈イキリス工務局上海事務所と淡水イキリス領事館　アジアにおけるイキリス技術者の系譜その3〉，頁2。。

[98] 臺灣總督府編，1985，《臺灣總督府民政事務成績提要第一五編》，官房外事ノ部，頁64。

[99] 臺灣總督府編，1985，《臺灣總督府民政事務成績提要第二二編》，官房外事ノ部，頁61。

最初各國領事館為行政便利的考量，所以多將商館、洋行設於安平及旗後地區。一直到光緒4年（1878）英國方在淡水設正領事館，管理淡水及雞籠，在打狗設副領事館管理臺灣府、安平及打狗[100]。

淡水英國領事以紅毛城二樓做為辦公室，將原穹窿隔為兩間，東室內側為領事辦公室，設有壁爐，外側為會計辦公室，有大保險櫃及文件焚化爐，外室是幹事、助理領事及翻譯員辦公室，底層二個西向穹窿利用磚牆隔了四間小牢房，外室保留較大的空間作為管理之用。

當時磚由廈門運來，牆外用北投石隔成兩大部份，南側為廚房、浴室及洗手間北側的空院讓犯人放封用，牆高3.6公尺，牆頂鋪碎玻璃，除關本國人外，也代關外國人，主要關鬧事的水手，牢房有當時送食的小窗及窺孔，這樣的空間表現出禁閉的空間感。當時並增加埕堞，另建露臺，於原6尺5寸外壁塗煤脂，呈現紅色。故淡水紅毛城建築構造由兩個筒狀穹窿結構以厚重的牆體及中柱吸收外力，隔間牆在二樓簡單劃分四等分，一樓在東側劃分為幾間牢房，牆體的厚重與空間的簡單性形成強烈的對比，在外側通往二樓的樓梯以清水磚及埕堞的裝飾性表達城堡的功能，城外的護城河及放封室呈現出對罪犯的禁閉後的舒展功能。

明治29年（1896）英國政府有意將淡水英國領事館售於臺灣總督府，換取將領事館遷移至大稻埕的經費。當時臺灣總督府曾著手領事館建物的價格評鑑[101]。受託的鑑價人大阪共同商會建築土木技手安田當務於同年7月7日提出實地調查報告，敘

---

[100] 臺灣大學土木研究所，1983，《淡水紅毛城古蹟區保存計畫》，頁13。

[101] 明治30年（1897），《臺灣總督府公文類纂》，〈在淡水英國領事館買收并在淡水英國領事館敷地撰定ノ件〉，冊號：131，文件號：11。

明領事館位於滬尾砲臺埔最高的丘陵地上，東西五十間餘，南北六十間餘，面積3,000餘坪，四面由平均高5尺的石塊疊砌圍牆圍住，西南及東側各設門戶共計2處，牆厚平均為5尺，以紅磚疊砌，外塗紅土，內塗白灰[102]。圖4-12為日治初期淡水英國領事館修建相關文書。

明治31年（1898）英國領事館設分館於大稻埕致和洋行，再遷至瑞記洋行[103]。

此外，明治33年（1900）5月9日在工務局上海事務所建築技師科恩（W. Cowan）以備忘錄呈給工務局長的簽呈中，說明因為當時在臺灣的日本殖民政府已建立良好的供水系統，為了英國領事館內外國人及本地人的健康著想，領事館強烈請求自來水進入領事館內，以取代井水。此項設備工程預計包含8碼的水道管線加上3個閥門，共約200日圓，於同年6月18日批准執行[104]。

另在昭和5年（1930）工務局批准車庫的新建工程[105]。

---

[102] 明治30年(1897)《臺灣總督府公文類纂》,〈在淡水英國領事館買收并在淡水英國領事館敷地撰定ノ件〉,冊號:131,文件號:11。

[103] 周守真,1988,《日據時期淡水之空間變遷》,頁48。

[104] 黃俊銘,2005,〈日治時期淡水英國領事館建築考〉,頁83-85。原始文獻取自"Tamsui Consulate, Request by Consul that Waterworks Water be Now Laid on the Consulate Compound." 收錄於英國國家檔案局藏工務檔WORK-10-99-06,9,May,1900.

[105] 黃俊銘,2005,〈日治時期淡水英國領事館建築考〉,頁89-90。原始文獻取自英國國家檔案局藏工務檔WORK-10-99-08, "TAMSUI Proposed Building of Motor Garage", 12,Mar,1926;英國國家檔案局藏工務檔WORK-10-99-08, "DECODE OF TELEGRAM", 15,Feb,1930;英國國家檔案局藏工務檔WORK-10-99-08, "TAMSUI Erection of Garge", 15,Feb,1930;英國國家檔案局藏工務檔WORK-10-99-16, 10-99-17, "TAMSUI Consulate Site Plan,1938".

日本治臺後，英國領事館曾於明治31年（1898）向總督府提出「紅毛城永久租借」，直至大正元年（1912）獲得同意。

1920年代至1930年代是淡水英國領事館充實建築設備及增改建附屬建築物的時期。由大正10年（1921）1月24日工務局主任建築技師李維爾（J. T. Reavell）提交工務局的備忘錄可知，當時上海事務所的建築技師布拉德利（L. Bradley）為淡水英國領事館爭取大正10年（1921）至大正11年（1922）年度預算用以裝設電燈及電扇設備，經過波折後，於大正11年（1922）2月2日完工[106]。昭和6年（1931）淡水英國領事申請更新現代化的污水系統與熱水供應系統，至昭和7年（1932）9月15日完工，共計花費342英鎊[107]。至於職員宿舍重建工程則於昭和9年（1934）4月25日完工，總計用了390英磅[108]。

昭和17年（1942）日本人以敵產接收淡水英國領事館[109]。

---

[106] 黃俊銘，2005，〈日治時期淡水英國領事館建築考〉，頁88-89。原始文獻取自英國國家檔案局藏工務檔WORK-10-99-08, "ESTIMATES 1921-1922, DIPLOMSTIC AND CONSULAR BUILDINGS, Estimate for electric Light ar Tamsui-Japan", 24, Jan, 1921.

[107] 黃俊銘，2005，〈日治時期淡水英國領事館建築考〉，頁91-92。原始文獻取自" Extract from Mr. Bradley' s Notes on Draft Estimates, 1932", 1931年12月收錄於英國國家檔案局藏工務檔WORK-10-99-08.

[108] 黃俊銘，2005，〈日治時期淡水英國領事館建築考〉，頁92-93。原始文獻取自英國國家檔案局藏工務檔WORK-10-99-11," TAMSUI Building Offical Servants Quarters", 9, Nov,1933；英國國家檔案局藏工務檔WORK-10-99-11," TAMSUI Building Offical Servants Quarters", 25, April,1934備忘錄之簽呈。

[109] 臺灣大學土木研究所，1983，《淡水紅毛城古蹟區保存計畫》，頁14。

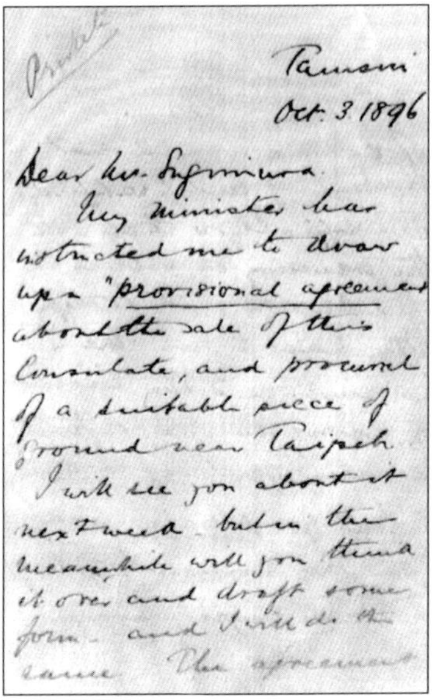
Private

Tamsui
Oct. 3. 1896

Dear Mr. Sugimura
My minister has instructed me to draw up a "provisional agreement" about the sale of this Consulate, and procurement of a suitable piece of ground near Taipeh.
I will see you about it next week but in the meanwhile will you think it over and draft some form - and I will do the same. The agreement

圖4-12：日治初期淡水英國領事館修建相關文書。資料來源：明治30年（1897）《臺灣總督府公文類纂》，〈在淡水英國領事館買收并在淡水英國領事館敷地撰定ノ件〉，冊號：131，文件號：11。

二、英國領事館官邸的設置

（一）外廊樣式的特色與象徵

「外廊」稱作“Veranda”[110]，譯為「陽臺」、「遊廊」、「走廊」、「外廊」、「捲廊」或「涼臺」。中文譯法上，有稱為「殖民樣式」、「熱帶拱圈式樣」、「陽臺殖民地樣式」或「涼臺殖民地樣式」（Veranda Colonial Style），中國稱為「外廊樣式」。「外廊」意指附屬於建物外圍有頂蓋的半戶外空間，又多稱為「涼臺」。此名詞與「平臺」的區別在

[110] “Veranda”此種樣式為在19世紀於殖民國家出現的共通樣式，臺灣在清代開港後由歐美的商人、領事引進。詳見鄭吉鈞，1997，《臺灣涼臺殖民地樣式建築發展歷程之研究》。

於前者覆有屋頂，較寬且連續，有時單面設置，有時則幾面皆有[111]。

外廊立面的樣式有英國式及法國式。法國式以在法國殖民地（如越南）為主。英國式有二種：一為喬治王朝樣式，如18世紀流行的新古典主義樣式、帕拉底歐主義樣式及攝政時期樣式；二為新維多利亞女王樣式，特徵為建築立面有拱卷造型的新文藝復興樣式，有尖拱券、哥德樣式的柱式及裸露的紅磚，亦有紅磚、青磚及白色石材混合作法，在安妮女王時期無外抹白色灰泥做法，只用紅磚或紅磚、青磚及白色石材混用。

外廊樣式起源有數種說法[112]：一為英國殖民者模仿印度班加洛（Bungal）地區的建築而成；二為直接由歐洲建築傳統而來，主要從希臘神廟的列柱發展到文藝復興時期的樣式，至18世紀因新古典主義與希臘復興樣式而興起；三為起源於加勒比海的大安德列斯群島，認為美國外廊樣式由此起源，故推測外廊樣式可能起源於此。至於臺灣外廊樣式的出現，主要有四個說法[113]：一為清代臺灣開埠後，在通商口岸的居留地內，劉銘傳從西學堂及西式建築物興建時引進；二為宣教士來台後引進，例如馬偕引進涼臺殖民樣式建築，產生融合臺灣傳統建築的折衷式樣；三為日本治臺時期由臺灣總督府營繕課引進官方涼臺殖民樣式；四為由臺灣民間富商、大戶、買辦及僑鄉引進，彰顯其富裕的生活型態。前述討論中，以來自英國殖民者模仿印度班加洛地區的建築最多人接受。

“bunglow” 一詞源於印度，是在17世紀商業資本主義

[111] 鄭吉鈞，1997，《臺灣涼臺殖民地樣式建築發展歷程之研究》，頁9-10。

[112] 藤森照信，1993，《日本の近代建築》（上），頁9-12；鄭吉鈞，1997，《臺灣涼臺殖民地樣式建築發展歷程之研究》，頁12-15。

[113] 鄭吉鈞，1997，《臺灣涼臺殖民地樣式建築發展歷程之研究》，頁15-16。

發展的初期階段一個相對文化下的產物。從字詞來說最先稱為“banngla”，然後形成“bungalow”，在演變的過程中有稱“bungalow”、“bungelo”、“bangallaa”，18世紀稱“banngla”、“bungelo”（字源源於“bangle”）。這個字的意義的演變過程是從本地Bengali茅屋轉變到Anglo－Indian住屋，再轉變到任何在印度歐式的小房子，值得注意的是從印度的Bengali的茅屋演變過來的。而在著名的1850年《帝國字典》上解釋其義：「在印度是一層樓層的別墅，有兩種類型，本土的材料用木、竹等，但歐洲人建造時用太陽曬乾的磚及葺草（茅草）或瓦。」但這個字在20世紀則被字典稱之為「（印度支那）最平常階級的房子。」而這樣的變化，最先是殖民者從印度的住屋形式改良的[114]。

從安東尼・金（1984）的研究發現此建築從原始住宅機能變成住居與工作兼用，並作為管理、處理行政的辦公室，有政治及經濟的機能，是做為剩餘價值象徵的建築[115]，此形式之後演變為“Bungalow”，傳回英國後，成為休閒及渡假住居的象徵[116]，此改變與19世紀英國工業化後需要新的休閒環境有關。

從“bungalow”流傳到英國的過程中，代表財富散布思想及階級區隔的意識型態，在19世紀大英帝國的強大文化傳播下，此類樣式從歐洲傳到亞洲、非洲及拉丁美洲。在資本社會消費模式下成為一種新的象徵意義。而這個象徵意義從歐陸隨

[114] King, Anthony D, 1984,The Bungalow: The Production of a Global Culture, pp.14-18,37.

[115] King, Anthony D, 1984,The Bungalow: The Production of a Global Culture, pp.23-36.

[116] King, Anthony D, 1984,The Bungalow: The Production of a Global Culture, p66.

著清代開港後進入了中國與臺灣。

（二）淡水英國領事館官邸的興建

淡水英國領事館官邸建於淡水埔頂的緩坡上，陽臺走廊占建築物三分之一到四分之一的面積，為半戶外的生活空間，是室內空間的延伸，各房間設置落地門通向外側陽臺走廊。

清同治7年（1868）英國領事館設置於紅毛城內，當時因為有領事居住的問題，所以有官邸的興建計畫。

第一代領事館官邸出現於清同治2年（1862），英國副領事郇和於咸豐11年（1861）到淡水後，因無適當居住地點，故先住在船上，同治元年（1862）時租下滬尾岸邊的民房作為辦公處所。

第二代領事館官邸是在紅毛城東側興建，興建時間為同治13年（1874）11月11日，匠師聘自臺灣本地，由英國財政部通過工務局上海事務所申請淡水領事館建築費2,500磅，由當時工兵技佐馬歇爾（F. Marshal）督建，於光緒13年（1887）正式完工。當時的建築配置為三面圍繞的外廊，有三個房間，分別為客廳、餐廳及廚房，但因為都是木製地板鋪成，室內一直很潮濕，並且通風不良，夏日悶熱[117]。

第三代領事館官邸於光緒16年（1890）花費1,500英磅整

[117] 在馬歇爾的報告提到：「新領事館是有涼臺（Veranda）的建物，建材購自廈門，部分則來自英國或其它海外地區，匠師聘自臺灣本地，由於本地匠人不諳西式洋樓建法，工期相當長而辛苦，因為建築是簡陋小屋，所以僅有一樓，內部是客廳、餐廳，還有三個房間，至1877年3月完工。」詳見鄭吉鈞，1997，《臺灣涼臺殖民地樣式建築發展歷程之研究》，頁44-45，該文引自泉田英雄，1989，〈イキリス工務局上海事務所と淡水イキリス領事館　アジアにおけるイキリス技術者の系譜その3〉，頁1-4。

修，加蓋二樓臥房、更換木質地板等[118]，光緒18年（1892）興建完成。

茲整理淡水英國領事館官邸構造及形式於表4-1，分析如下：

1.以英制尺寸作為設計依據。

2.平面機能上，淡水英國領事館為二層樓，兩側對稱安排客廳、廚房，各設有壁爐，平面為中央廊廳式。

3.設計模矩為半圓拱，分成室內空間及室外迴廊拱圈系統。

4.正立面設計手法，按立面的向心性將兩端開口比例調鬆，中央開口調緊，入口拱兩側的併柱拉開，出現兩個開口。

5.屋架為桁架系統，基礎為承重牆結構。

6.陽臺走廊上方由木條菱形天花構成，以改善天花板內部通風。

7.石造基礎，基礎底層抬高有通風口，具防潮及防蚊功用。

---

[118] 當時馬歇爾在1890年4月10日向工務局的報告提到：「我們打算將餐廳、臥室、客廳的木質地板改為磁磚，將涼臺的寬度縮減至8呎，用磚補強鑄鐵混凝土的樓板，屋頂的骨架是木造的，上面再鋪上兩層平磚。…增建的樓層包括三間有浴室的臥室，工期將超過現存的一層樓。」詳見鄭吉鈞，1997，《臺灣涼臺殖民地樣式建築發展歷程之研究》，頁45，該文引自泉田英雄，1989，〈イキリス工務局上海事務所と淡水イキリス領事館　アジアにおけるイキリス技術者の系譜その3〉，頁1-4。

表4-1：淡水英國領事館官邸構造及形式

位置		特色
平面	配置	倒T型。
	機能	1.兩側對稱安排客廳、廚房，各設壁爐。 2.中央廊廳式。 3.前面為正式空間。 4.後面安排書房、工作房、廚房及傭僕活動居所。
	分割模矩	分成室內空間及迴廊拱圈系統。0.5碼為基本模矩。
基礎	施工	大放腳。
	結構方式	承重牆。
	台基	轉角及柱基下均砌石。
	室內地板	一樓水泥地板，二樓格柵支撐木地板。
正立面	手法	按立面向心性將兩端開口比例調鬆，中央開口調緊，入口拱兩側併柱拉開。
	施工	廈門手工磚，灰漿由石灰、糯米、糖汁、礪殼粉混成。
	欄杆種類	綠釉花瓶欄杆。
	磚柱	1.兩端柱徑加大成長扁斷面。 2.以脫開併柱強化入口，併柱間嵌石樑及磚砌托架，在上面施以精細的磚雕。
	拱圈形式	一樓用弧拱，二樓用半圓拱。
	特殊結構	二樓迴廊採用浪型鐵板拱架在工字樑上，再施作地板。

屋頂	屋架系統	木桁架，節點處有鐵件補強。
	形式	歇山頂，中央突出山花。
其他	牆體開設門窗方式	內邊成斜角。

資料來源：本研究整理。

在明治29年（1896）的圖面中，可見英國領事館官邸前有小庭園，四周有排水溝，官邸與辦公室間的空地有矮灌木叢圍起來。在平面上可見一樓有起居室在西側，餐廳在東側，二個房間的西側有落地門窗可進出外面陽臺，此時只有南側陽臺，尚無東、西側陽臺[119]（圖4-13至圖4-16）。

明治31年（1898）柏士（Robert H. Boyce）將馬歇爾設計但原未施工寬達5米的東、西陽臺建成，使之成為三面陽臺，並改良後面衛生狀況不良的佣人宿舍[120]。此次增改建由工務局上海事務所技師科恩(W. Cowan)為監工，於明治38年（1905）1月17日提出完工報告。當時工程的特色是在英國領事官邸的半戶外陽臺處採用二側磚牆之間放置煉鐵組裝而成的煉鐵梁，在梁底端的突緣上放置弧形的木構格子梁作為支撐，以承載上面的煉鐵浪板，然後在其上灌注混凝土而成[121]，極為先進。

昭和13年（1938）9月20日工務局上海事務所技師提出改建計畫，包括食器室擴張工程及興建第四間臥室，並加大西北臥室窗戶工程，但此計畫未被執行[122]。

[119] 明治30年（1897）《臺灣總督府公文類纂》，＜在淡水英國領事館買收并在淡水英國領事館敷地撰定ノ件＞，冊號131，文件號：11。

[120] 鄭吉鈞，1997，《臺灣涼臺殖民地樣式建築發展歷程之研究》，頁45，該文引自泉田英雄，1989，〈イキリス工務局上海事務所と淡水イキリス領事館　アジアにおけるイキリス技術者の系譜その3〉，頁1-4。

[121] 黃俊銘，2005，〈日治時期淡水英國領事館建築考〉，頁86。

[122] 黃俊銘，2005，〈日治時期淡水英國領事館建築考〉，頁93-94。原始文獻取

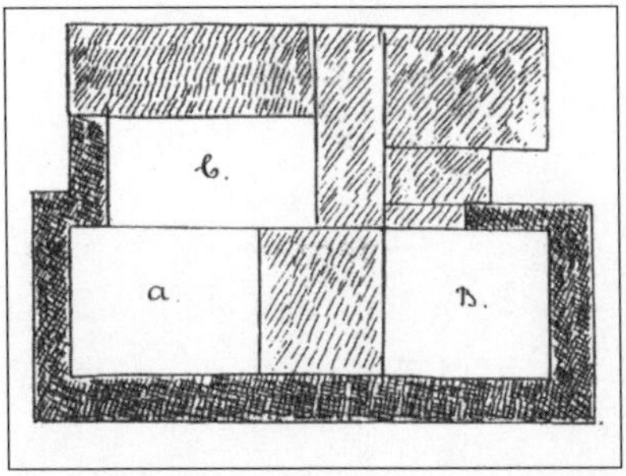

圖4-13：淡水英國領事館官邸原始草圖。資料來源：泉田英雄，1989，〈臺灣における初期英國領事館建築，工務局上海事務所〉。

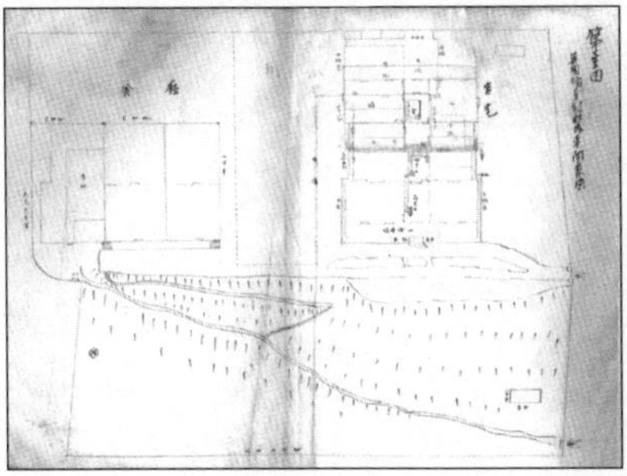

圖4-14：淡水英國領事館官邸內平面略圖。資料來源：明治30年（1897）《臺灣總督府公文類纂》，〈在淡水英國領事館買收并在淡水英國領事館敷地撰定ノ件〉，冊號：131，文件號：11。

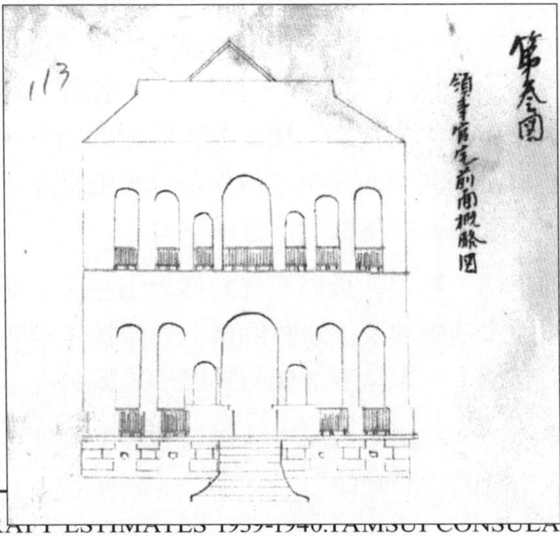

自”DRAFT ESTIMATES 1939-1940.TAMSUI CONSULATE”,20,Sep. 1938，收錄於英國國家檔案局藏工務檔WORK-10-99-11及” TAMSUI, Enlargement of Pantry and Bedroom Improvements”,10,Jan. 1940，收錄於英國國家檔案局藏工務檔WORK-10-99-11.

圖4-15：淡水英國領事官邸正面略圖。明治30年（1897）《臺灣總督府公文類纂》，〈在淡水英國領事館買收并在淡水英國領事館敷地撰定ノ件〉，冊號：131，文件號：11。

圖4-16：淡水英國領事官邸側面略圖。明治30年（1897）《臺灣總督府公文類纂》，〈在淡水英國領事館買收并在淡水英國領事館敷地撰定ノ件〉，冊號：131，文件號：11。

（三）英國領事館官邸形式對淡水的影響

英國領事館官邸案例移植到淡水漢人社會，成了一種表徵地位、財富及社會聲望的象徵。例如：淡水漢人富商興建紅樓、白樓，因與洋人的接觸，要求有拱圈迴廊的形式，表現出淡水漢人階層企圖利用空間生產以作為社會階級躍昇象徵及對歐洲富裕生活環境美好生活的追求與想像。

在20世紀初，基督教長老教會的傳教士在淡水埔頂興建的宿舍（例如淡水姑娘樓及淡水牧師樓）與學校（例如淡水中學校及淡水女學校），也呈現這樣的外廊形式特色。

這樣的模仿，在淡水街屋中也可看到套用部分洋樓的空間元素以獲取相近的空間想像。

第五節 加拿大基督教長老教會對淡水埔頂地區的經營

一、偕叡理牧師跨海傳教

同治11年（1872）加拿大長老教會（Canada Presbyteran Church）派遣海外宣教師來到臺灣，也就是今日稱作「馬偕」的偕叡理牧師（Rev. George Leslie Mackay），他是加拿大長老教會第一個派遣的海外宣教師。偕叡理牧師在淡水30多年，緊密與這塊土地在一起，直至他去世之前，心皆與臺灣連繫在一起。

他出生在一個基督教信仰極深的家庭，自小就立志作為一個宣教師，後在普林斯頓神學校唸書，自願申請到中國佈道，偕叡廉（G.W.Mackay）牧師曾這樣描述他的父親偕叡理牧師：

> 他為人信仰虔誠，沈毅堅定，盡瘁於主耶穌的宗旨。…他常因研究、教書、講道、巡視各地教會，或治療病患，而忙碌不堪。他的雙瞳漆黑，炯炯有神；黑髮，直到逝世時，蓄有鬍鬚。聲音清晰有力，說話時充滿自信。他是天賦的演說家，中國話的流暢，如當地人無異。[123]

外國人對偕叡理牧師的印象是一位成功在東方土地上傳道的人，如同這段文字所述：「馬偕是加拿大長老教會的佈道英雄，以保羅的信心和犧牲的精神在臺灣佈道，要使它可以從迷誤和罪惡中得救。」[124]，他自普林斯頓神學院畢業後，前往當時他認為待開化的地方。此時臺灣已不是作為在17世紀時西方

[123] 臺灣銀行經濟研究室，1960，《臺灣六記》，頁1。

[124] 臺灣銀行經濟研究室，1960，《臺灣六記》，頁1。

傳教至日本及中國的跳板，臺灣本地已有足夠的資源讓他進行傳教的意願，所以他說：

> 這好像有條無形的線牽引我到這美麗之島去的。[125]
>
> 我知道我已經到了我要宣教的地方了，這裡就是了，因為此地不曾有人傳過福音，感謝讚美我的主！[126]
>
> 耶穌是永生的主，會幫助我們勝過魔鬼的權勢；不管人的計謀或魔鬼的策略，都不能抵擋上帝的國度。[127]
>
> 我們任何人都會遇到這樣的問題，我們的主也遇到了：就是考驗試鍊的時間。…上帝的諾言是：「看罷，我常和你在一起」。…啊！它多少次給了我安慰和平安呀！我在波浪奔騰時讀它。每逢風雨更狂暴兇猛無比地攪亂廣大的太平洋時，我也讀它。每逢異教徒瘋狂地發揮憎惡和野性時，那句「上帝是我們的保障和力量」使我領悟真理。…上帝說：「我一定和你常在一起」。不要再疑惑了！天上的神是我的靈魂的保護者。[128]

清同治10年（1871）偕叡理牧師由美國舊金山港口出發後，過境日本橫濱，抵香港與廣東等地，並參訪了當地基督教宣教師與機構，之後至汕頭受英國長老教會宣教師杜普遜博士（Dr. Alex Thompson）與好博遜（H. E. Hobson）先生的接

---

[125] 馬偕，1972，《馬偕博士、略傳》，頁4。

[126] 馬偕，1972，《馬偕博士、略傳》，頁4。

[127] 馬偕，1972，《馬偕博士、略傳》，頁4。

[128] 臺灣銀行經濟研究室，1960，《臺灣六記》，頁7。關於偕叡理牧師的日記記載，可詳見偕叡理，2012，《馬偕日記1871-1901》。偕叡理牧師介紹，可見Marian Keith, 2003，《黑鬚番》；蘇文魁，2012，《臺灣女婿黑鬚番：從馬偕博士說起》。

待，並停留多日，參訪了醫院與禮拜堂多處宣教設施。同年12月27日離開汕頭來臺灣瞭解宣教的機會，於29日抵達打狗港，同治11年（1872）1月至3月間與英國長老教會在臺灣的宣教師李麻牧師(Rev. Hugh Ritchie)學習宣教方法，並參訪英國長老教會所轄的各個佈道地點。同年3月7日偕叡理牧師偕同李麻牧師與德馬太醫生(Dr. Matthew Dickson)北上考察，於3月9日抵達淡水，並選定此地為宣道工作定點，成為加拿大長老會在海外的第一個宣道區[129]。

偕叡理牧師開始以淡水作為傳教、醫療及教育的基地，經過在臺灣的努力，使臺灣的基督教長老教會發展邁入新的階段。

在此之後，加拿大母會分別在不同時期派了華雅各牧師（Rev. J.B. Fraser）、閏虔益牧師（Rev. K.F. Junor）與黎約翰牧師（Rev. John Jamieson）等協助偕叡理牧師傳教，吳威廉牧師（Rev. William Gauld）則在黎約翰牧師離世後來臺灣。

在條約的限制下，偕叡理牧師以租賃方式取得居住的房舍，於同治11年（1872）3月9日至11日住在寶順洋行代理人陶德（John Dodd）的閒置房舍[130]，同年3月11日至4月2日間偕叡理牧師協同李麻牧師與德馬太醫師從淡水出發至大社（大甲一帶），4月6日回到淡水，暫住在陶德作為浴室的棧房[131]。4月10日開始以承租的房舍作為宣教的基地[132]，之後以租賃的方式租下鄰近地方作為禮拜堂，甚至遷往該地點鄰舍作為棲身之

[129] 偕叡理，2012，《馬偕日記1871-1901（I 1871-1883）》，頁28-370。

[130] 偕叡理，2012，《馬偕日記1871-1901（I 1871-1883）》，頁38。

[131] 偕叡理，2012，《馬偕日記1871-1901（I 1871-1883）》，頁38-45。

[132] 偕叡理，2012，《馬偕日記1871-1901（I 1871-1883）》，頁45-46。

所。同治13年（1874）12月偕叡理牧師向吳春書、吳順、吳方原等人以永租方式取得砲臺埔的部分土地，隔年1月30日向英國領事館完成登記。之後，又陸續永租數十筆土地，期間割賣與換掉畸零地，於光緒12年（1886）8月4日大抵完成，並且移交給加拿大長老教會差會[133]。

二、理學堂大書院的興建

理學堂大書院（Oxford College）是偕叡理牧師回加拿大募款時牛津郡的鄉民捐款興建的，最初的配置在平面中間為一個天井，兩側為護龍的中西混合式合院格局，左右有獨立出口，立面有磚柱，屋頂有女兒牆，而其屋面的裝飾有船錨及鐘塔等。當時偕叡理牧師在埔頂空地興建校舍用地，本人親自設計監工，由泥水匠洪仔泉施作，石材從淡水附近採集，紅磚由廈門運來。在理學堂大書院內部空間有教室、博物陳列室、圖書室、浴室及廚房。

偕叡理牧師於清同治11年（1872）至清光緒6年（1880）間初到淡水時，先租屋教導學生，當時因教室缺乏，所以有時在家中上課，有時在醫館臨床實習，亦有在傳道、醫療及旅遊中就地授課。當時因缺乏校舍，在清光緒7年（1881）結束休假，帶回了加拿大安大略省牛津郡人士捐獻6,215元的經費[134]，清光緒8年（1882）在淡水埔頂蓋了理學堂大書院[135]，

[133] 「差會」指加拿大長老教會在北臺灣的宣道組織。詳見陳穎禎，2008，《加拿大宣教師吳威廉在北臺灣的建築生產體系及作品研究》，頁2-19。

[134] 陳穎禎，2008，《加拿大宣教師吳威廉在北臺灣的建築生產體系及作品研究》，頁2-24。

[135] 當時偕叡理牧師也在滬尾街、大稻埕、新店設置義學、免費書房共30多所，免費教育民眾。詳見戴寶村，1984，《清季淡水開港之研究（1860－1894）》，頁15。

於7月26日晚間落成，開幕當天有英國領事與館員、洋關人員、船員、洋行商人與醫師等外籍人士與會[136]，甚至連駐紮滬尾砲臺的福建陸路提督孫開華也率員參加[137]。

他曾這樣描述他所創造的地景：

> Oxford College建設在淡水河邊約200呎高的一個優美的場所，方向朝南，可以俯視河面。校舍東西長76呎，南北長116呎，是從廈門運來的小紅磚造的。外面全經油漆，以防大風雨。每個學生各有桌椅可用。有一幅世界地圖，若干幅天文圖，一個貼歌譜用的紗布框子。…有兩個教室，一個博物陳列室，一個圖書室，浴室和廚房各一。每個房間都明亮而很通風，有必需的設備。有個空曠的院子，其周圍有250呎長的走廊。
>
> 校舍竣工後，其次的工作是佈置校園。我們在適當的時季種植樹、灌木及花草，且隨時加以照料。…現在新公路到校門為止，有一條榕樹的林蔭路，長360呎。兩旁的樹梢相接，在學生運動時，其大樹蔭可供休息。另有一條類似的林蔭路，在該校與女學校間，長370呎，通到兩座校舍後面的牆邊去。又在學校的兩邊各有一條林蔭路。…校園的小徑寬約10呎，都鋪以從海岸採來的珊瑚細石。佈道團的地產四周圍著一條水蠟樹（苦林盤）及山櫨（烏刺子）的籬笆，頂上寬4呎，高數呎，長1,304呎，終年長青，時時滿開著紫色的花。校園中栽了1236株常青樹，又栽了104株夾竹桃及551株榕樹。
>
> 黃昏時我常常在這些樹和林間的小路上散步、運動、巡視、冥想。這種有秩序而美麗的景物令人非常愉快。美

[136] 陳宏文譯，1997，《北部基督教長老會的歷史》，頁123。

[137] 陳宏文譯，1997，《北部基督教長老會的歷史》，頁49。

> 麗的風景也有益於學校。教友們常在這些地方盤桓，中國人及其官吏也來遊玩欣賞。這種佈置是佈道工作的一部份嗎？…以我而論，到異教徒間來，是要使他們知道上帝的性格和目的。我們的上帝是喜愛秩序和美觀的，我們應當在草木花卉中，在星辰燦爛的天空中看到他們的工作，我們應當仿效他的模範。
>
> 研究室及學堂的研究室有西式各種的設備及標本，包括書籍、地圖、圖表、地球儀、顯微鏡、萬花筒、照相機、磁石、化學儀器，…還有地質學、礦物學、植物學、動物學等各種有關標本，貼有分類標籤的海貝類、海棉、珊瑚、蛇類、昆蟲類等標本，以及漢人、「平埔番」、「番人」之工作用具，漢人祭拜的神像、祖宗牌位、宗教用樂器、架裟等各種偶像崇拜的器具，農具類、武器類，…有四個與實物等大的立像，分別為道士、和尚、「生番」、「番婦」。[138]

故偕叡理牧師在自己研究室及學堂的研究室有各種設備及標本，包括書籍、地圖、圖表、地球儀、顯微鏡、萬花筒、照

[138] 臺灣銀行經濟研究室，1960，《臺灣六記》，頁123。前述《臺灣六記》（From Far Formosa）是偕叡理牧師在光緒21年（1895）將他在臺灣收集的所有資料，包括筆記、語錄、日記及報告的摘要，由麥唐納先生代為整理寄回紐約所出版的，是偕叡理牧師以一個住在臺灣的傳教士的身分，將他傳教及對臺灣風土的事蹟介紹給國外，書的主要寫作方式是由偕叡理牧師口授，原書共分六部：1.第一部「緒言」：敘述偕叡理牧師童年、加拿大信教、美國受教育及到臺灣淡水的經過。2.第二部「臺灣島」：主要將臺灣地理、歷史、地質、樹木、植物、花卉、動物及人種狀況進行描述分析。3.第三部「漢人」：主要敘述漢人類別、政治、司法、社會生活、宗教生活及偕叡理牧師初期傳教時所發生的事情及旅行考察的事物，尤其將偕叡理牧師北部旅行的狀況及在艋舺傳教的困難做了詳細的描述。4.第四部「被征服的原住民」：敘述臺灣平埔族的特色及他們在傳教的事蹟。5.第五部「高山中的『生番』」：敘述高山族生活及習慣。6.第六部「佈道本部」：敘述偕叡理牧師對淡水本地傳教的描述及事業及與漢人、洋人相處的過程，另對婦女佈道、醫療工作及與英國長老教會的關係做了分析。

相機、磁石、「加爾文」式電池組、化學儀器、地質學、礦物學、植物學、動物學等有關標本，從這些東西中可看出他對臺灣本地的研究結合了他教學的課程。他認為這樣的研究有助於教學[139]。

偕叡理牧師期望由這樣的方式讓異教徒理解上帝的性格與目的（秩序和美觀）。對他宣教而言，興建建築物並非最主要的，而是在一個自然地景下進行教學最為自然。所以他說：「我們在臺灣北部的最早的學校，並非現在俯瞰淡水河的那座Oxford College的堂皇建築物，而是在榕樹下，以蒼空為屋頂的。」[140]

至於從偕叡理牧師來淡水到理學堂大書院興建前，當時重要的學生包括嚴清華、吳寬裕、林孽、王長水、陳榮輝、陳雲騰、陳能、蔡生、蕭大醇、蕭田、連和、陳存心、陳萍、紅胡、李嗣、姚陽、陽九、李炎、李恭、劉和、劉求、許銳等。在理學堂大書院興建後，教授的課程內容包括：聖經道理、聖經歷史、解剖學、地理學、植物學，另由嚴清華教授馬可福音、中國歷史；陳榮輝教授天文、地理；連和教授中國字部、中國歷史；洪胡教授希伯來人書。

他期望訓練學生成為幹練的工作者、流暢的演講者、巧妙的辯論者及卓越的牧師：

> 我們必定首先唱讚美歌。如果天氣好，我們坐在榕樹下或竹林下終日誦讀，研究或查考聖經。…我們在淺水中

[139] 臺灣銀行經濟研究室，1960，《臺灣六記》，頁119-121。偕叡理牧師另於光緒9年（1883）運用加拿大長老教會婦女的捐款，在理學堂大書院東側興建淡水女學堂，有關該學堂及後續的淡水高等女學校的發展，詳本書第五章第二節。

[140] 臺灣銀行經濟研究室，1960，《臺灣六記》，頁119-120。

> 沿海岸航行。有些人跳入水裏去，拿起貝類、活珊瑚、海藻、海膽，以資研究。…所有人都要學習唱歌、講話和辯論。…學生們常常被請去與朋友們共餐，因此有很好的機會以宣傳真理。在我們所在的教堂中、每晚舉行公開的禮拜。…在我們同道旅行時，…討論一切問題—例如福音、民眾、宣傳真理的方法、創造一切的上帝等等。…在初期的幾年中，就是在淡水的校舍造好後也時時用這些方法訓練學生，使他們成為幹練的工作者、流暢的演講者、巧妙的辯論者及卓越的牧師。[141]

偕叡理牧師認為「中國的百萬靈魂只能由他們自己的子弟來使他們改宗，因此要讓事工能夠成功，非常需要依賴本地的傳道人，也需要足夠的經費來維持。」[142]要實施這種計畫，必須採取適合各種環境的方法：

> 對於某一個地區是適當有效的方法，對於另一個地區也許是荒謬無用的。…中國不是印度，臺灣不是中國。若以為一種良好的理論可以普遍應用，不必考慮社會的情形，舊習慣或氣候的影響，就犯了嚴重的錯誤。…佈道團必須考慮語言、氣候、人民的社會生活和本地人的佈道工作的能力。我從頭就深信不能希望外國工作者完全擔任臺灣的佈道工作，…要培養本地佈道幹部的另一種理由，當然將為佈道團的一切純正切實的人士所首肯，就以人及金錢而論，這種辦法都是最為經濟的。本地人當然能在各該地方的氣候及環境中生活，而外國人則容易生病或死亡。…不過既然決定要用本地佈道幹部，且從最早改宗者中選擇了適合而且熱心研究的人來作預

[141] 臺灣銀行經濟研究室，1960，《臺灣六記》，頁120。

[142] 林昌華，1998，〈馬偕牧師與淡水——日記與書信的考察〉，頁14。原始資料出自1877年5月18日偕叡理牧師書信號708，。

備工作，那麼他們的訓練問題自然很早就被重視了。我們要瞭解：佈道團是贊成採用受過訓練的幹部的。…無論與建建築物或大圖書館，豐富的捐助對於培養佈道幹部，是多麼有益；但最初並非是絕對必要的。[143]

他認為在臺灣宣教工作一直由訓練本地牧師的觀念主導著，其目的是「向某人傳福音，以真理的光來照亮他黑暗的心靈，在將他推向罪惡錯謬和黑暗的迷霧中，使他們能由過去的愚昧見到上帝之城。」[144]以本地人教導本地人是最易成功的方法是「佈道團必須考慮語言、氣候、人民的社會生活和本地人的佈道工作的能力。」最主要的意義是這種方法是經濟而有效的，故要挑選及訓練優良的幹部，所以他說：「有益於訓練本地人出生的異教徒，使其成為基督教宣教師。」「可以使驕傲的文士低頭，使自大的官吏悅服。」而讓異教徒見到上帝之城是偕叡理牧師的夢想，也是偕叡理牧師受到困境時求助的力量。

偕叡理牧師傳教過程中受了很多挫折，但學生有從八里、水返腳、五股坑、新店、竹塹前來，職業上包括魚販、農人、傭工、船夫、礦工、讀書人等階級。這些人因與偕叡理牧師接觸，受到他的傳教熱誠與實質的幫助而信教，例如：他的漢人弟子陳榮輝是新店教會發展史的一個關鍵人物，對後來傳教事業拓展很大，在中法戰爭後擔任新店教會的首任牧師。

三、偕叡理牧師興建淡水禮拜堂及傳教事蹟

清同治11年（1872）偕叡理牧師抵達滬尾後，開始以淡水作為傳教、醫療及教育的基地，使臺灣的基督教長老教會發展

[143] 臺灣銀行經濟研究室，1960，《臺灣六記》，頁119。

[144] 臺灣銀行經濟研究室，1960，《臺灣六記》，頁119。

邁入一個新的階段。但偕叡理牧師傳教過程並不是很順利的，在越保守的城鎮中受到的阻力越大。

偕叡理牧師傳教除受到居民排外，並遭受到極大的辱罵及生命的危險，還有各種的阻撓，教堂租屋也被拆毀了很多次，從日記的自白裡，可看到偕叡理牧師面對漢人所受的困境及心裡的掙扎、難過與憂慮，對他而言漢人是「驕傲、自大、迷信、奸詐」。漢人當時對偕叡理牧師的稱呼，是以他的面貌特徵來稱呼，如他們稱偕叡理牧師「蕃仔牧師」、「黑鬚奴」，如下的描述：

> 他們拾起了橘子皮，抓起一把土或鵝卵石來丟擲我們，幾百個孩子們都跑來我們前面嚚叫。…他們的驕傲、自大、迷信、奸詐，沒有人可以比得上他們的。（清光緒元年（1875）4月）[145]

> 你們心裡的不道德正如你們那些骯髒的街道一樣，你們應當反省，要不然號角響起時，流淚也來不及了！[146]

> 大稻埕禮拜堂受害最慘，他們將磚瓦積疊成堆，做八尺高的墓型，用泥土粉刷，在正面寫著：「黑鬚奴横於此彼事終已。」[147]

> 英國領事看見事機不妙，再度前來艋舺，我們在街上走的時候，受到群眾侮辱。…中國官員叫我們應當暫時躲避，因為眾怒難犯，於是我就和他所派出來的7名侍衛，一同前往大龍峒。…英國領事也到了艋舺，他曾去拜會中國政府官員，於是中國政府派了20個兵來守護教會，

[145] 馬偕，1972，《馬偕博士、略傳》，頁101。

[146] 馬偕，1972，《馬偕博士、略傳》，頁114。

[147] 黃六點，1972，《臺灣基督長老教會北部教會大觀》，頁440。

群眾們整天在禮拜堂門口走來走去發脾氣。（清光緒3年（1877）12月）[148]

1884年10月3日半夜，新店山區的會黨召集了民眾，以林大澤為首領，開始先搶信徒住家，再衝到新店教會將禮拜堂拆成平地，陳榮輝幸經好心鄰居掩護而逃過一劫。由於在教會找到信徒名簿，因此一行人舞著黑旗到處搜找，搶奪信徒家產，燒他們的房屋、毆打他們，兩日後暴民才回山。受害信徒共36戶，其中最悲慘者為劉貴夫婦。他們住在新店山間，兩人都信仰堅定。當時十數名民眾將他們捆綁，以藤條木棍抽打，脅迫他們放棄信仰，卻臨死不屈，結果被抽打著往新店溪裡推，每到一深度就要他選擇信仰或死亡，就這樣從淹到膝蓋、腰部和喉部，到終而殉教，三日後屍體才被尋見。[149]

同治11年（1872）偕叡理牧師來臺灣從事傳教工作，在同治11年（1872）－明治 33 年（1900）間深入北臺灣，西部平原南抵大甲溪與英國長老教會為界[150]，東北至宜蘭平原，並至花蓮港一帶[151]。他在各地設教會，其傳教對象包括漢人、平埔族、山地原住民。

當時的每一間禮拜堂都有共同性，如簡單的磚造、木造結構，帶有扶壁及裝飾性的尖拱及尖塔。尖塔是偕叡理牧師在教堂設計的一個主題，例如：艋舺的禮拜堂被損毀，所以後來官方賠款興建，偕叡理牧師回應：「從前禮拜堂是用泥土造的，是小的，現在建的是用石頭又高又大，尖塔比你們的廟宇高，

[148] 馬偕，1972，《馬偕博士、略傳》，頁115。

[149] 蘇文魁，1998 ，〈臺灣教會的百年老店：新店教會〉，頁65。

[150] 黃六點，1972，《臺灣基督長老教會北部教會大觀》，頁71。

[151] 郭和烈，1971，《宣教師偕叡理牧師傳》，頁254。

若你們再拆毀，我就用鐵來建造。」這座教堂尖塔因當時剛好有漢人三個人中狀元，而被當地人稱為「風水塔」，也說是「三哲雄塔」[152]。偕叡理牧師曾解釋為何要重建尖塔，他說：

> 然而為何耗費鉅款而建造尖塔？為裝飾？或為實用？這是為了裝飾，亦為了實用，尤其是可作為反駁漢人風水迷信的材料。…我們便在禮拜堂周圍數吋外，繼續建造牆垣，但都引起鄰居們之憤怒與恐懼，他們認為這侵犯了他們的風水。…建造具有尖塔的禮拜堂，而使非基督教徒們明白『運氣』（風水）之思想是無稽的迷信，再建造一個塔，越建越高。…城民們都很驚奇，經過該處的人，無不佇立凝望良久。但除了他們自己爭論以外，並未發生任何騷動，他們所爭論的點，即為在風中搖動的東西，究為建築，亦為新建的尖塔，有一次爭論不休後雙方幾乎要動起武來。我們終於完成了這個尖塔了。在尖塔前面兩邊，我用漢字題了「Nec tamen Consumebatnr」。

當時禮拜堂尖塔正面有裝飾的荊棘在燃燒的圖樣，壁頂寫著「棘焚而不毀」。「焚而不毀」指的是「燃燒中的荊棘」，是今日臺灣基督教長老教會的精神標誌。另外可以看到偕叡理牧師將漢人熟悉的形象附會進去，以博得漢人一些認同的基礎，以化解反對的聲音。

而在偕叡理牧師來臺灣後的幾10年之間，加拿大基督教長老教會佈道團有許多牧師亦前來共同經營此地[153]。

---

[152] 黃六點，1972，《臺灣基督長老教會北部教會大觀》，頁433。

[153] 黃信穎，2002，《日治時期臺灣「外國人雜居地」之空間研究》，附表1。重要的牧師包括同治11年（1872）偕叡理牧師（G. L. MacKay）（至1901年）、光緒2年（1876） 弗雷澤（J. B. Frazer）（至1877年），光緒5年（1879）朱諾（K. F. Junor）（至1883年），光緒10年（1884）黎約翰牧師（J. Jamieson）（至1891

偕叡理牧師興建淡水禮拜堂主要是考量傳教的方便[154]，之後隨著傳教在臺灣各地的深入，不斷在各地興建禮拜堂。整理臺灣加拿大基督教長老教會教堂類型特色主要如表4-2。

偕叡理牧師興建的教堂究竟有多少？由表4-2可分為北部教會初期（西元1872年－1879年）及第二期（西元1881年－1893年）兩個時期。

同治11年（1872）－光緒5年（1879）加拿大基督教長老教會初期設教日期與主要地點，包括[155]：

1.同治11年（1872）4月：成立滬尾（淡水）教會，為臺灣北部最初的教會。

2.同治12年（1873）3月2日：成立五股坑（五股）教會，偕叡理牧師夫人張聰明是此地人，此教會為偕叡理牧師設計的北部第1間教會。

3.同治12年（1873）4月6日：成立新港社（新港）教會，位在苗栗附近。

4.同治12年（1873）6月22日：成立和尚州（蘆州）教會，中法戰爭被毀，用劉銘傳向清廷申請賠款再新建。

5.同治12年（1873）10月10日：成立獅潭底教會。

年)，光緒20年(1894)吳威廉牧師(W. Gauld)，明治36年(1903)弗萊澤(T. Fraser)(至1905年)，明治39年(1906)弗格森(J. Y. Ferguson)、傑克(M. Jack)、金里仁小姐(Miss J. M. Kinney)、康奈爾小姐(Miss H. Connell)。

[154] 偕叡理牧師淡水禮拜堂建造共經過第五階段，詳見周宗賢研究主持，2005，《臺北縣縣定古蹟淡水禮拜堂調查研究及修復計畫》，頁30-32、45-51。

[155] 臺灣基督教長老教會總會歷史委員會，1965，《臺灣基督長老教會百年史》。

6.同治13年（1874）3月1日：成立南港三重埔教會，於光緒8年（1882）1月2日遷移，合併至水返腳（汐止）教會。

7.同治13年（1874）3月22日：成立八里教會。

8.同治13年（1874）7月26日：成立新店教會。

9.光緒元年（1875）6月27日：成立雞籠（基隆）教會。

10.光緒元年（1875）8月15日：成立大龍峒（大同）教會，舊稱「枋隙教會」，現為大橋教會。

11.光緒元年（1875）9月2日：成立錫口（松山）教會。

12.光緒2年（1876）3月14日：成立艋舺（萬華）教會。最初租屋興建，後於光緒3年（1877）4月8日被吳廷芳毀損，於光緒5年（1879）11月16日落成，中法戰爭又被毀，再向清廷申請賠款新建。艋舺、新店、大龍峒、錫口等4間教會的建築風格皆有相同的尖塔裝飾。

13.光緒2年（1876）6月18日：成立後埔仔教會，於光緒8年（1882）3月19日遷移合併至新莊教會。

14.光緒2年（1876）10月5日：成立三角湧（三峽）教會。

15.光緒2年（1876）10月8日：成立溪州（永和）教會，光緒5年（1879）4月27日遷移合併至枋寮（中和）教會。

16.光緒3年（1877）11月26日：成立紅毛港（紅毛）教會。

17.光緒4年（1878）4月14日：成立崙仔頂教會。

18.光緒4年（1878）11月1 日：成立竹塹（新竹）教會，位在竹塹城外北門口。

19.光緒5年（1879）4月27日：成立枋寮（中和）教會。

20.光緒5年（1879）7月6日：成立暖暖教會。

21.光緒5年（1879）10月1日：成立金包里（金山）教會。

光緒7年（1881）－光緒19年（1893）加拿大基督教長老教會第二期設教日期與主要地點，包括[156]：

1.光緒8年（1882）1月2日：成立水返腳（汐止）教會。

2.光緒8年（1882）2月16日：成立中港教會。

3.光緒8年（1882）3月19日：成立新莊（新莊）教會。

4.光緒8年（1882）4月9日：成立枋橋（板橋）教會。

5.光緒8年（1882）8月7日：成立後壟（後龍）教會。

6.光緒9年（1883）2月5日：成立蕃社頭教會。

7.光緒9年（1883）8月24日：成立大竹圍教會。

8.光緒9年（1883）－光緒10年（1884）：於噶嗎蘭平原（宜蘭平原）偕叡理牧師設立14間禮拜堂，到光緒14年（1888）增加到34間。

9.光緒10年（1884）1月12日：成立新社教會。

---

[156] 臺灣基督教長老教會總會歷史委員會，1965，《臺灣基督長老教會百年史》。

10.光緒11年（1885）11月1日：成立桃仔園（桃園）教會。

11.光緒11年（1885）3月9日：成立月眉（峨眉）教會，為新竹縣最早的客家教會。

12.光緒12年（1886）6月22日：成立頭圍（頭城）教會。

13.光緒12年（1886）8月8日：成立頂雙溪教會。

14.光緒13年（1887）4月5日：成立蘇澳教會。

15.光緒13年（1887）4月8日：成立三結仔街（宜蘭）教會。

16.光緒13年（1887）4月10日：成立羅東教會。

17.光緒13年（1887）4年15日：成立礁溪教會。

18.光緒15年（1889）10月3日：成立大科崁（大溪）教會。

19.光緒16 年（1890）：成立田寮（苗栗）教會。

20.光緒16 年（1890）：成立公館（苗栗附近）教會。

21.光緒17 年（1891）2月14日：成立南崁教會。

22.光緒17 年（1891）：成立中壢教會。

23.光緒17 年（1891）4月：成立北投教會。

表4-2：臺灣加拿大基督教長老教會教堂類型特色分類

名稱	類型	平面	結構	裝飾特色	類似教會	特殊性
五股教會(1886)	硬山式單棟建築	中央走廊，與講堂形成軸線。	構造為土埆造，屋架為木桁架，屋頂為紅瓦。	尖拱窗。	蘆洲教會(1886)、八里教會(1886)、三角埔教會(1913)	偕叡理牧師第一棟自己建的教會，北部教會的發源地。
新店教會(1886)	有尖塔的古典樣式	禮拜堂空間獨立，傳道者住宿空間配置在禮拜堂後，入口在兩側，講堂側邊有禱告室。	牆壁的構造為土磚，柱子為石塊。	立面有塔狀裝飾物，鐘塔的裝飾有象徵意義，並有尖拱窗。	大稻埕教會(1886)、艋舺教會(1886)	偕叡理牧師時代只有講桌、椅子。
北投教會(1916)	英式鄉村教堂	前面為禮拜堂，後面為牧師樓，均為一層樓，後因增建使牧師樓成二層樓。	外壁磚牆為扶壁柱。	弧形及三角結合的山牆。磚柱有洗石子橫帶裝飾。		
三峽教會(1900)	鐘樓在側邊，類似北美州樣式	一層樓。因坡地的關係，將禮拜堂獨立一棟，牧師住宿空間另外一棟。以長邊為入口。	土埆造。	尖拱門窗。	板橋教會(1903)	在講堂上只有一張講道桌兼用聖餐桌。

名稱	類型	平面	結構	裝飾特色	類似教會	特殊性
滬尾教會(1915)	有鐘樓的北美洲樣式	平面為簡單矩形，中央走廊，兩旁為會眾空間，端點為講臺空間，入口為鐘樓，長向軸線，後面有兩個後門。	構造為土埆造，屋架推測為木桁架。外壁敷白石灰。	屋頂使用紅磚瓦，由廈門進口。	艋舺教會（1923）	
滬尾教會(1932)	仿哥德樣式	一樓為辦公空間，樓梯直上二樓至入口，再進入禮拜堂空間，中央走廊，兩旁為會眾席，端點為講堂。詩班位置在禮拜堂正上方夾層，右側為鐘樓。	禮拜堂天花板為圓弧形。構造為磚造，屋架為鋼架。外壁磚牆為扶壁柱。	屋頂有小塔，尖拱門窗，窗戶為彩繪玻璃。		
大稻埕教會(1915)	古典樣式	整體配置呈T型，禮拜堂為方形，入口分成左、右兩邊。	跨距增加，有兩根柱子作支撐，並有夾層。立面為紅磚牆配洗石子柱，雙落水斜屋頂。	屋頂上沒有尖塔，有尖拱門窗。		

資料來源：筆者自行彙整。

四、滬尾偕醫館的興建

偕叡理牧師平日除傳教外，並照顧病患，免費為民眾治病，派藥、拔牙，以簡單的西方醫療技術搭配福音傳道來使民眾接近。

醫療宣道始於同治11年（1872）6月1日至6月5日，偕叡理牧師因應必須觀察的病患而籌劃搭建竹造住屋於租屋鄰側，6月21日偕叡理牧師以50元酬勞邀請五個洋行[157]的公醫富蘭克林醫師（Dr. Franklyn）加入租屋地點的醫療行列，也向他購買藥品[158]。同治12年（1873）5月5日在淡水撓仔腳租中式房舍為其醫館，英國領事館林格醫生（Dr.B.S.Ringer）加入主事診治[159]，洋行外籍人士也每年獻金贊助[160]。後來於光緒元年（1875）加拿大母會派來了以醫療傳道為主的華雅各牧師處理醫務[161]。在這段承租房舍期間，是以「淡水醫館」與「淡水宣

---

[157] 指德記、怡和、和記、寶順、得忌利士等洋行。

[158] 偕叡理，2012，《馬偕日記1871-1901（I 1871-1883）》，頁56。

[159] 偕叡理，2012，《馬偕日記1871-1901（I 1871-1883）》，頁118。

[160] 陳穎禎，2008，《加拿大宣教師吳威廉在北臺灣的建築生產體系及作品研究》，頁2-21。在之後偕醫館也有一些官員、商人及買辦階級的捐款，例如光緒18年（1892）板橋林家與李春生就曾捐助。

[161] 偕叡理，2012，《馬偕日記1871-1901（I 1871-1883）》，頁199。華雅各牧師於光緒3年（1877）因喪妻而離開臺灣，日治前除林格醫生（Dr.L.E.Ringer；協助期間西元1873年-1880年）外，後續協助醫療宣道的非宣教外籍人員包括鍾森醫生（Dr.C.H.Johansen；協助期間西元1880年-1892年）、林涅醫生（Dr. B.S.Rinnie；協助期間西元1886年-1892年）、安基爾醫生（Dr.F.C.Amgear；協助期間西元1892年-1895年）；威廉森醫生（Dr. Williamson；協助期間西元1895-1899）；威爾基森醫生（Dr.Wikison；協助期間西元1897年-1898年）；宋雅各醫生（Dr.J.Y.Ferguson；協助期間西元1906年-1918年）。詳見陳穎禎，2008，《加拿大宣教師吳威廉在北臺灣的建築生產體系及作品研究》，頁2-21；黃信穎，2002，《日治時期臺灣「外國人雜居地」之空間研究》，附表1。

道醫館」稱之[162]。

由於偕叡理牧師傳教有很大的進展，於是受到一些在國外洋人信教人士的支持，清光緒5年（1879）9月14日開設新的醫館，花費了近3千元，其中1千7百元由安大略省溫莎市的偕夫人（Mrs. Mackay）所指定奉獻，為了紀念丈夫偕船長。母國宣道會建議將已建好的建物落款為「滬尾偕醫館」（The Mackay Hospital）[163]。此醫館由偕叡理牧師主導規劃設計，並交由泥水匠洪仔泉施工。當時完成時包括四間病室、一間診療室和會堂大廳，會堂大廳也利用為候診室或禮拜堂，並有些許私人房間提供給助手們[164]。

從建築配置來看，滬尾偕醫館的位置考慮到便利性及衛生。當時此處有小溪流，可利用溪流沖洗醫療的污物，醫館平面中央為正廳，其餘幾個空間為手術室，機能極為簡單，在最先設計時屋後伸出兩個量體，類似三合院的倒體，但空間的使用是極為西化的，同時在立面裝飾上有圓拱窗來表現出西式的裝飾風格，但山牆馬背設計成類似金形，故會有中西混合的風格。

經由醫療來進行偕叡理牧師傳教的目的，得到了很好的效果，同時也有許多的醫生加入這些工作的行列。偕叡理牧師發現拔牙比其他任何工作對於破除民眾的偏見及反對有更大的效力。他來台20年間共拔了21,000顆牙以上，學生及其他醫生拔

---

[162] 陳穎禎，2008，《加拿大宣教師吳威廉在北臺灣的建築生產體系及作品研究》，頁2-21。

[163] 陳穎禎，2008，《加拿大宣教師吳威廉在北臺灣的建築生產體系及作品研究》，頁2-22；偕叡理，2012，《馬偕日記1871-1901（I 1871-1883）》，頁389。另偕醫館之歷史研究，詳見閻亞寧計畫主持，2005，《臺北縣縣定古蹟滬尾偕醫館調查研究及修復計畫》，頁4-14。

[164] 陳穎禎，2008，《加拿大宣教師吳威廉在北臺灣的建築生產體系及作品研究》，頁2-22。

了約1萬顆左右。每到一處，即先以「挽嘴齒不免錢」（閩南語）口號為患牙疾者拔牙[165]，然後講道，除拔牙外，也從事醫療工作，並因醫療救活人而減少傳教的阻力。例如：最早受洗之一的吳益裕改信基督教時，受到他母親極力的反對，但因偕叡理牧師治癒其女兒的瘧疾，而不再反對，並成為聖經的女教師；此外，清同治11年（1872）偕叡理牧師到新店傳教，受當地人恐嚇要殺害他，但因他為幼兒及老人療傷，而改變當地人對待他的態度。他在南部為一位受鴉片煙癮者戒除惡習，使鴉片煙癮者成為信徒，並領導當地人興建禮拜堂；清光緒10年（1884）為一位平埔人動手術取出弓箭，那位病人也成為信徒。在這裡可以看到偕叡理牧師醫生角色，經由對人的受惠而受到人的尊崇。

光緒9年（1883）滬尾偕醫館陸續作了設施改善，為了使病患更為舒適，於該醫館後建造了連接的大廚房[166]。今日的建築物內部及外觀都保持著當時的樣貌。

五、宣教師宿舍的興建

最初偕叡理牧師以每月15圓的金額租下斜坡邊小溪旁唯一可租賃的房舍，西元1875年1月29日華雅各牧師帶著妻女抵達臺灣，並且加拿大母會在此時將資金寄來並囑託興建兩棟宣教師宿舍[167]。偕叡理牧師在同治13年（1874）12月以600大元，

[165] 拔牙受名眾喜愛是因為當時臺灣人迷信牙齒中有黑蟲咬而發生牙痛，拔牙則用粗帶扯下或用剪刀挖起病牙，常有因拔牙而破壞牙床，流血過多而昏厥或死亡。

[166] 陳穎禎，2008，《加拿大宣教師吳威廉在北臺灣的建築生產體系及作品研究》，頁2-23。

[167] 陳穎禎，2008，《加拿大宣教師吳威廉在北臺灣的建築生產體系及作品研究》，頁2-19；臺灣基督長老教會總會歷史委員會，1965，《臺灣基督長老

向吳姓三地主永租到海關稅務司官邸旁的土地。

光緒元年（1875）由偕叡理牧師本人設計規劃此兩棟宣教師宿舍，傳道助手嚴清華協助督工，請淡水泥水匠洪泉仔施工營造，同時華雅各牧師[168]也有參與監造，建材由廈門購入，以北投石作壁材、地板挑高，高斜屋頂加開氣窗，安設煙囪與壁爐。

在尚未興建理學堂大書院時，偕叡理牧師宿舍作為客廳及教室博物館使用。屋後兩棟木屋為偕叡理牧師加蓋書房及研究室的讀書樓，偕叡理牧師過世後，該住宅為偕叡理牧師長子偕叡廉的公館。

昭和12年（1937）偕叡理牧師宿舍成為失去家庭婦女之收容所（稱為「安樂家」），二次大戰時成為學生宿舍「白虎寮」。戰後成為淡江中學英文老師宿舍，民國54年（1965）成為淡水工商管理專校圖書館、實習旅館、外籍老師宿舍，之後成為學人招待所。

華雅各住宅住過華雅各牧師、黎約翰牧師（John Jamieson）和吳威廉牧師（William Gauld）等人，他們之後都因本身或家人水土不合、健康不佳而相繼離台。日治時期此住宅為婦女義塾的宿舍，二次大戰時成為淡水中學學寮「玄武寮」，二次大戰後租給德記洋行經理做宿舍時加蓋二樓，並於屋後蓋翹脊古厝，戰後成為淡水工商專校校長公館，一樓外廊部分用玻璃封住，今日成為「教士會館」餐廳使用。

教會百年史》，頁52；偕叡理，2012，《馬偕日記1871-1901（I 1871-1883）》，頁199。

[168] 華雅各（Dr.J.B.Fraser）牧師來淡水是與偕叡理牧師共同主持滬尾偕醫館。

六、馬偕墓園的興建

偕叡理牧師過世後，偕叡理牧師墓園設置以偕叡理牧師為中心，並以圍牆與外僑墓園分隔，偕叡理牧師墓旁邊是妻子張聰明[169]墳墓，然後是第一代學生的墳墓。在墓園內諸墓林立，除了偕叡理牧師的家族外，尚有對教會有功的牧師多位[170]。墓

---

[169] 偕叡理牧師娶了漢人女子當太太，是他的學生嚴清華協助他找的，當時偕叡理牧師開出的條件是面目清秀、身體健康、沒有纏足。但清代漢人的習俗裡，大家閨秀都有纏足，最後嚴清華找了一位五股的童養媳，名叫「阿聰仔」，受後母的荼毒，因符合這三個條件並且信奉基督教，所以嫁給了偕叡理牧師做妻子，同時偕叡理牧師將她改名「張聰明」。這位牧師娘後來幫了偕叡理牧師很大的忙。

[170] 偕叡理的碑文內容如下：
IN MEMORY OF
REV.G.L.MACKAY.D.D.
FIRST MISSIONARY
TO N.FORMOSA
ARRIVED MAR. 9TH. 1872.
BORN MAR. 21ST.1844.
DIED JNE.2ND. 1901.
PS CXXV 2
ERECTED BY HIS STUDENTS.
（譯文：紀念
偕叡理老夫子牧師翰林
乃首位牧師到臺北
於一千八百七十二年三月九日
生於一千八百四十四年三月二十一日
卒在一千九百零一年六月二日
詩篇一百二十五篇第二節
臺北眾門徒等共淚建）

張聰明碑文內容如下：
IN LOVING MEMORY OF
TIU CHHANG MIA
WIDOW OF THE LATE
REV.G.L. MACKAY.D.D.

BORN IN GO-KO-KHI
FORMOSA
DIED IN TAIHOKU.
SEP.15.1925
AGE 65 YEARS
FOR EVER WITH THE LORD.
ERECTED BY THE CHRISTIANS
OF N.FORMOSA
AND OTHER FRIENDS.
(譯文:愛惜紀念偕張氏聰明
故神學博士偕叡理牧師夫人
生於臺灣五股坑卒於臺北
一千九百二十五年九月十五日
壽六十五歲
永遠與主居住
北部臺灣基督教徒及朋友仝建)

偕叡理牧師之子偕叡廉碑文如下:
IN LOVING MEMORY OF
GEORGE WILLIAM MACKAY.M..A.D.D.
SON OF REV.G.L.MACKAY.D.D.
Born Tamsui Jan.22.1882
Died Taipei July.20.1963
Aged 81 Years
God is our refuge and strength a very
Present help in trouble. Psa.46:1
EREGTED MY TAM-KANG MIDDLE SCHOOL
首任校長偕叡廉博士佳城
宣道宏教
萬世崇仰
淡江中學僅立

另該墓園有戰後淡江中學著名的教師陳敬輝之碑文, 如下:
IN MEMORY OF
KENG-HUI TAN
BORN APRIL 25 1911
DIED JUNE 16 1968
We asked life of thee,and thou gavest

園內的墓本身的形式有中國式、洋式及混合式。具特色的是偕叡理牧師的墓碑主要為砂岩材質，為束腰的方尖碑形式立於方形臺座上，碑座的正面刻有英文墓銘，背面為中文說明，文字由教徒吳廷芳所書。

七、外僑墓園的興建

英國領事館在同治9年（1870）開始管理今日的外僑墓園。墓園內最早的墓是同治6年（1867）。根據明治42年（1909）《臺灣總督府民政事務成績提要》記載，此墓地236坪，屬於永代借地的官有地，光緒4年（1878）8月由英國領事向吳順永遠租借[171]。

墓園區內，因宗教信仰的不同及個人職業的不同，而分成東、西、南、北四個區域。東區以基督教徒為主，西區以商人為主，北區以官員為主，南區以天主教徒為主，這樣的區分是因為不同宗教信仰彼此告別式不一樣，甚至有排他性的宗教色彩[172]。

---

it him even length of days for ever
and ever Si-Phian21:4
嘉慕藝術(橫批)
先考陳公諱敬輝籍臺灣省民前一年四月廿五日手公幼手 赴笈東瀛習藝術
歸國從事藝術教育四十載勤學不倦身軋深夜揮毫原執教純德女中淡江中
學近年又兼教國立藝專暨淡水商專等校 志以藝術贊化育敬其業樂其學
竟欠於健康致積勞成疾終於不治逝世於民國五十七年六月十六日哀哉
中華民國五十九年六月
女 淑真 敬立

[171] 臺灣總督府編，1985，《臺灣總督府民政事務成績提要第三編》，民政局外事ノ部，頁345。

[172] 周宗賢，1998，〈淡水外國人墓園初探〉，頁4。有關外僑墓園歷史沿革，詳見周宗賢計畫主持，2003，《臺北縣縣定古蹟淡水外僑墓園調查研究及修復計畫》，頁2-36。

埋骨於此的人最多的是傳教士14.47%，其次是眷屬13.16%，航運者5.26%，官員5.26%，學者1.32%，醫生1.32%，營造業者1.32%，這些人的死亡年代以西元1946年－1965年最多，共23人，西元1886年－1896年有6人，西元1871年－1885年有13人[173]。總共有76座墳墓，國別有英、美、加拿大、法國、蘇格蘭、義大利、錫蘭、西班牙、葡萄牙、法國、芬蘭、丹麥等，可見這個墓園人種的複雜性及獨特性，其中以臺灣海防砲臺監造專家包恩士最為著名，同時當時在埔頂生活的重要教會人士家人，例如華雅各牧師的夫人、黎約翰牧師和吳威廉牧師[174]、羅虔益牧師[175]都葬在這裡。

[173] 周宗賢，1998，〈淡水外國人墓園初探〉，頁4-5。

[174] 吳威廉牧師的墓碑銘文：「懷念摯愛的吳威廉　文學士、神學博士　生於加拿大，西敏鎮 1871年2月25日 歿於臺北，臺灣 1923年6月13日 "我是道路、真理與生命"」，碑文原文為：In lovicg memory of William Gauld B.A., D.D.. Born Westminster Canada Feb. 25 1861. Died Taihoku Formosa June 13 1923. Ian the way,the truth and the life. 此墓碑由北部傳道師與牧師出資設立。

[175] 羅虔益牧師生平不詳，僅知其由加拿大母會派來協助青年教育及校舍建築工事。來臺後曾在淡水中學校教授幾何學，其設計的淡水體育館及八角塔為著名之作。詳見鄭吉鈞，1997，《臺灣涼臺殖民地樣式建築發展歷程之研究》，頁113。

第五章　日治時期的淡水埔頂與鼻仔頭地區空間變遷

日治時期由於淡水港的衰退與淡水市街的改變，促成整個淡水空間急遽的改變，但總體而言，位在淡水埔頂的加拿大基督教長老教會興建的淡水中學校與淡水高等女學校屬於較為穩定的發展，但鼻仔頭地區則出現較大的改變。加拿大基督教長老教會的發展由於被限縮在埔頂地區，以傳教及教育為主，空間特質變為單一，而鼻仔頭的迺生產石油株式會社、淡水水上飛行場及飛行場出張所則因戰爭而服務於軍事的需要。戰後淡水鎮受到更急遽的改變，面臨聚落發展、歷史保存及新市鎮開發計畫的問題，紅毛城保存運動過程亦萌生臺灣古蹟保存的思維。

本章從日治時期淡水市街的變遷與淡水港的衰退進行分析，包括行政變革、外國人雜居地的劃設、交通及水道整備、市街及河岸的整頓，再分析偕叡理牧師過世後加拿大基督教長老教會對淡水中學校與淡水高等女學校的經營，接著分析鼻仔頭地區殼牌運輸貿易會社、三毛路會社、拉派克・嘉士會社及迺生產石油株式會社的經營，淡水水上飛行場及飛行場出張所的設置，最後以戰後淡水埔頂與鼻仔頭這些重要歷史建築物的地景變遷及古蹟指定做為總結。

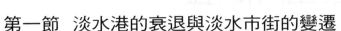

第一節　淡水港的衰退與淡水市街的變遷

一、淡水的行政變革

光緒20年（1894）清朝與日本發生甲午戰爭，光緒21年（1895）4月17日兩國於下關講和，簽訂《馬關條約》，清朝將臺灣全島及其附屬島嶼主權及該地方所有堡壘、兵器工廠及一切公有物永遠割讓給日本，日本政府限定2年內准讓出地方的人民，願遷出者任其變賣產業退去，限期滿後未退出者視為日本居民的條件[1]。

明治28年（1895）5月10日海軍大將子爵樺山資紀任臺灣首任總督，同日，臺灣巡撫唐景崧創建臺灣民主國[2]。之後，臺灣民主國大總統唐景崧內渡中國大陸，6月下旬原於臺南的大將軍劉永福任第二任大總統。10月19日劉永福兵敗內渡大陸，臺南陷落，臺灣民主國因而滅亡。

日本人占領淡水後[3]，清代官方的產業被日本人接收，日本人陸續在淡水建立許多官方機構，包括淡水郡役所、淡水街役場、稅關淡水支署、港務部出張所、法院出張所、淡水郵便局、臺北電信局淡水無線電受信所、淡水燈臺、血清製造所、淡水停車場等。

明治30年（1897）滬尾街設滬尾警察署，管轄芝蘭三堡，並另設滬尾水上警察署。明治31年（1898）滬尾警察署將事務歸辦務署。明治34年（1901）淡水設支廳，派出所分布在淡水各處。大正9年（1920）日本政府將原先的芝蘭三堡分成淡水

---

[1] 臺灣經世新報社編，1994，《臺灣大年表》，頁12。

[2] 臺灣經世新報社編，1994，《臺灣大年表》，頁13。

[3] 關於日人占領淡水初期治理，詳見曾令毅，2007，〈1895年《淡水新政記原稿底》之史料介紹及其價值〉。

郡、八里庄、石門庄、三芝庄，並在淡水街設置淡水郡役所及淡水街役場。昭和元年（1926）淡水改為郡，設警察課，轄十六個派出所，並分為淡水監視區、水碓子監視區、小基隆監視區[4]。

茲就淡水的行政變革整理如下：

1.明治28年（1895）屬臺北縣。

2.明治29年（1896）3月改為臺北縣淡水支廳。

3.明治30年（1897）5月改為臺北縣滬尾辦務署。

4.明治34年（1901）11月改為臺北縣滬尾支廳。

5.大正元年（1912）9月改為臺北廳淡水支廳。

6.大正4年（1915）2月小基隆支廳與淡水支廳合併。

7.大正9年（1920）9月改為臺北州淡水郡。

二、淡水外國人雜居地的劃設

明治29年（1896）9月28日臺灣總督桂太郎上呈一份「關於本島四港一市之（西方）外國人雜居地區域擬定之文件」給拓殖務大臣，附上了各港市地圖共七張，另有雜居地區域擬定之相關意見書及呈各國領事並諮詢其意見之通知書[5]，在上述文件中，淡水的外國人雜居地範圍便包含在內，其範圍為淡水開港後洋人與清政府共同協定的永代借地關係經幾10年間形成的範圍所界定的，明治30年（1897）4月24日臺灣總督府以漢文公布淡水「外國人雜居地」的範圍：

---

[4] 白惇仁總編纂，1989，《淡水鎮志》，頁406-408。

[5] 臺灣省文獻會，1986，《臺灣慣習記事（中譯本）第五卷上》，頁270。

滬尾東至鼻仔頭丘麓起至布埔頭街東畔則至元吉街盡頭至外國墳山之後面則至英國領事館左近小溪更沿其流入河之處止或北或西有小曲折只南方即淡水河為界而滬尾街包在此內是為雜居地域[6]

上述範圍包括今日淡水鼻仔頭、淡水市街、埔頂至北門鎖鑰以南靠近油車口的位置，以因應日本政府初期占領臺灣後管理外國人在淡水的活動範圍[7]。（圖5-1、圖5-2）

[6] 明治30年（1897），〈臺灣島ニ於ケル外國人居留地經界確定一件〉，《日本外務省外交史料館紀錄》，3門，12類，2項，33號；臺灣總督府發行，明治30年（1897）4月24日，《臺灣總督府報》第66號。另明治30年（1897）4月22日原臺灣「外國人雜居地」範圍已確定。詳見臺灣總督府發行，明治30年（1897）4月21日，《臺灣總督府報》第53號。另同年5月4日，府令第17號規定若為了傳習學術工藝以及營業上的需要而必須聘用外國人者，其雇主須將雇用合約報准地方官廳後，受聘外國人方可在外國人雜居地區域外居住。詳見臺灣總督府發行，明治30年（1897）5月4日，《臺灣總督府報》第72號。

[7] 詳見臺灣總督府發行，明治32年（1899）7月16日，《臺灣總督府報》第561號。明治32年（1899）7月17日日本政府與各締結盟約的西方各國交換新約，包括墨西哥、爪哇、大清帝國、朝鮮為非條約國（史稱「條約改正」），使日本內地各「外國人居留地」以及「外國人雜居地」均撤廢。西方各國人民得以至日本各地（包括臺灣）居住、設行。但是臺灣總督府當時為管制非條約國的清國人，故「外國人雜居地」規定仍然存在，並繼續限制清國人民的活動範圍。另外西方人雖在法理上可至臺灣各地居住，但活動範圍仍不出原來的「外國人雜居地」範圍外。又當時日本人另有訂定「外國人取扱規則」，要求各警察官署需詳細記載西方人住所位置以及搬遷移動等資料，以便西方人進入臺灣各地居住時，可完全掌握西方人的動向。

告示第二十二號
本島各開港市場ニ於ケル外國人雜居地區域左ノ通相定ム
明治三十年四月二十一日　臺灣總督 男爵乃木希典

圖5-1：明治30年淡水外國人雜居地指定文件。資料來源：明治30年（1897）4月21日，《臺灣新報》，第182號附錄。

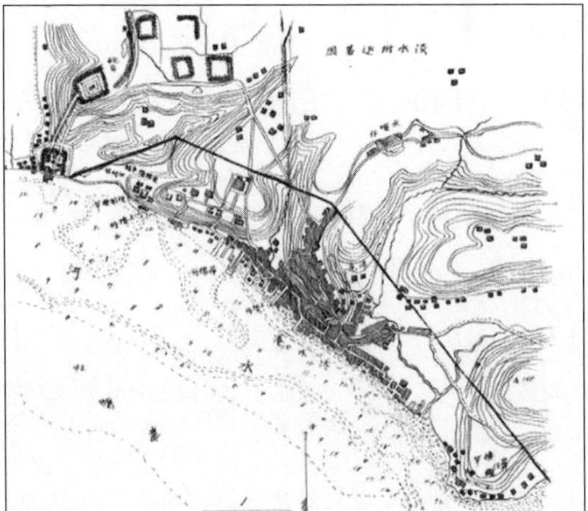

圖5-2：明治30年淡水外國人雜居地範圍。資料來源：明治30年（1897），〈臺灣島ニ於ケル外國人居留地經界確定一件〉，《日本外務省外交史料館紀錄》，3門，12類，2項，33號。

另在明治42年（1909）9月1日《臺北廳報》有詳細記載滬尾烽火街、龍目井街、永吉街、新店街、砲臺埔、竿蓁林庄庄仔內永代借地之資料（本書整理至附錄）。

三、淡水陸上交通及水道整備

（一）淡水陸上公路修築

明治33年（1900）2月臺灣總督府鐵道部測量完成淡水線，在新設的臺北車站位置確定後，淡水線經過了唭哩岸、北投，再沿著淡水河護岸，過竿蓁林、鼻仔頭到淡水市街的南端[8]。此線是以淡水港為海運的起點，並載送士林、觀音坑、八里份的採石廠及基隆河沿岸的製磚工廠產品，送至新竹內湖區、新竹中港、苗栗公司寮[9]。

至於主要公路的修築，包括：

1.明治36年（1903）完成滬尾、小基隆（三芝）間道路改修工程。

2.明治37年（1904）建造樹林口沿西海岸至淡水間道路。

3.明治39年（1906）開鑿淡水至金包里道路，並修築臺北經北投至淡水間道路。

4.昭和12年（1937）開始拓寬淡水車站至金山的公路，經過草厝尾、公學校，接上原有振成興產台車道的路

---

[8] 臺灣總督府鐵道部，1910，《臺灣鐵道史上》，頁60-61。另當時北淡線鐵路興建，在淡水庄仔內鼻仔頭營盤地，鐵路經過墳墓地遷徙乙案，詳見明治33年（1900）7月1日，《臺北縣報》，第174號。

[9] 臺灣總督府鐵道部，1910，《臺灣鐵道史上》，頁153-163。

線，形成今日的中山路[10]。

故陸上公路修築拓寬了清代彎曲的道路，開闢了新道路，取代原有的台車道，並對新空間動線的串聯有所改善。

（二）淡水築港的整備

日治時期日本政府對基隆港埠興建，由於貿易對象改變、日本船舶運輸量的增加及地理位置的影響，日本、臺灣、香港轉運功能的考量，以及軍港用地的需求及港灣建設，使基隆港取代淡水港[11]，此為淡水港空間發展的重要變化。

由於淡水航運邁入衰退之勢，淡水的地方經濟慢慢陷入困境[12]。當時淡水地區的官民共同成立「淡水築港期成同盟」，主催事者山本正一發行了《淡水港の整備に就て》（1928），提出歷史沿革、港務數據、策略可行性的參考，倡議可實行的策略（圖5-3），包括[13]：

1.淡水築港計畫的實現。在面對基隆港競爭下，淡水應興建重要港口設備，以讓2,000-3,000噸輪船能夠自由進出。

2.開設大阪商船與日本郵船可從淡水至福州及淡水至廈門的新航路。

[10] 白惇仁總編纂，1989，《淡水鎮志》，頁299。

[11] 周守真，1989，《日據時期淡水之空間變遷》，頁57-61。

[12] 此現象由柯設偕在「淡水八景」票選活動中投書「淡水振興策」，向日本政府提出淡水建設策略中可看出。詳見柯設偕編，1985，〈詩美の鄉淡水〉，《淡水概況》，頁35-37。另關於日治時期對於淡水地景的想像，詳見張志源，2010，〈西元1930－1934年柯設偕的詩作對淡水地景的想像分析〉；張志源，2007，〈日治時期西川滿對淡水地景之文化想像〉；張志源，2002，〈日治時期淡水地景「異國情調遊樂場」之文化想像〉。

[13] 山本正一，1928，《淡水港の整備に就て》，頁8。

3.淡水線鐵路延長及新設車站。

4.大稻埕與淡水之間小蒸汽船的來回。

5.淡水高爾夫球場作為州立大公園遊樂地。

6.淡水水源地附近成立郡立小公園。

7.完成大屯山及觀音山登山道。

8.淡水及臺北間道路的改善。

9.繁榮關渡車站。

該策略主要希望影響臺灣總督府的建設政策，除了港口疏濬、擴充設備、水產業振興及利用山水地景和歷史古蹟發展觀光資源外，最後希望由淡水港的復甦發展臺灣島的產業。從這些建議案中，可看出當時地方人士對淡水港衰敗下的振興思維，但淡水築港計畫並未被採納。

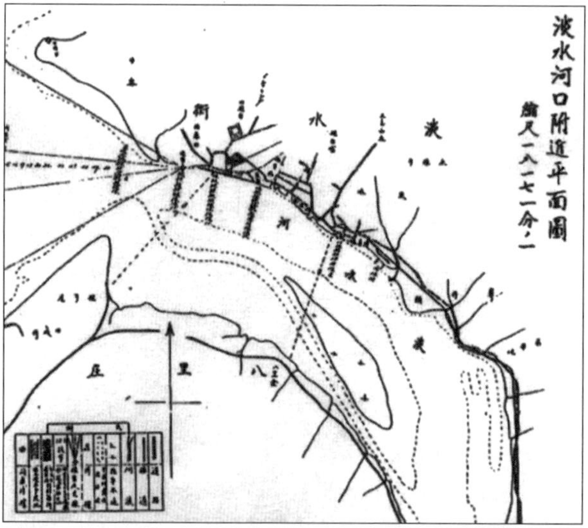

圖5-3：淡水港之整備計畫。資料來源：山本正一，1928，《淡水港の整備に就て》。

（三）淡水上水道工事的整備

日治初期日本人因對臺灣島上的風土適應不良，經常發生傳染病，兵員損失亦慘重。尤其在淡水與基隆因有船舶人員出入，故船上人員的飲用水更為重要[14]。

明治29年（1896）日本人發現大屯山麓有四處湧水，當時臺灣總督府派淡水電信所技師探勘，又請海軍軍醫部作水質檢查，並聽取陸軍軍醫部意見，會同工兵部技術官及鐵道部技師意見，提出水道佈設意見於臺灣總督府。經裁示後於明治30年（1897）開始施工，由日人佐野任主任技師，中途經過變更設計，採用全部鐵管，而放棄土鐵管並用計畫，於明治33年（1900）工程完竣通水[15]，花費102,689圓[16]。當時自配水槽起有鐵管到達市區，區內配水分為高低兩區，分布淡水市街，縱貫東西，自龍山寺至油車口，又分歧至市街的南北端，共有給水栓二十三處及船艙共用栓二處（圖5-4）。

淡水自設置給水系統後，雖港口漸失去其重要性，但因一些學校、海水浴場、高爾夫球場的需求，另因淡水市街人口的增加，加上原有給水僅止於平坦的市街，而新建的建築物多在高地，故上水道工事於明治34年（1901）至昭和12年（1937）共歷經了四次擴張工程。

---

[14] 臺灣總督府警務局，1925，《臺灣衛生要覽》，頁126。

[15] 臺灣總督府警務局，1925，《臺灣衛生要覽》，頁129。

[16] 臺灣總督府警務局，1925，《臺灣衛生要覽》，頁129-130。

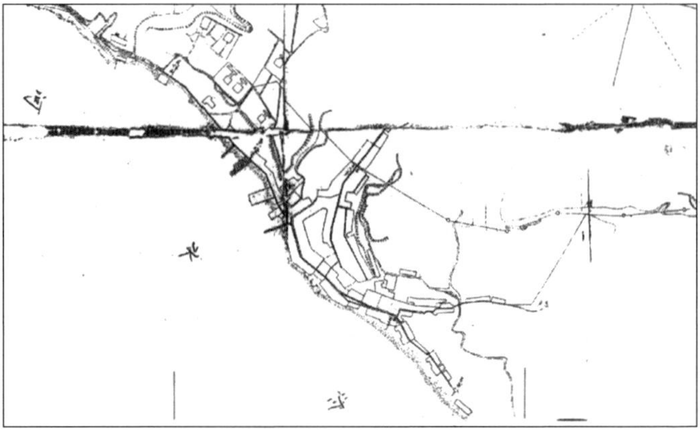

圖5-4：日治初期滬尾水道平面圖。資料來源：明治30年（1897）《臺灣總督府公文類纂》，〈滬尾給水工事調查報告〉，冊號：191，文件號：31。

（四）淡水市街及河岸的整頓工事

昭和3年（1928）7月日本政府進行淡水市街的整頓工事，昭和4年（1929）1月1日完成淡水市區改正工作，從淡水火車站到稅關前的道路分成兩期施工，第一期由淡水郵局至稅關支署前，第二期由淡水郵局至淡水火車站。

昭和8年（1933）日本政府成立「保證責任淡水建設信用購買利用組合」，提供建築業的資金借貸[17]，在淡水市區改正的工事中，建築組合的貸款使住宅改建與店舖整修工作進行的更順暢[18]。

當時淡水街新店口以東發展已飽和，故於新店口一帶填地，官方機構便陸續集中在此，日本人居住區也集中在烽火段

[17] 淡水街役場，1985，〈淡水街要覽〉，《淡水概況》，頁13。地點原在淡水街淡水字東興66番地，昭和12年（1937）遷至淡水字福興53番地，昭和16年（1941）遷至淡水街淡水字新店37番地，為今日淡水第一信用合作社位置。

[18] 白惇仁總編纂，1989，《淡水鎮志》，頁445。

及龍目井地區。此外，淡水大街上昔日商業繁榮的地區由米市、元吉、公館口移至後街仔、東興、公館口、新店，以東興段最為繁榮。

至於淡水河岸稅關變成基隆的分署，稅關碼頭成為汽船與戎克船停泊處，龍目井段及烽火段則有1,200坪為石炭的堆積廠[19]，而大稻埕的汽船停泊在公館口與福佑宮一帶，漁船則停留在福佑宮至鼻仔頭南岸小灣內一帶，在火車站一帶的河岸則為木材與石油會社私設的停泊場[20]。淡水木材製造業施合發在淡水火車站至淡水河邊有私設的棧橋連接工廠及船運，亦有火車支軌至工廠，以從事福州木材、日本木材、臺灣檜木的製造[21]。

在埔頂地區開始出現中學校及日式宿舍（如淡水街多田榮吉故居），至於鼻仔頭地區，則出現洋行株式會社及水上飛行場。

[19] 當時淡水烽火段有石炭置場需求，詳見大正8年（1919）《臺灣總督府公文類纂》，＜淡水烽火街土地使用許可願ニ關スル件（不許可ノ分）＞，冊號：11265，文件號：18。

[20] 當時鼻仔頭海灘地埋立許可案，詳見明治30年（1897）《臺灣總督府公文類纂》，＜英商フランシス、アシユトシノ永借地タル〔淡水滬尾〕海灘地埋立許可ノ件＞，冊號：174，文件號：8。

[21] 周守真，1989，《日據時期淡水之空間變遷》，頁48。

第二節 加拿大基督教長老教會對淡水中學校與淡水高等女學校的經營

一、淡水中學校的發展

偕叡理牧師過世後，吳威廉牧師[22]及華德羅牧師於明治37年（1904）向加拿大教會宣導會呈遞請願書，促使加拿大基督教長老教會宣教師成立教士會，臺灣北部教會開始從接近主教制度的佈教開拓時代進入長老教會建設發展時代。當時決定由教士會負責推行工作，並在北臺灣創設中會以促進臺灣教會自治。淡水中學校從創設到日治時期的結束，主要分成兩個時期，第一個時期為加拿大基督教長老教會的治理時期，第二個時期為日本人接管淡水中學校時期。

（一）加拿大基督教長老教會的淡水中學校時期

大正3年（1914）淡水神學院由理學堂大書院移至臺北市雙連區，加拿大基督教長老教會得到臺灣總督府的許可，用理學堂大書院的舊地為校舍，創辦了淡水中學校[23]。大正3年（1914）3月13日臺灣日日新報在〈教會淡水中學〉一文報導：

---

[22] 吳威廉出生於加拿大安大略省密德賽克斯郡的西敏鎮，西元1892年8月與其夫人吳媽利女士同受加拿大多倫多西敏長老教會（Westeminster Presbyterian Church, Toronto）海外宣道委員會指派，搭乘加拿大太平洋鐵路出發，至加拿大西岸後，於溫哥華港的碼頭搭上汽輪，過境橫濱與香港，飽覽了東方港埠的景象，最後乘坐「福建號」於10月22日抵達淡水。詳見陳穎禎，2008，《加拿大宣教師吳威廉在北臺灣的建築生產體系及作品研究》，頁2-2、2-9。原始文獻出自Gauld, Willams, Rev., D.D.,Formosa（Biography 1861-1923），《Biography》UCC/VUA, Bio Files Box. G2.

[23] 臺灣基督長老教會總會歷史委員會，1965，《臺灣基督長老教會百年史》，頁160-161。另淡水中學校開校，詳見大正3年（1914）《臺灣總督府公文類纂》，〈私立淡水中學校設立認可〉，冊號：2261，文件號：3。

加拿大臺灣基督教教會。得政府之許可。為教育青年目的。設私立淡水中學校於滬尾砲臺埔。現已編成規則。擬自來年度四月一日開始。募生招考。學課一學年修身聖經、國語、漢文、英語、日本歷史、算術、日本地理、音樂、圖畫、體操。二學年添加東洋歷史。萬國地理。代數植物學等科。三學年添加幾何、動物學地理學。四學年添加西洋歷史。心理學化學。五學年添加三角法。教授法。物理學。入學生之資格要須公學校畢業。品行方正身體健康。學費新生入學當時。納金一圓。另納預防費金壹圓。學生每年納金六拾圓。用充食費房稅教員校長文學士偕叡廉氏。教師神學士約美但。理學士羅虔益。理學士楢橋盛次郎。理學士安井藏太郎。理學士蕭安居學士約氏威廉。學士偕式仁利。學士吳氏玉。校醫宋雅各倪悦志與醫學士云。[24]

另大正3年（1914）4月1日臺灣日日新報在〈淡水中學校開業式〉一文報導：「加拿大基督教會設立之淡水本島人中學校。昨一日下午一時舉開校式云。」[25]大正4年（1915）2月7日臺灣日日新報在〈淡水中學生募集〉一文報導：

淡水砲臺埔臺灣基督長老教會北部私立淡水中學校□回募集新年度入學生二十五名。志願者公學校畢業生資格。願書限至來三月五日以內。偕履歷書誓約書一齊同向校長偕叡廉氏之處提出。三月八日上午十時。在同中學校內受試國語算術漢文三科。以備選入本校。學費各學生每年宜納金六十圓。充伙食房鋪被帳燈由教授等費按作三期繳納前金。其餘□帽鞋服外套。各有一定價格。學科修身。聖經、國語、漢文、英語、歷史、地

[24] 大正3年（1914）3月13日，《臺灣日日新報》，〈教會淡水中學〉，6版。

[25] 大正3年（1914）4月1日，《臺灣日日新報》，〈淡水中學校開業式〉，7版。

> 理、算術、幾何、代數、三角法、□□、心理學、音樂、體操、□□。…志願者有不明處可向同校照會現下同校生徒。去年募集生二十二三名。合由神校轉入者。可五十名。去年一年。教會約補助五千金。又□建教室一造云。[26]

大正4年（1915）教士會決定以淡水作為男學校、女學校永久地址[27]。

大正11年（1922）依據《私立學校規則設立學則》，「私立淡水中學校」更名為「私立淡水中學」[28]，另「淡水女學

---

[26] 大正4年(1915)2月7日，《臺灣日日新報》，〈淡水中學生募集〉，6版。有關其他年度淡水中學生募集報導，詳見大正5年(1916)1月25日，《臺灣日日新報》，〈淡水中學募集〉，6版；大正8年(1919)2月14日，《臺灣日日新報》，〈淡水中學生募集〉，7版；大正13年(1924)3月18日，《臺灣日日新報》，〈淡水中學募生徒〉，6版；昭和2年(1927)2月26日，《臺灣日日新報》，〈淡水中學　募集生徒〉，4版；昭和3年(1928)3月1日，《臺灣日日新報》，〈淡水中學　募集新生〉，4版；昭和3年(1928)3月29日，《臺灣日日新報》，〈淡水中學　募集新生〉，4版；昭和4年(1929)3月1日，《臺灣日日新報》，〈淡中生徒募集〉，4版；昭和5年(1930)3月1日，《臺灣日日新報》，〈淡水中學校　募生〉，4版；昭和6年(1931)3月21日，《臺灣日日新報》，〈淡水中學募生〉，4版；昭和7年(1932)4月2日，《臺灣日日新報》，〈淡水中學生徒募集〉，2版；昭和8年(1933)4月2日，《臺灣日日新報》，〈淡水中學招募入學生〉，4版；昭和9年(1934)3月14日，《臺灣日日新報》，〈淡水中學生徒募集〉，2版；昭和10年(1935)3月12日，《臺灣日日新報》，〈淡水中學　募集生徒〉，12版。

[27] 另淡水中學活動的相關報導詳見大正6年(1917)9月28日，《臺灣日日新報》，〈淡水中學校遠足〉，7版；大正7年(1918)4月17日，《臺灣日日新報》，〈慈善音樂會〉，2版；大正9年(1920)11月27日，《臺灣日日新報》，〈淡生修學旅行〉，6版；大正12年(1923)10月24日，《臺灣日日新報》，〈淡水中學生旅行〉，4版。另關於淡水中學聘任講師之報導，詳見大正9年(1920)8月3日，《臺灣日日新報》，〈淡水中學新講師〉，7版。當時的長官視察淡水中學，詳見大正10年(1921)1月5日，《臺灣日日新報》，〈神田男蒞淡水〉，3版。

[28] 大正11年(1922)8月28日淡水中學設立認可相關收支概算、設立者履歷書、私立淡水中學學則等詳見大正11年(1922)《臺灣總督府公文類纂》，＜ケニネス、ウ井リアム、ダウ井私立淡水中學設立認可ノ件＞，冊號：3417，文件號：

堂」也更名為「私立淡水女學院」[29]。在大正13年（1924）資料記載著當時校長為偕叡廉[30]，全校學生數計133人，修業年限5年，入學資格為尋常小學校畢業[31]。

大正14年（1925）6月淡水中學校新校舍全部竣工，學生由借用11年之久的理學堂大書院遷往新校舍[32]，8月偕叡廉赴日本學習日文，這1年半的時間由高華德（Rev. W.G. Coates）代理校長職。

接著因為加拿大教會的「聯合運動」，使包括高華德牧師在內的宣教師離開臺灣北部，當時學校一時缺乏教員，幸由加拿大聯合教會河南宣教會的林亞瑟（Arthur Rinden）與傅理明牧師（Rev. John T. Flemong）因避難來臺灣幫忙[33]。

此時期淡水中學校有極佳的音樂與體育風氣，尤其是橄欖球運動很盛行[34]。

8。另相關報導，詳見大正11年（1922）3月22日，《臺灣日日新報》，〈淡中規則改正〉，2版；大正11年（1922）9月29日，《臺灣日日新報》，〈私立校及新規則〉，5版。

[29] 昭和3年（1928）成立臺北神學院與私立淡水中學共用校，偕叡理牧師夫人張聰明捐出5,000坪土地，作為校區。詳見臺灣基督教總會歷史委員會，1965，《臺灣基督長老教會百年史》，頁100。

[30] 昭和5年（1930）8月7日，《臺灣日日新報》，〈淡水中學校長偕叡廉我凡二十餘年〉，4版。

[31] 白惇仁總編纂，1989，《淡水鎮志》，頁198。

[32] 大正14年（1925）6月23日，《臺灣日日新報》，〈中學校舍落成式〉，4版；大正14年（1925）6月23日，《臺灣日日新報》，〈淡水中學　落成式　二十九日舉行〉，4版。

[33] 查忻，2001，《皇民化運動與臺灣基督長老教會學校》，頁48-49。

[34] 詳見大正10年（1921）10月31日，《臺灣日日新報》，〈淡水中學の陸上運動會〉，8版；大正10年（1921）11月1日，《臺灣日日新報》，〈ラ式蹴球研究會成立〉，5版；大正11年（1922）5月29日，《臺灣日日新報》，〈淡水運動會 ■

但因淡水中學校學籍不被日本政府承認，畢業後無法投考更高等的學校，故從入學到五年級畢業期間，有超過90%學生轉學出去，校方不斷想辦法在各方面改進，以求符合政府的要求，包括增建適當的建築物與設備，足夠的師資水準及財源等，經營上非常辛苦[35]。有關淡水中學校與淡水女學校概況等資料，詳見圖5-5至圖5-7。

中學校で一昨日開催會〉，5版；大正12年（1923）4月3日，《臺灣日日新報》，〈台覽陸上競技　申込二百名〉，7版；大正12年（1923）10月14日，《臺灣日日新報》，〈淡水中學陸上競技〉，7版；大正13年（1924）5月21日，《臺灣日日新報》，〈淡水中學競技會〉，6版；大正14年（1925）9月26日，《臺灣日日新報》，〈淡水中學運動會〉，2版；昭和元年（1926）5月14日，《臺灣日日新報》，〈淡水中學陸上競技會〉，2版；昭和元年（1926）11月5日，《臺灣日日新報》，〈淡中蹴球戰　二學年優勝〉，2版；昭和5年（1930）6月5日，《臺灣日日新報》，〈淡水中學運動會〉，1版；昭和7年（1932）11月3日，《臺灣日日新報》，〈淡水中學野球戰〉，2版；昭和8年（1933）5月29日，《臺灣日日新報》，〈淡水中學　陸上競技大會〉，8版。

[35] 查忻，2001，《皇民化運動與臺灣基督長老教會學校》，頁49。

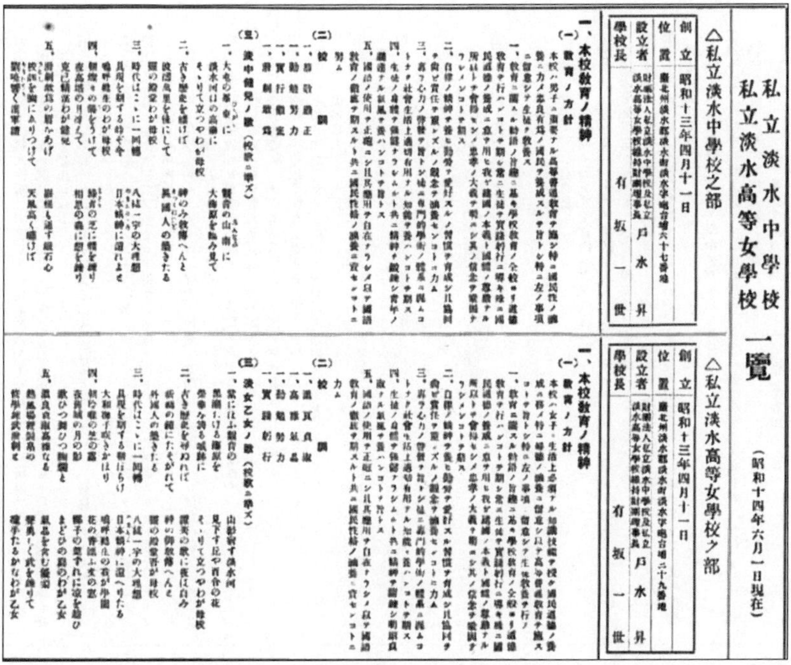

私立淡水中學校
私立淡水高等女學校 一覽
（昭和十四年六月一日現在）

△私立淡水中學校之部

創立	昭和十三年四月十一日
位置	臺北州淡水郡淡水街淡水字砲台埔六十七番地
設立者	財團法人私立淡水中學校及私立淡水高等女學校維持財團理事長 戶水昇
學校長	有坂一世

一、本校教育ノ精神
（一）教育ノ方針
（二）校訓
（三）淡中健兒ノ歌（校歌ニ準ズ）

△私立淡水高等女學校之部

創立	昭和十三年四月十一日
位置	臺北州淡水郡淡水街淡水字砲台埔二十九番地
設立者	財團法人私立淡水中學校及私立淡水高等女學校維持財團理事長 戶水昇
學校長	有坂一世

一、本校教育ノ精神
（一）教育ノ方針
（二）校訓
（三）淡女乙女ノ歌（校歌ニ準ズ）

圖5-5：昭和14年記載之淡水中學校及淡水高等女學校概況。資料來源：昭和14年（1939）《臺灣總督府公文類纂》，〈指令第八三七五號臺北州財團法人淡水中學校及私立淡水高等女學校經費ニ對シ州費補助ノ件認可〉，冊號：10873，文件號：4，檔案編號：000108730049002001M。

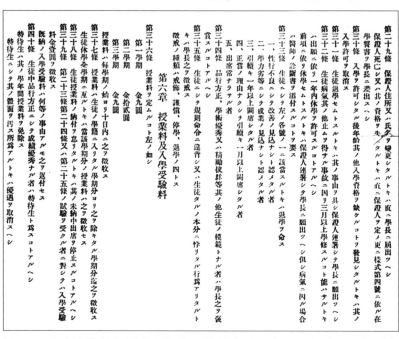

第二十九條　保證人住所又ハ氏名ヲ變更シタルトキハ直ニ學長ニ屆出ツヘシ
保證人死亡シ又ハ其ノ資格ヲ失タルトキハ直ニ保證人ヲ定メ更ニ樣式第四號ニ依ル在學誓書ヲ學長ニ差出スヘシ
第三十條　入學ヲ許可シタル後年齡其ノ他入學資格ヲ缺ケルコトヲ發見シタルトキハ其ノ入學許可ヲ取消ス
第三十一條　生徒退學セムトスルトキハ其ノ事由ヲ具シ保證人連署シテ學長ニ願出ツヘシ
第三十二條　生徒病氣其ノ他止ムヲ得サル事故ニ因リ三月以上學修スルコト能ハサルトキハ出願ニ依リ一年內休學ヲ許可スルコトアルヘシ
前項ニ依リ休學セムトスルトキハ保證人連署シテ學長ニ願出ツヘシ但シ病氣ニ因ル場合ハ醫師ノ診斷書ヲ添付スルコトヲ要ス
第三十三條　生徒ニシテ左ノ各號ノ一ニ該當スルトキハ退學ヲ命ス
一、性行不良ニシテ改善ノ見込ナシト認メタル者
二、學力劣等ニシテ成業ノ見込ナシト認メタル者
三、引續キ一年以上闕席シタル者
四、正當ノ理由ナクシテ引續キ一月以上闕席シタル者
五、出席常ナラサル者
第三十四條　品行方正、學術優秀又ハ精勵拔群等其ノ他生徒ノ模範トナル者ハ學長之ヲ褒賞スルコトアルヘシ
第三十五條　生徒ニシテ規則命令ニ違背シ又ハ生徒タルノ本分ニ悖リタル行爲アリタルトキハ學長之ヲ懲戒ス
懲戒ノ種類ハ戒飭、謹愼、停學、退學ノ四トス

第六章　授業料及入學受驗料

第三十六條　授業料ヲ定ムルコト左ノ如シ
第一學期　金九圓
第二學期　金拾貳圓
第三學期　金九圓
授業料ハ每學期ノ始ヨリ十日內ニ之ヲ徵收ス
第三十七條　授業料ハ生徒ノ學籍ニ入リタル學期分ヨリ之ヲ除キタル學期分迄之ヲ徵收ス
生徒休學全學期ニ亙ルトキハ當該學期分ノ授業料ハ之ヲ徵收セス
第三十八條　生徒授業料ノ納付ヲ怠リタルトキハ其ノ未納中出席ヲ停止スルコトアルヘシ
第三十九條　第二十三條第二十四條又ハ第二十五條ノ試驗ヲ受クル者ニ對シテハ入學受驗料金壹圓ヲ徵收ス
既納ノ入學受驗料ハ何等ノ事由アルモ之ヲ返付セス
第四十條　生徒中品行方正ニシテ成績優秀ナル者ハ特待生ト爲スコトアルヘシ
特待生ハ其ノ學年間授業料ヲ免除ス
特待生ニシテ其ノ體面ヲ汚ス所爲アルトキハ優遇ヲ取消スヘシ

圖5-6：淡水中學校相關法令規定。資料來源：大正13年（1924）《臺灣總督府公文類纂》，〈私立淡水中學學則一部改正ノ件〉，冊號：7249，文件號：16，檔案編號：00007249016900100 1M。

樣式第四號

在學誓書　（用紙美濃紙）

三錢收入印紙　印

本居地（本籍地）
現住所
氏　　名
年　月　日生

右之者貴學ニ在學中ハ規則命令等堅ク相守リ專心修業可致仍テ誓約候也

大正　年　月　日
右　氏　　名印

右某貴學在學中ハ御規則確守セシムヘキハ勿論授業料寄宿舍費其ノ他所要ノ費用ハ御指定ノ期日ニ相違ナク相納ムル等同人在學中ニ係ハル一切ノ事件ハ拙者等引受可申候也

大正　年　月　日

本居地（本籍地）
現住所
右某トノ續柄又ハ緣故（親權ヲ行フ者又ハ之ニ準スヘキ者）
保證人　氏　　名印
年　月　日生

本居地（本籍地）
現住所
右某トノ續柄又ハ緣故
保證人　氏　　名印
年　月　日生

私立淡水中學學長　氏　　名殿

圖5-7：淡水中學校相關樣式文件。資料來源：大正13年（1924）《臺灣總督府公文類纂》，〈私立淡水中學學則一部改正ノ件〉，冊號：7249，文件號：16，檔案編號：00007249016900100 1M。

（二）日本人接管淡水中學校時期

昭和11年（1936）淡水中學校及淡水高等女學校移交給日本政府。在日本政府接收淡水中學校及淡水女學校的前一年，兩校曾被官方報紙無情的攻擊，尤其被日本黑色愛國團體「皇政會」批評的最厲害，該團體在臺北召開「淡中撲滅運動」講演會，詆毀「位在淡水的兩塊校地，是滿清時代不平等條約之『永久租借地』，為何今日屆『昭和之聖代』，卻仍容許過氣的租借地，還遺留在日本的『皇土』上？」[36]，「皇政會」要求解除校長偕叡廉的職務，並且要日本少尉進駐校園。在臺灣日日新報中可見到此時期極多對於淡水中學校教育方針的報導[37]。

[36] 淡江中學，1997，《淡江中學校史》，頁78。

[37] 相關內容詳見昭和10年（1935）3月29日，《臺灣日日新報》，〈國體觀念に缺陷あろを　淡水中學が暴露　臺灣神社遙拜を肯んぜず　當局は斷乎たる決意〉，7版；昭和10年（1935）3月29日，《臺灣日日新報》，〈淡水中學校長　詳細報告　州教警課に出頭〉，2版；昭和10年（1935）4月10日，《臺灣日日新報》，〈淡水中學の國旗不揭　學校當局者　州へ釋明〉，11版；昭和10年（1935）4月16日，《臺灣日日新報》，〈淡水中學の一大改善策　學則に遙拜も加へて　國民教育に力を注ぐ〉，7版；昭和10年（1935）4月16日，《臺灣日日新報》，〈淡水中學撲滅期成同盟會を結成〉，2版；昭和10年（1935）4月17日，《臺灣日日新報》，〈皇政會の演說會〉，7版；昭和10年（1935）4月17日，《臺灣日日新報》，〈淡水中學改善案　於學則加入遙拜　注力國民教育〉，4版；昭和11年（1936）3月13日，《臺灣日日新報》，〈淡中撲滅期成　同盟會が蹶起〉，7版；昭和11年（1936）3月13日，《臺灣日日新報》，〈淡水中學教育方針　依舊大缺國體觀念　國史擔任鈴木教諭辭職〉，8版；昭和11年（1936）3月13日，《臺灣日日新報》，〈淡中問題　憲兵重視　派曹長調查〉，8版；昭和11年（1936）3月14日，《臺灣日日新報》，〈淡水中學撲滅　期成同盟　蹶起運動〉，4版；昭和11年（1936）3月17日，《臺灣日日新報》，〈淡中鑑世論大反對　擬改革招聘內地人教員　涵養國民精神徹底國語〉，4版；昭和11年（1936）4月22日，《臺灣日日新報》，〈淡中撲滅期成同盟　實行委員が陳情　けふ今川知事に〉，2版；昭和11年（1936）4月27日，《臺灣日日新報》，淡中批判の演說會　今晚ホテルで〉，11版；昭和11年（1936）5月5日，《臺灣日日新報》，〈五代表を招致して　淡水中學に大警告　國民教育上看過出來

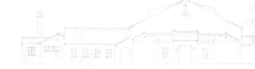

由於日本政府迫使加拿大基督教長老教會讓步，要求改聘請日本人擔任淡水中學校及淡水女學校兩校校長及董事長，故昭和11年（1936）派立川義男教育課長接管學校，並且代理校長職務，昭和12年（1937）曾任臺南州立第一中學教務主任的有坂一世，受今川淵州知事之邀，出任淡水中學校校長[38]。有坂一世本身為教會學校出身，因此對淡水中學校的教會背景相當尊重，改變過去傳教士治校的方針，除向臺北州教育課及總督府文教局爭取經費，用以改善教室，充實教學設備外，並向日本本土聘請優秀的教師，不去歧視臺灣子弟[39]。

ぬとて　州に學校移讓を慫慂〉，11版；昭和11年（1936）5月14日，《臺灣日日新報》，〈"淡中"移讓に　教會は迷ふ　再度知事訪問か〉，2版；昭和11年（1936）6月4日，《臺灣日日新報》，〈淡中に愛想を盡かし　二教師、斷然辭職　國民教育に對する　無理解、不誠意を憤つて〉，2版；昭和11年（1936）6月5日，《臺灣日日新報》，〈祟る淡中　反國體的教育方針を　徹底的に再調查　臺北憲兵分隊の手で〉，7版；昭和11年（1936）6月5日，《臺灣日日新報》，〈學校は移讓せず　教會と中會で經營　問題の淡中及び淡女につき　きのふ協議會で決定〉，7版；昭和11年（1936）6月5日，《臺灣日日新報》，〈淡中撲滅同盟會が會合決議〉，2版；昭和11年（1936）6月12日，《臺灣日日新報》，〈淡中同女學移讓案　學校正式提出囘答　主體仍以舊教會為中心〉，8版；昭和11年（1936）6月12日，《臺灣日日新報》，〈鈴樹州教育課長　如淡水追究學校長態度　教師十二名辭去三分之二〉，4版；昭和11年（1936）6月13日，《臺灣日日新報》，〈淡水中學問題と國民教育　州委讓が是か教會中心是か〉，2版；昭和11年（1936）8月9日，《臺灣日日新報》，〈淡水中學問題と國民教育　州委讓が是か教會中心是か〉，7版；昭和11年（1936）8月10日，《臺灣日日新報》，〈淡水中學及女學院　願以九萬餘圓移讓　當局認有誠意著手評價〉，8版；昭和11年（1936）8月16日，《臺灣日日新報》，〈淡中の移讓問題　愈よ正式に決定　婦女義塾と共に敷地を九萬圓で　新財團が買收する〉，11版。

[38] 另有坂一世治校風格，詳見周明德，2007，〈馬偕博士紀念圖書館與謠曲—有坂一世用心治校〉，頁1-17；昭和11年（1936）12月27日，《臺灣日日新報》，〈淡水中學校長　有坂氏に決定〉，11版。

[39] 淡江中學，1997，《淡江中學校史》，頁84。有關昭和12年（1937）淡水中學校及淡水女學院州費補助認可，淡水中學校及淡水女學院昭和11年（1936）度事

昭和13年（1938）臺灣總督府修改教育法令，淡水中學校獲准以「私立淡水中學校」為名立案，同時學校依照當初移轉的協議，以當年募得的30,000日圓興建「マッカイ（馬偕）博士紀念圖書館」[40]。

昭和18年（1943）4月中等學校令修正，縮短中等以上學校學生在學年限為四年，並將課程簡化，在昭和18年（1943）4月底之資料，淡水中學校共計十四班，學生數共計790人[41]。

然而，因應戰爭的爆發，興起國民精神總動員的運動，學校在管理上趨向軍事化管理，並要求學生學習劍道，修養武士精神及增加軍事訓練[42]，也要求進行神社及海軍墓園祭拜活動。參拜神社變成人民及學生對國家表達忠誠的象徵。另也成立必勝鍊成會及奉公隊的組織[43]。在淡水中學校的「健兒の

業成績及昭和12年(1937)的預算資料，詳見昭和12年(1937)《臺灣總督府公文類纂》，〈財團法人私立淡水中學及私立淡水女學院維持財團經費州費補助認可指令案〉，冊號：10735，文件號：15。

[40] 臺灣基督長老教會總會歷史委員會，1965，《臺灣基督長老教會百年史》，頁48。

[41] 白惇仁總編纂，1989，《淡水鎮志》，頁199。

[42] 日治時期的淡水中學校與淡水女學校兩校合辦運動會，項目包括女子青年體操、馬術訓練、劍道、薙刀道。此外軍事訓練包括：操槍、打靶、劈刺考試、夜行軍訓練。詳見淡江中學，1997，《淡江中學校史》，頁89。

[43] 例如昭和12年(1937)7月9日，《臺灣日日新報》，〈淡水中學でけふ神宮大麻奉齋式〉，7版；昭和13年(1938)9月27日，《臺灣日日新報》，〈血染の國旗を恩師に贈る　淡水中學生の赤誠〉，7版；昭和13年(1938)11月5日，《臺灣日日新報》，〈步武堂堂と街內を行進　淡水中學の心身鍛錬〉，5版；昭和16年(1941)7月9日，《臺灣日日新報》，〈神社境內を清掃奉仕〉，4版；昭和16年(1941)9月24日，《臺灣日日新報》，〈嚴かに慰靈祭　海軍殉職者十五勇士〉，3版。

歌」[44]、「開校式の歌」[45]便講述淡水中學校建立在淡水的高坡上，是洋人所創設，「八紘一宇の大理想」是淡江中學的校訓。

淡水中學校皇民化的路線上，除了授與農事、工業、水產、家事等一般技藝外，也極盡能事地灌輸愛皇敬神、膜拜國旗及偶像的法西斯式教育，以奉讀教育敕語、朝拜神社、遙拜宮城等活動，進行皇民練成的國家主義教育，為陸軍特別志願兵制度提供人力資源。

二、淡水高等女學校的創建

淡水高等女學校的創建可分成四個階段，分別為偕叡理牧師時期、金仁里姑娘時期、杜道理姑娘時期及日本人接管時期。

（一）偕叡理牧師時期的淡水女學堂

婦女宣教是在19世紀末加拿大基督教長老教會重要的佈道政策，加拿大母會於19世紀中葉開始積極開發女性事工，並成立專職部會處理婦女宣道事務，且於母國及海外的宣教區分別派遣具高學歷或專業技能的女性宣教師[46]。

光緒5年（1879）隨同夫婿閏虔益牧師（Rev. Kenneth F. Junor）來臺的閏牧師娘，也投入了婦女教育的工作中[47]。

---

[44] 淡江中學，1997，《淡江中學校史》，頁168。

[45] 淡江中學，1997，《淡江中學校史》，頁首。

[46] 陳穎禎，2008，《加拿大宣教師吳威廉在北臺灣的建築生產體系及作品研究》，頁2-25。

[47] 臺灣基督教總會歷史委員會，1965，《臺灣基督長老教會百年史》，頁43；查忻，2001，《皇民化運動與臺灣基督長老教會學校》，頁50。加拿大長老教會女宣道會（Woman Mission Society）於西元1879年的年度報告紀錄中，顯

光緒9年（1883）偕叡理牧師運用加拿大長老教會婦女的捐款，在理學堂大書院東側興建淡水女學堂（Girl’s School）[48]。當時由一大群工人搭建，常工作至深夜，以十一個禮拜的時間趕工完成[49]。當時規模與理學堂大書院相當，但入口沒有外廊，立面高度較理學堂大書院高，於光緒10年（1884）1月19日啟用開學[50]，主要作為訓練宣道婦（Bible Women）之用。偕叡理牧師這樣描述：

> …一座椅切石整齊建造的寬敞建築，… 從校門直走就可到達禮堂，禮堂的兩旁各有一間小教室，禮堂的後面是一個大校園，四周是宿舍，包括有廚房、數間僕人的臥房及數間儲藏室。宿舍的設備簡單必要，不像歐美的女生宿舍那麼講究。…整座建築最重要的是光線良好、空氣流通…。[51]

當時開學時共有45名婦女入學[52]，校舍由偕叡理牧師管理，張聰明與陳榮輝為教師，理學堂大書院教師亦來此授課，但隨後因中法戰爭而停課。

當時的課程有寫字、算術、歌唱、地理、婦女技能、聖經歷史、聖經教義，學校無學年及學分制，入學年齡也無限制。另為適應部份婦女因時間無法至學校受教育，還特別開辦「夜

示該會於當時的過去數年內，每年捐獻一筆錢給予偕叡理牧師，作為臺灣婦女教育之用。

[48] 黃六點，1972，《臺灣基督長老教會北部教會大觀》，頁750。

[49] 林晚生，2007，《福爾摩沙紀事-馬偕臺灣回憶錄》，頁293。該學堂後來因為老舊，於大正4年（1915）拆除，改建新校舍。

[50] 林晚生，2007，《福爾摩沙紀事-馬偕臺灣回憶錄》，頁387。

[51] 林晚生，2007，《福爾摩沙紀事-馬偕臺灣回憶錄》，頁293。

[52] 臺灣基督教長老教會總會歷史委員會，1965，《臺灣基督長老教會百年史》，頁43。

學」的短期班，信徒也常將女兒及失學婦女送來學校，許多回理學堂大書院進修的傳教士也讓家眷在此一起學習[53]。

光緒19年（1893）吳威廉牧師夫婦接替例假返回加拿大的偕叡理牧師夫婦管理，但因中日甲午戰爭爆發，此學堂至明治28年（1896）才再次開課，明治34年（1901）因偕叡理牧師過世而停課[54]。

（二）金仁里姑娘時期的淡水女學校

明治32年（1899）吳威廉牧師夫婦例假回國時，吳牧師娘在加拿大長老教會女宣教會報告臺灣工作時，強調臺灣對於女宣教師的需求。明治37年（1904）又再次請求加拿大長老教會為淡水女學堂派出女宣教師。

明治38年（1905）第二屆臺北長老中會，由長老陳熊提出關於女學堂的革新方案[55]：

1.女學堂最好不准男士進入，最好另建一棟宿舍讓有丈夫的學生居住。

2.將女學堂東側的高地買下，以免被外人買去建房舍，造成問題。

3.請加拿大長老教會女宣教師負責女學堂事務。[56]

明治38年（1905）11月加拿大長老教會女宣道會派出金仁理姑娘與高哈拿姑娘來臺，依照日本教育制度設置的淡水女學

---

[53] 淡江中學，1997，《淡江中學校史》，頁44。

[54] 臺灣基督教長老教會總會歷史委員會，1965，《臺灣基督長老教會百年史》，頁44。

[55] 查忻，2001，《皇民化運動與臺灣基督長老教會學校》，頁51。

[56] 有關姑娘們在淡水的女性教育研究，詳見林熙浩，2007，〈日治時期長老教會姑娘於淡水地區的教育活動〉，頁1-21。

校（Tamsui Girl's School）便在原來淡水女學堂舊址創立。當時預計招收12歲以上女孩，學生有24人，由金仁理姑娘擔任校長[57]。

另因為教育方針改變，往昔所招收的失學婦女、已婚者和教會宣教婦沒有辦法就學，為彌補這項教育工作，加拿大基督教長老教會明治43年（1910）興建「婦學堂」（Woman's School），以高哈拿姑娘為校長，目地在訓練教會傳教的女宣教師與女信徒[58]。婦學堂採二年制，除女宣教師外，有三位兼課教師與幾位舍監，課程除中文、日文及習字外，聖經及音樂為課程的主要特色[59]。（圖5-8）

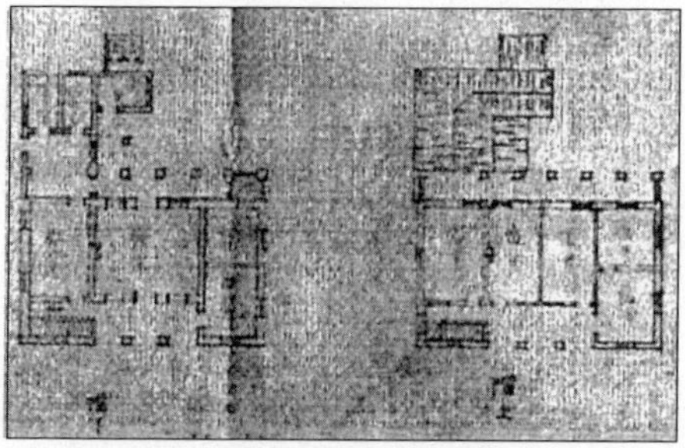

圖5-8：淡水婦學堂一樓及二樓平面圖。資料來源：明治43年（1910）《臺灣總督府公文類纂》，〈臺北長老教會婦學堂設立認可ノ件（英國臣民ハンナー、カーネル）〉，冊號：1653，文件號：19。

[57] 在女學校被日本政府接管前，歷經金仁里姑娘（Miss Jane Kinney, M.A.）、黎瑪美姑娘（Miss Mabel G. Clazie）、杜道理姑娘（Miss Dorothy Douglas）、亞額爾姑娘（Miss Phyliss Argall, M.A.）與紐伯利姑娘（Miss Ruth Heighton）等校長。

[58] 明治43年（1910）淡水婦學堂認可案，詳見明治43年（1910）《臺灣總督府公文類纂》，〈臺北長老教會婦學堂設立認可ノ件（英國臣民ハンナー、カーネル）〉，冊號：1653，文件號：19。

[59] 淡江中學，1997，《淡江中學校史》，頁53；林熙皓，2007，〈日治時期長老教會姑娘〉。婦學堂由高哈拿姑娘（Miss Hannah Connell）校長，至昭和3年（1928）由閔瑪利姑娘（Miss Alma Burdick）接任校長，直至昭和11年（1936）婦學堂被日本政府廢除。

淡水女學校教學除中學課程外，還包括漢文、聖經及音樂等，並用臺語教學，教師有金姑娘、高姑娘、吳威廉牧師娘、偕以利女士及日本女教師[60]。

大正元年（1912）淡水女學校改為4月開學，次年3月結束以符合日本制度[61]。

雖然當時基督教長老教會提供現代化的教學以擴充婦女知識，但由於民風保守，很少漢人來受教，實際接受教育的只有平埔族的女子，且由於缺乏社會環境及臺灣仕紳的支持，故難以突破瓶頸，但至少開啟臺灣女子教育的先河。

大正5年（1916）吳威廉牧師[62]新建學校，重新開學，並增設高等女子部，更名為「淡水高等女學校」，學制分預科4年及本科4年，仍由金仁里姑娘（Miss Jane Kinney ,M.A.）任校長，另外有二位來自日本，四位來自臺灣的教員，改採日文進行教學，一改過去以台語教學的作風[63]。

大正11年（1922）改名為「私立淡水女學院」，當時日本政府表示，若要立案需有足夠的師資水準[64]。

大正12年（1923）10月加拿大教士會設學務會，由加拿大教士會、臺北長老中會與淡水中學及淡水女學院校友會派代表

[60] 淡江中學，1997；《淡江中學校史》，頁52。

[61] 臺灣基督教長老教會總會歷史委員會，1965，《臺灣基督長老教會百年史》，頁45。

[62] 關於吳威廉牧師的報導，詳見大正6年（1917）10月22日，《臺灣日日新報》，〈吳宣教師紀念會〉，10版。

[63] 淡江中學，1997，《淡江中學校史》，頁55。有關大正6年（1917）淡水婦學堂學則變更認可，詳見大正6年（1917）《臺灣總督府公文類纂》，〈淡水婦學堂學則變更認可ノ件（英國加奈太長老教會）〉，冊號：2622，文件號：6。

[64] 查忻，2001，《皇民化運動與臺灣基督長老教會學校》，頁51。

組成，以作為學校事務發展的研究與顧問機構，而學校也組成董事會。

這段期間每年入學的學生約有20餘名，學生人數則分為預科30餘名，本科40餘名，總共約70-80名學生，每年約有10名左右學生畢業[65]。另大正13年（1924）的統計資料中，修業年限為4年，入學資格為預科修畢者，當時學生數為本科47人，預科39人，每週授課的科目包括修身、日語、外國語、歷史、地理、數學、自然、圖畫、家事、裁縫等[66]。

昭和2年（1927）因為加拿大教會的聯合運動，北臺灣地區被劃為加拿大長老教會的宣教區，使支持聯合運動的金仁里校長於昭和3年（1928）回國，由黎瑪美姑娘（Miss Mabel G. Clazie）姑娘接替其職[67]。

（三）杜道理姑娘時期的淡水女學校

昭和 6年（1931）杜道理姑娘（Miss Dorothy Douglas）奉派擔任淡水女學院校長一職，當時學生人數達到119名。由於當時公立高等女學校在臺灣各處設立，使預科的人數逐年減少，由以往的30餘名減至10名左右，每年畢業人數維持10名以上。畢業生出路除了留校當老師、幼稚園老師、鋼琴老師外，也有當護士或嫁為人婦[68]。至昭和 9年（1934）由亞額爾姑娘（Miss Phyliss Argall ,M.A.）接任校長一職，昭和 11年（1936）開學時由紐伯利姑娘（Miss Ruth Heighton ,M.A.）代

[65] 查忻，2001，《皇民化運動與臺灣基督長老教會學校》，頁51-52。

[66] 白惇仁總編纂，1989，《淡水鎮志》，頁199。

[67] 查忻，2001，《皇民化運動與臺灣基督長老教會學校》，頁52。

[68] 查忻，2001，《皇民化運動與臺灣基督長老教會學校》，頁52。

理校長一職[69]。

（四）日本人接管時期的淡水女學校

昭和 11年（1936）11月淡水女學院由派往接收淡水中學的立川義男教育課長接收，並代理校長職位[70]。

昭和 12年（1937）1月由前臺南州立第一中學教務主任有坂一世受邀擔任校長，有坂一世校長當時十分尊重女學院原有的宗教背景，並爭取經費改善學校硬體，擴充原有不足的師資，一掃之前被日本人打壓的低迷氣勢[71]。

昭和 13年（1938）因臺灣總督府修改教育法令，認可私立中學的設立，淡水女學院獲准以「私立淡水高等女學校」為名立案，並陸續租用北部臺灣基督長老教會各單位搬遷以後遺留下來的房舍。在昭和13年（1938）4月統計資料中，當時學生人數達192人，其中日本人4人，本省人187人，其他1人，教職員計13人。另昭和18年（1943）4月底，學級數8班，學生人數計340人[72]。

後來因應中日戰爭的爆發，學校也要求女學生需習劍道，並藉由參拜神社來灌輸學生的愛國思想[73]。

茲整理淡水中學校與淡水女學校創設變遷如表5-1。

---

[69] 查忻，2001，《皇民化運動與臺灣基督長老教會學校》，頁52。

[70] 查忻，2001，《皇民化運動與臺灣基督長老教會學校》，頁52。

[71] 查忻，2001，《皇民化運動與臺灣基督長老教會學校》，頁52。

[72] 白惇仁總編纂，1989，《淡水鎮志》，頁200。

[73] 查忻，2001，《皇民化運動與臺灣基督長老教會學校》，頁53。

表5-1：淡水中學校與淡水女學校創設變遷表

	淡水中學校	淡水女學校
變遷過程	1.1914年創於理學堂大書院原址，神學院遷至臺北。 2.1922年改名私立淡水中學。 3.1936年移交日政府。 4.1938年改名私立淡水中學校。 5.1945年日本投降，淡水中學校與淡水女子學校交給長老教會。 6.1947年兩校合併，改稱淡水中學男子部、女子部。 7.1947年中山女子中學（前宮前女學院）合併為淡江中學女子部。 8.1948年男女兩校分開經營，女子部成立純德女子中學。 9.1956年男女兩校合併私立淡江中學。 10.1996年試辦綜合高中。	1.1884年興建女學堂，1885年因中法戰爭受損。 2.1901年女學堂關閉。 3.1907年淡水女子學校復學。 4.1915年改建女學堂。 5.1916年設立淡水高等女學校。 6.1936年移交日本政府。 7.1938年改名私立淡水高等女學校。 8.1940年增設臺北神學校高等女學部於淡水宣教師宿舍。 9.1941年遷至臺北宮前女學校。 10.1944年臺北神學院高等女學部改名臺北宮前女學校。 11.1953年設立純德幼稚園。 12.1956年與淡中合併為私立淡江中學。

資料來源：本研究整理。

三、淡水中學校及淡水女學校重要建築之特色

淡水中學校最具特色的建築物為由協助青年教育、校舍建築的加拿大傳教士羅虔益（K.W.Dowie）所設計的八角塔，具中西混合的建築風格。該建築內部空間極為簡單，進入入口為天井，八角塔為中間及前端兩側為八角塔造型，包被的空間為一排高聳的椰子樹。入口的主塔牆面以紅白交替的磚堆砌而成。正門以觀音石雕出雀替和宮燈，上有吳廷芳的篆隸「私立淡水中學」及校訓「信望愛」。八角塔完工後，為了與體育館相連，在正身後側作過水廊至體育館左側門。另校舍初建時只有主體建築二樓，左右護龍一樓，後來左護龍加蓋為二樓。戰後，再於右護龍加蓋二樓。

淡水中學校男子體育館主要為鋼桁架構造，正立面模仿閩南農宅立面，有馬背造形和鳥踏線作裝飾，門楣採用觀音石，交角處雕有雀替，兩旁裝設一對石雕垂花吊筒作燈座，門上雕有淡水中學校校徽和「體育館」三個字，內部屋頂為鋼桁架，為中西合璧的形式。淡水女學校體育館則偏西式設計，入口原在短邊，有圓拱窗、綠釉氣窗，內部屋頂為鋼桁架，外部立面有西洋拱圈風格[74]。

淡水女學校是四合院中圍著天井庭園的二樓建築，正面有精美的磚拱，二樓迴廊使用綠釉花瓶欄杆，正面山牆有濃厚的拜占庭趣味，以磚雕手法刻「淡水女子學校」之中英文落款。淡水婦學堂屋頂為四坡頂，正立面有外廊拱圈，二樓有綠釉花瓶欄杆，表現出中西合璧的風格。淡水牧師樓及淡水姑娘樓正面有精美的磚拱，二樓迴廊採用花瓶欄杆，所用的磚材和福杉據稱來自廈門。上述相關圖面，詳見圖5-9至圖5-16。

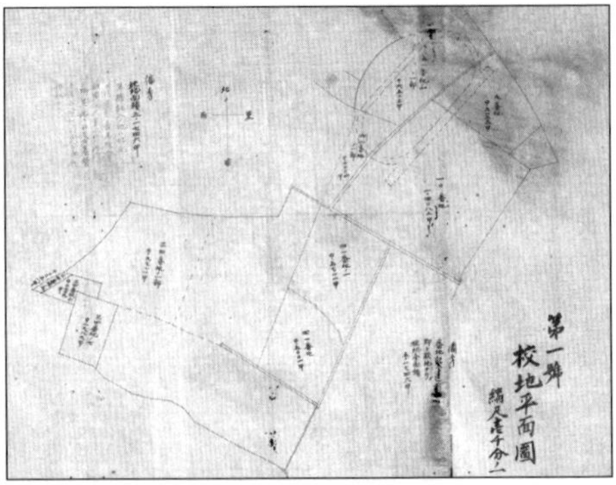

圖5-9：淡水中學校校地平面圖。資料來源：大正11年（1922）《臺灣總督府公文類纂》，〈ケニネス、ウ井リアム、ダウ井私立淡水中學設立認可ノ件〉，冊號：3417，文件號：8，檔案編號：000034170089002001M。

[74] 有關淡水中學校體育館學建歷程，詳見陳穎禎，2008，《加拿大宣教師吳威廉在北臺灣的建築生產體系及作品研究》，頁4-53—4-78。

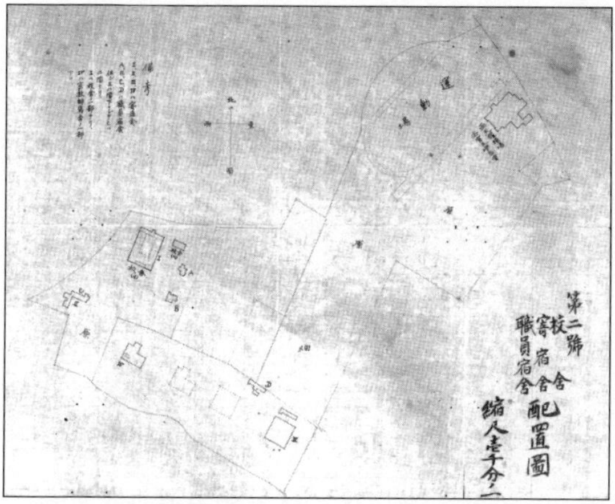

圖5-10：淡水中學校校舍、寄宿舍、職員宿舍配置圖。資料來源：大正11年（1922）《臺灣總督府公文類纂》，〈ケニネス、ウ井リアム、ダウ井私立淡水中學設立認可ノ件〉，冊號：3417，文件號：8，檔案編號：000034170089002002M。

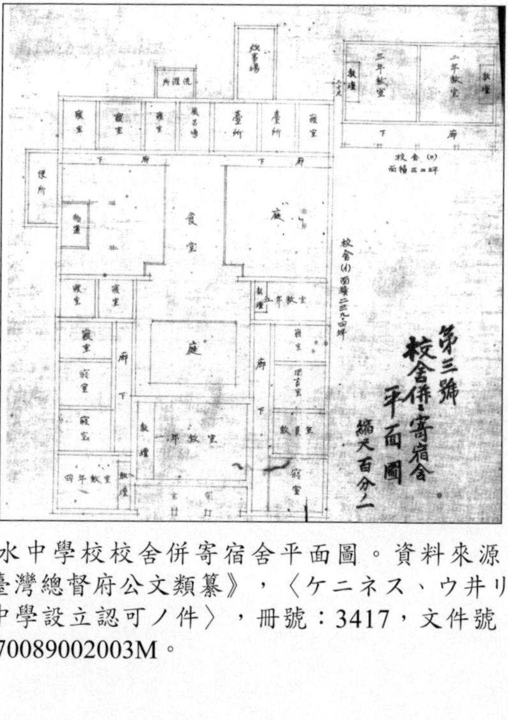

圖5-11：淡水中學校校舍併寄宿舍平面圖。資料來源：大正11年（1922）《臺灣總督府公文類纂》，〈ケニネス、ウ井リアム、ダウ井私立淡水中學設立認可ノ件〉，冊號：3417，文件號：8，檔案編號：000034170089002003M。

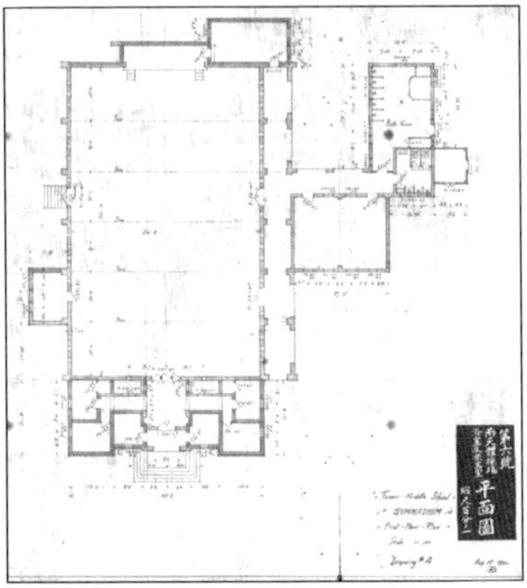

圖5-12：淡水中學校雨天體操場、浴室及樂器室平面圖。資料來源：大正11年（1922）《臺灣總督府公文類纂》，〈ケニネス、ウ井リアム、ダウ井私立淡水中學設立認可ノ件〉，冊號：3417，文件號：8，檔案編號：000034170089002005M。

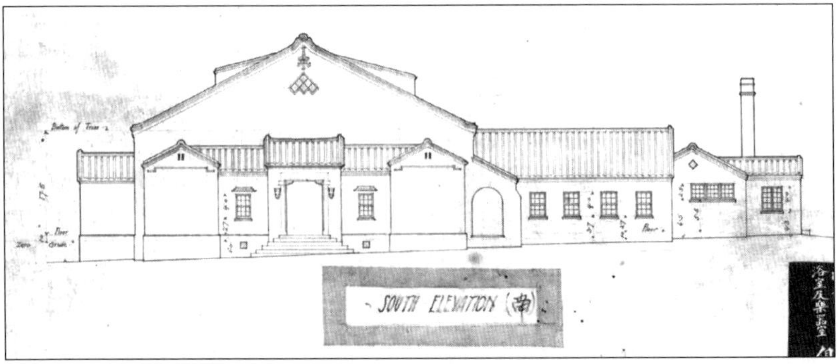

圖5-13：淡水中學校雨天體操場、浴室及樂器室西側立面圖。資料來源：大正11年（1922）《臺灣總督府公文類纂》，〈ケニネス、ウ井リアム、ダウ井私立淡水中學設立認可ノ件〉，冊號：3417，文件號：8，檔案編號：000034170089002006M。

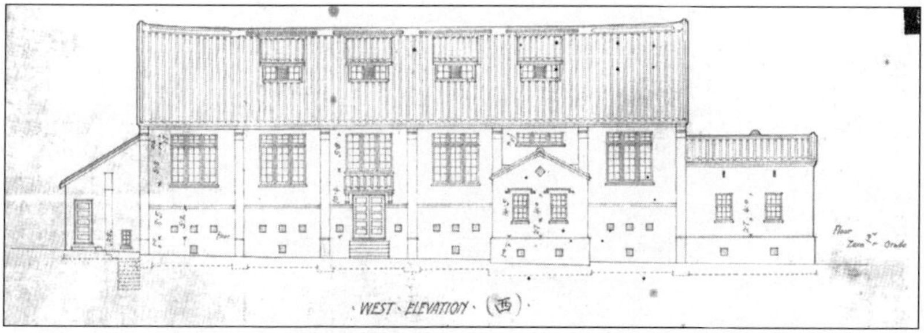

圖5-14：淡水中學校雨天體操場、浴室及樂器室南側立面圖。資料來源：大正11年（1922）《臺灣總督府公文類纂》，〈ケニネス、ウ井リアム、ダウ井私立淡水中學設立認可ノ件〉，冊號：3417，文件號：8，檔案編號：000034170089002006M。

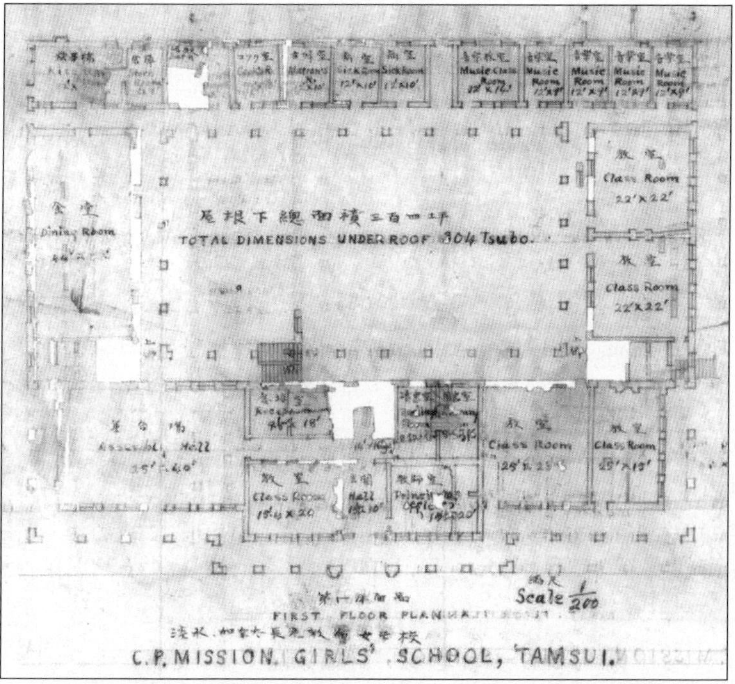

圖5-15：淡水高等女學校教室一樓平面圖。資料來源：大正5年（1916）《臺灣總督府公文類纂》，〈私立學校規則變更認可ノ件〉，冊號：2515，文件號：16，檔案編號：000025150169002001M。

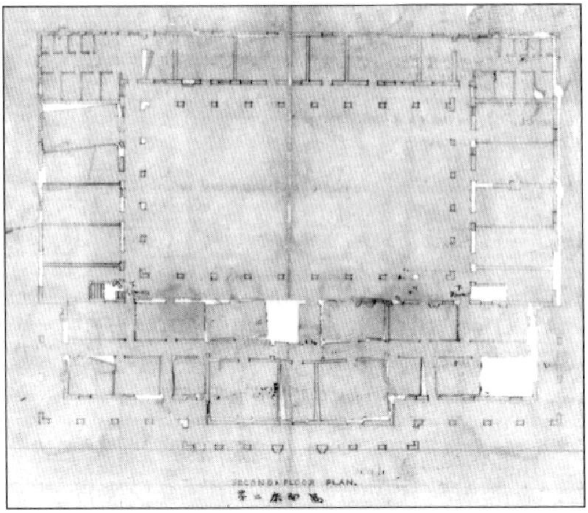

圖5-16：淡水高等女學校教室二樓平面圖。資料來源：大正5年（1916）《臺灣總督府公文類纂》，〈私立學校規則變更認可ノ件〉，冊號：2515，文件號：16，檔案編號：000025150169002001M。

第三節　鼻仔頭地區洋行經營的變遷

日治時期淡水因港口機能被基隆取代，淡水商業中心移至大稻埕及外國洋行把日本會社取代，所以淡水洋行逐漸稀少。淡水洋行分布之因素主要有下列幾項：1.洋行僅能永租土地與建物造成侷限於滬尾街兩側。2.洋行讓售土地與申請海埔地而使土地擴大、縮減面積。3.日治時期因淡水河碼頭填築工程及市街整頓工事而促使洋行縮小或消失。光緒20年（1894）鼻仔頭西段土地由紀化三永租給范嘉士，日治時期在此經營的相關洋行包括淡水殼牌運輸貿易會社、拉派克・嘉士會社、三毛路會社及迺生產石油株式會社[75]。

---

[75] 淡水鼻仔頭洋行變遷複雜的內容詳見張志源，2011，〈殼牌在淡水(1894~1910)—淡水殼牌運輸貿易會社、拉派克・嘉士會社、三毛路會社石油倉庫土地產權、棧橋興建、業務經營之探討〉；張志源、邱上嘉，2004，〈臺灣淡水鼻仔頭殼牌倉庫歷史與空間變遷研究〉。

本節就淡水鼻仔頭洋行經營變遷進行分析。

一、紀化三將土地永租給范嘉士

光緒20年（1894）11月范嘉士向漢人紀化三永租淡水鼻仔頭西段的土地：

> 立盡斷根永遠出租田園山埔地段字契人紀化三，今有承先父遺下自置田園山埔地一段，合共二段，坵數不計，址在淡水滬尾，土名草寮莊外鼻仔頭，東至王宅厝邊暨溝透連稻埕併抽樹過埤仔頂路為界，西至港仔溝海為界，南至海坪大港水為界，北至定光佛田水溝邊並上透莿仔埒路為界；四至界址明白。今願將此界內之水田，園埔以及山地、埤仔、稻埕、牛路、大小石頭地段，凡界內之物，並茅屋一座，一概在內，並配食圳水上流下接，灌溉充足，每年配納舊緣天后宮香燈粟八石，又配納圭北屯社番口糧粟一石，又配納水租粟三斗。今因乏銀應用，願將此業永遠出租，先召房親人等不欲承租，外托中人陳為、王謝、紀扁、王華引就向英商范嘉士出首承租，三面言明永遠租受，該受該租價銀二千四百大元。此業一次盡行交足永遠租銀二千四百大元，其銀即日當中見交與紀化三親手收訖，並無短缺分毫以及債折抑勒等事；其水田、山埔、園地，即日同中踏明四至界址，交銀主前去掌管，永為己業，不敢異言。自此一租千休，不留寸土，異日不得藉端爭論，並永遠不敢言贖言找。保此業確係紀化三自置，與房親及外人無干，亦無重張典掛數目交加等情：倘有來歷不明，係紀化三出首抵擋理明，不干銀主之事。口恐無憑，今欲有憑，特立此斷根永遠出租字契一祇，並墾單一祇，清丈單一紙，上手契一紙，共計四紙，交與銀主收執存據。

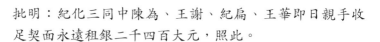

批明：紀化三同中陳為、王謝、紀扁、王華即日親手收足契面永遠租銀二千四百大元，照此。

一、批明：此山埔地段內有風水墳墓，一概要遷往別處，不得留存。此地內所有遷移費用，並補貼銀錢等情，乃紀化三支理，不干銀主之事，照此。

中人　陳為

王謝

紀扁

王華

秉筆人　陸滇生

知見人母　薛氏

批明：上手墾字乃許朝使經手給來所墾開耕之地，總明竿蓁林，內有別段田地，乃屬許朝使，不在此段之數內。倘許朝使或其後人遇有要事，需看此墾字作證據者，如有殷實人經手，范嘉士務須交出此墾字與許姓人，或其人與許姓人承買此墾字內之田地者查看，不得異言推諉，此照。

光緒二十年十一月　日[76]

由上文可知，永租之物包括土地界內的水田、園埔、山地、埤仔、稻埕、牛路、大小石頭地段、茅屋，並配食圳水上流下接，同時每年配納天后宮香燈粟8石，又配納圭北屯社番口糧粟1石及水租粟3斗。至於永租的方式，乃先召房親人等不欲承租後，再外托中人陳為、王謝、紀扁、王華等人，找英商范嘉士出首承租，三方面言明永遠租受，租價銀2,400大元。

[76] 臺灣省文獻會，1994，《臺灣私法物權編（第8冊）》，頁1373。

另可知當時英人范嘉士所購買的土地較今日殼牌倉庫的土地範圍大，由定光古佛寺（今鄞山寺）田水溝往淡水河延伸。

契約書寫的「范嘉士」之名，此人為英國人，姓名為"Francis Cass"。其人最先為負責光緒5年（1879）怡記洋行（Elles&Co.）業務[77]，後為拉派克・嘉士會社合夥人[78]，後又於廈門負責唻記洋行（Russell&Co.）業務，亦曾為瑞典與挪威駐臺副領事[79]，於明治33年（1900）11月14日於廈門過世，並留下大筆債務。另由當時報紙報導可知，他為嘉士洋行的管理者，該洋行亦為得忌利士洋行在廈門與大稻埕兩地的代理店，當時倒盤時，有茶商公會對嘉士洋行提出訴訟並將遺產拍賣[80]，明治38年（1905）8月范嘉士（Francis Cass）遺孀將其擁有的永代借地捐贈至吳威廉牧師（Rew.Williams Gauld）名下[81]。

---

[77] Harold M. Otness, 1999, One Thousand Westerners in Taiwan to 1945: A Biographical and Bibliographical Directory, p28.

[78] Hong Daily Press,1899,Chronicle & Directory for China, Japan, the Philippines, p.88.

[79] Harold M. Otness,1999,One Thousand Westerners in Taiwan to 1945:A Biographical and Bibliographical Directory, p.28.

[80] 相關內容詳見明治33年(1900)11月17日,《臺灣日日新報》,〈嘉士倒盤〉;明治33年(1900)11月18日,《臺灣日日新報》,〈嘉士洋行主逝去ご負債〉;明治33年(1900)11月20日,《臺灣日日新報》,〈嘉士洋行と大稻埕茶行〉;明治33年(1900)11月20日,《臺灣日日新報》,〈嘉士洋行の內情〉;明治33年(1900)12月16日,《臺灣日日新報》,〈茶商公會對嘉士洋行の訴訟〉;明治33年(1900)12月19日,《臺灣日日新報》,〈訴訟提起〉;明治33年(1900)12月28日,《臺灣日日新報》,〈嘉士洋行記事に就さ〉;明治34年(1901)1月8日,《臺灣日日新報》,〈嘉士洋行と日本〉;明治34年(1901)4月19日,《臺灣日日新報》,〈嘉士洋行遺產競賣〉;明治34年(1901)4月21日,《臺灣日日新報》,〈遺產拍賣〉;明治34年(1901)5月12日,《臺灣日日新報》,〈債將攤結〉。

[81] 臺灣總督府編,1985,《臺灣總督府民政事務成績提要　第十一編》,頁145;黃信穎,2002,《日治時期臺灣「外國人雜居地」之空間研究》,頁3-13-3-14。

二、淡水殼牌運輸貿易會社的經營

（一）淡水殼牌運輸貿易會社概述

淡水殼牌運輸貿易會社（Shell Transport and Trading Company Ltd.）經營的洋商包括諄菲德（A. Dransfield）（1902年）、有川（Y. Arikawa）（1903年）、生駒（Y. Ikoma）（1904年）、有川（Y.Arikawa）（1905年）、托必森（O.Tobiesen）（1906年）[82]。

另於明治42年（1909）的紀錄中，可知三毛路會社為淡水殼牌運輸貿易會社代理商，洋商為托必森（O. Tobiesen），代理業務包括亞洲石油公司（Asiatic Petroleum Co., Ld.）、迺生產石油株式會社（Rising Sun Petroleum Co. Ltd.）、盎格魯-撒克遜石油公司（Anglo-Saxon Petroleum Co.）[83]。至明治43年（1910）淡水殼牌運輸貿易會社改名為迺生產石油株式會社[84]。故當時淡水殼牌運輸貿易會社主要代理國外其他石油公司業務，並已作為迺生產石油株式會社的代理商。

（二）殼牌運輸貿易會社與拉派克・嘉士會社間的經營契約

殼牌運輸貿易會社的出現是源自馬可士・薩姆爾的經營[85]。馬可士・薩姆爾是猶太商人，從事經營東方貿易，1860年代他與加爾各答、新加坡、曼谷、馬尼拉、香港的英國貿易行建立了可靠的商業網路。之後，馬可士・薩姆爾之子小馬可士及弟弟在倫敦成立馬可士・薩姆爾公司（Marcus Samuel

---

[82] 黃信穎，2002，《日治時期臺灣「外國人雜居地」之空間研究》，附錄。

[83] Hong Kong Daily Press,1909,Chronicle & Directory for China, Japan, the Philippines, p.627.

[84] 黃信穎，2002，《日治時期臺灣「外國人雜居地」之空間研究》，附錄。

[85] 丹尼爾・尤金，1991，《石油世紀》，頁42。

& Co.），而小馬可士弟弟的撒姆爾・薩姆爾公司（Samuel Samuel & Co.）則在日本成立三毛路會社。該會社規模遍及日本橫濱、東京、神戶、大阪、下關及門司（今福岡縣北九州市）、臺灣臺北、基隆、淡水[86]及打狗。

為了確保油輪企業機構在遠東地區貿易順利運作及保持貿易行的忠貞，他讓貿易行的人成為新公司股東，而此新公司由他所有石油業公司、油輪及隸屬各地貿易行的倉庫合併而成，將石油生產、油輪、貿易、倉儲整合，命名公司為「殼牌運輸貿易會社」[87]。明治33年（1900）殼牌公司在日本成立「迺生產石油株式會社」（Rising Sun Petoleum Co. Ltd.）[88]。

明治30年（1897）11月19日殼牌運輸貿易會社與拉派克・嘉士會社（Lapraik,Cass & Co.）簽訂契約[89]。該契約視為英國契約，其解釋、行使及效力適用英國法。訂約的一方是以西元1862年至1890年間，依英國的公司法所設立的殼牌運輸貿易會社，另一方是在拉派克・嘉士會社之下，於中國廈門及臺灣淡水經商的淡水嘉士運輸會社，定約目的是為了取得倫敦馬可

[86] 臺北市文獻委員會訪問者老林忠義先生時，有提到當時「總督府海關本部設在淡水，全島輸出入貨物占全體四分之三經過淡水港，許多大帆船自福州、廈門來淀泊於港內，大阪商船株式會社有大仁丸、大義丸往廈門、汕頭、香港之定期航路之外，有□門丸往廈門、福州之不定期船，時有三達會社所屬石油、汽船淀泊碑仔頭石油倉庫附近。」，詳見臺北市文獻委員會發行，1980，《臺北市耆老會談專集》，頁162。此處所稱的「三達會社」即「三毛路會社」，「碑仔頭」即「鼻仔頭」。

[87] 翁靖傑、堀込憲二， 2010，〈日治時期臺灣近代建築建築材料紅磚使用之研究—以T.R與S商標作為紅磚調查初探〉，頁5。原始資料出自〈サミユルサミユル株式會社「畠山一郎文書」〉，藏於日本神戶市文書館。

[88] 謝德錫，2007，〈臭油棧傳奇—淡水殼牌倉庫的鎏金歲月〉。

[89] The Shell Oil Company, 1897, The Shell Transport and Trading Company, Ltd.

士・薩姆爾公司及其相關商號的各項貿易經商權，包括石油運輸、倉儲、銷售等各項業務。該契約言明了以拉派克・嘉士會社作為在廈門和淡水唯一的殼牌運輸貿易會社石油貿易代理公司後，此代理權於1898年1月1日生效，期限10年。拉派克・嘉士會社的報酬是以其執行殼牌運輸貿易會社之代理行為，於廈門及淡水銷售石油所得實際總收入的百分之一計算，契約存續期間，對於有關殼牌運輸貿易會社在廈門及淡水的船舶，拉派克・嘉士會社應負擔並提供相同的責任及服務，如同當時存在於該會社與馬可士・薩姆爾公司之間的協議一般。茲就該契約重要內容翻譯如下：

1.殼牌運輸貿易會社應雇用拉派克・嘉士會社就殼牌運輸貿易會社於廈門及淡水的石油貿易業務為殼牌運輸貿易會社唯一的代理商，且依本契約內容，契約生效期間除非經由拉派克・嘉士會社代理，殼牌運輸貿易會社不得受託運送石油到廈門及淡水，亦不得在廈門及淡水出售石油，或是進行任何與石油相關的的業務行為。

2.除下文提及之因素外，上述的代理權於1898年1月1日生效，期限10年。

3.拉派克・嘉士會社為殼牌運輸貿易會社之代理商，應承擔並完成在廈門及淡水的責任與任務，包括為殼牌運輸貿易會社經營石油貿易所需的當然事務，並接受殼牌運輸貿易會社不定期的指示，舉凡殼牌運輸貿易會社、其董事會或其他由殼牌運輸貿易會社暫時雇用的商業經理人的命令及指示，不論是一般性的或細節性的，拉派克・嘉士會社皆應切實遵從並完成所有的命令及指示。若非拉派克・嘉士會社的前行為，則其任何行為效力都預先受到後來規範的影響，其權利將受到限制。同樣地，若無拉派克・嘉士會社的同意，不得要求以其個人信譽為殼牌運輸貿易會社的行為做擔保，並且，對於在廈門和淡水提供辦公室及業務費用，也不得要求超出一般價格的服務，以免招致個別損失。

4.拉派克・嘉士會社應自行負擔並對殼牌運輸貿易會社在廈門及淡水的石油業務提供辦公室設備，不論是不定時或是經常性的使用皆為無償，因為上述業務是在拉派克・嘉士會社的合夥人或其業務負責人的有效監督之下進行的，但是由拉派克・嘉士會社在廈門及淡水經營（前項業務）的所有費用和僱用業務員及雇員的薪資，係以經營殼牌運輸貿易會社之上述業務為目的，皆應計入殼牌運輸貿易會社的帳目中，由殼牌運輸貿易會社負擔。

5.代理人拉派克・嘉士會社的報酬是以其執行殼牌運輸貿易會社之代理行為，於廈門及淡水銷售石油所得實際總收入的百分之一計算，依此拉派克・嘉士會社於實際總收入繳回殼牌運輸貿易會社時應自行保留總收入的百分之一（不得更多）作為報酬金。

6.契約存續期間，對於有關殼牌運輸貿易會社在廈門及淡水的船舶，拉派克・嘉士會社應負擔並提供相同的責任及服務，如同目前存在於該公司與馬可士•薩姆爾公司之間的協議一般。至今他們對馬可士•薩姆爾公司於廈門及淡水船舶已負擔並提供了相關的責任及服務，如今這些任務應由殼牌運輸貿易會社授權，其任務內容與至今由馬可士•薩姆爾公司授權的相同。

7.殼牌運輸貿易會社於拉派克・嘉士會社偶有要求下，應授予拉派克・嘉士會社權力或委託權（若有需要），使其有效運用所有權力，並履行因此被賦予及負擔的所有義務。

8.儘管依本契約規定，殼牌運輸貿易會社有權得以任命人員或公司當地代理商或管理公司在廈門及淡水一部或全部業務的經理人員，並且得為適當處置，但拉派克・嘉士會社並不因而減少報酬。

9.拉派克・嘉士會社得隨時提出以6個月為期的預先通知書與殼牌運輸貿易會社，以表示其終止契約的意思，則本契約於殼牌運輸貿易會社接獲該通知書時起算6個月期滿終止。

10.殼牌運輸貿易會社得隨時以善意及充分的理由終止契約，但必須以提交拉派克・嘉士會社6個月為期的預先通知書為前提。該通知書必須已自殼牌運輸貿易會社之股東大會通過決議獲得授權，該大會之召開應以討論契約終止為目的，且應有持有已發行股份總數四分之三以上股份之代表，由股東本人或持委託代理書人出席，以投票方式通過該決議。並且，殼牌運輸貿易會社提交拉派克・嘉士會社的通知書中，應詳細說明理由，若對其說明理由之善意及充分性有疑點或爭議，則必須通過仲裁確定。除非契約之終止是由於拉派克・嘉士會社已經破產或無力清償債務，或與其債權人達成和解或協議，或其行為背信、詐欺或嚴重違反本契約規定之外，否則，即使依本條規定終止契約，殼牌運輸貿易會社仍應在剩餘的10年期間內依第5條之規定給付報酬與拉派克・嘉士會社，但此報酬之支付係由殼牌運輸貿易會社在廈門及淡水的買賣交易行為，若非透過拉派克・嘉士會社則其額度不計在內。

11.為了達成本契約之目的，條文中的拉派克・嘉士會社應包括現存的公司法人，以及拉派克・嘉士會社為了在廈門和淡水經商而暫時授權、賦予商譽的個人或一群人或其他公司在內。

12.本契約視為英國契約，其解釋、行使及效力適用英國法。

13.殼牌運輸貿易會社原始資本之股份發行或分配給拉派克・嘉士會社或其中的任何合夥人的至少四分之一股份，在1898年1月1日起算6年期間之內，若無殼牌運輸貿易會社董事會的書面同意，不得轉讓其股份給任何人或進行任何移轉行為。儘管本契約終止或其他條文全部無效，本條規定仍於上述6年期間內有效。但以受讓人的權利在上述期間內受相同限制為條件者，董事會得同意其轉讓。

14.拉派克・嘉士會社及其現在及未來的成員，不論是繼續工作或在停止工作之後，只要在委任事項存在或報酬持續由殼牌運輸貿易會社支付的任何時間之內，不應在任何港口或蘇伊士東部及美國西部任何地方，經營有關石油貿易或與石油貿易有間接或直接利害關係的業務，無論是主要代理商、管理人員、助理或其他無論任何與石油有關聯的事務，這樣的行為可能對殼牌運輸貿易會社的石油貿易及運輸業務造成競爭或不利，或造成沒有殼牌運輸貿易會社蓋印批准確認的任何有企圖的擴張；而拉派克・嘉士會社應不斷讓殼牌運輸貿易會社瞭解拉派克・嘉士會社確切的結構及組成。本條文在上述期間內持續有效，儘管本契約終止或其他條文全部無效。

（三）殼牌運輸貿易會社北側土地讓售給日本政府作為興建淡水線鐵道用地

明治33年（1900）此地倉庫為殼牌運輸貿易會社使用，並作為石油倉庫使用。

當時殼牌運輸貿易會社北側土地有讓售給日本政府作為興建淡水線鐵道用地。明治33年（1900）10月31日鐵道部長後藤新平提到「依據本（10）月22日民縣第982號之1，收購英國人Francis Cass及同國人Francis Ashton位於臺北縣芝蘭三堡庄仔內庄鼻仔頭之永久借地所需文件，在上個月會面時以另書於別紙，分別附上三頁文字件及一頁圖面…。」[90]茲將雅士頓（Francis Ashton）及范嘉士（Francis Cass）二份永代借地權讓渡證內容及附圖摘錄如下：

> 永久借地權讓渡證
>
> 此次敝人收取讓渡金三千元，讓渡滬尾鼻仔頭之永代借地權全部及現今於永借地上所有建物(鍋子除外)給日本帝國政府。附上無任何以該地提出相關之申請的永久借地券以茲此讓渡書真實無欺之憑証。
>
> 明治三十三年九月　日
>
> 英國臣民 Francis Ashton
>
> 日本帝國臺灣總督府
>
> 鐵路部長 後藤新平殿
>
> 永久借地權讓渡書
>
> 此次敝人收取讓渡金二千五十二元，讓渡庄仔內庄字鼻仔頭之永代借地內坪數八二一坪二合九勺五才之永久借地權給日本帝國政府。此後不會有任何以該讓渡地而提出的相關申請，且右列所示之分割讓渡案，收到該官廳於敝人所保有的此永久借地證的背書証明，則作為讓渡書真實無欺之憑証。
>
> 明治三十三年十月　日
>
> 英國臣民 Francis Cass代理人 Francis Ashton

[90] 明治33年(1900)《臺灣總督府公文類纂》,〈臺北縣芝蘭三堡庄仔內庄鼻仔頭ニ於ケル英國人フランシス·カス及同國人フランシス·アシユトン兩人ノ買收シタル永代借地全部ヲ相當代價ヲ以テ讓受タル旨通知ノ件〉,冊號:545,文件號:2。

日本帝國臺灣總督府

鐵路部長 後藤新平殿

所在地	坪數	讓受代價	永代借地讓渡人名
臺北縣芝蘭三堡庄仔內庄字鼻仔頭	八百貳拾壹坪貳合九勺五才	貳千伍拾貳	英國人Francis Cass
同上	千八百貳拾九坪壹合	貳千貳百四拾壹七拾錢	同國人Francis Ashton
同上	建家買收代	七百五拾八參拾錢	建家賣主Francis Ashton

故明治33年（1900）雅士頓及范嘉士將土地讓渡給日本政府作為鐵道用地使用，補償的代價分別為821坪2合9勺5才坪（2,512円）及1,829坪1合坪（2,241円70錢），建家買進費計758円30錢[91]。

另該倉庫左側為雅士頓土地，上面標示：「所持有的永久借地面積1,829坪1合，作為全國鐵道用地使用。」，倉庫右側為范嘉士的借地，上面標示：「持有的永久借地面積 821坪2合9勺5才，作為全國鐵道用地。」倉庫標示：「シヱル、トラレスポ-ト ヱンドル-テインリ會社石油倉庫」，應指「殼牌運輸貿易會社」。靠淡水河邊突出部分為「埠頭」（碼頭），故此時碼頭已興建（圖5-17）。

[91] 另明治34年（1901）開通淡水鼻仔頭鐵道路段的報導，詳見明治34年（1901）7月17日，《臺灣日日新報》，〈鐵路將竣〉。

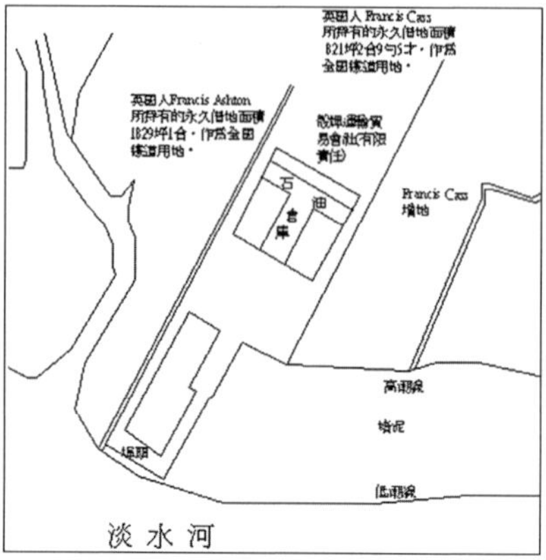

圖5-17：明治33年雅士頓及范嘉士於淡水鼻仔頭永久借地讓渡示意圖面。資料來源：明治33年（1900）《臺灣總督府公文類纂》，〈臺北縣芝蘭三堡庄仔內庄鼻仔頭ニ於ケル英國人フランシス・カス及同國人フランシス・アシユトン兩人ノ買收シタル永代借地全部ヲ相當代價ヲ以テ讓受タル旨通知ノ件〉，冊號：545，文件號：2。圖面由作者重繪。

再由雅士頓及范嘉士土地示意，對照今日土地範圍，可知二者土地分別位在殼牌倉庫兩側，並包含空軍氣象聯隊土地。

雅士頓及范嘉士除在鼻仔頭有土地外，另在淡水烽火段亦擁有土地。由明治31年（1898）8月30日學海書院管理人民政長官後藤新平向雅士頓及范嘉士購買淡水烽火段土地作為淡水稅關的倉庫建築使用或貨物碼頭使用（海面填埋地）租賃給本島人等使用的公文可為證[92]。

此外，雅士頓在光緒13年（1887）時是淡水得忌利士洋行的洋商，另在明治32年（1899）時為拉派克・嘉士會社的洋

[92] 明治39年(1906)《臺灣總督府公文類纂》,〈芝蘭三堡滬尾街ニ於ケル官有地學租財團ヘ無償下付等ノ件〉,冊號:1202,文件號:6。相關討論詳見黃俊銘,2010,《淡水藝術大街第二期工程前期評估案階段成果報告》,頁9-10。

商[93]，至明治34年（1901）拉派克・嘉士會社停業清盤時亦為該會社洋商[94]，雅士頓於此段時期在淡水極為活躍。

四、殼牌運輸貿易會社、三毛路會社土地範圍確認

由於范嘉士明治33年（1900）11月14日於廈門過世，並倒盤留下大筆債務[95]，所以殼牌公司的業務轉由三毛路會社代理，且原范嘉士土地轉為三毛路會社所有。

三毛路會社有一處地號（芝蘭三堡竿蓁林庄庄仔內36地號），位置靠近淡水河處，包含空軍氣象聯隊土地。殼牌運輸貿易會社有二處地號（芝蘭三堡竿蓁林庄庄仔內34及102地號）[96]，位置在倉庫及鐵道支線、油槽位置處，故可證實明治42年（1909）時殼牌運輸貿易會社與三毛路會社在相鄰位置（圖5-18）。

至於清代已存在的怡和洋行位置，在今日淡水氣象聯隊土地上靠近淡水河處，且有貨棧，但無法查詢到目前地號。

茲就明治42年（1909）9月1日芝蘭三堡竿蓁林庄庄仔內永代借地與現有地號關係整理如表5-2。

---

[93] Hong Daily Press,1899,Chronicle & Directory for China, Japan, the Philippines, p.88.

[94] 在公司的文字資料上標示"in liquidation"，詳見Hong Kong Daily Press, 1901,Chronicle & Directory for China, Japan, the Philippines, p.96.

[95] 明治33年（1900）11月17日，《臺灣日日新報》，〈嘉士倒盤〉。

[96] 明治42年（1909）9月1日，《臺北廳報》第809號，告示第88號。

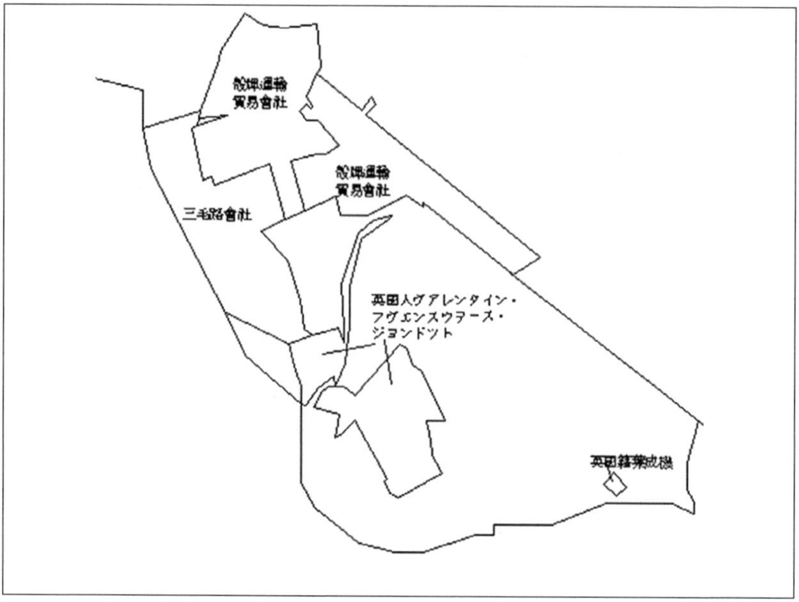

圖5-18：芝蘭三堡竿蓁林庄庄仔內永代借地地號位置復原。資料來源：作者自行繪製。

表5-2：明治42年9月1日芝蘭三堡竿蓁林庄庄仔內永代借地與現有地號關係

位置	原地號	用途	面積(甲)	地主	永代借地權者	租金	條件	目前地號對照	備註
芝蘭三堡竿蓁林庄庄仔內	34	建築用地	0.6421	國庫	英商Shell Transport & Traiding Co.（殼牌運輸貿易會社）	2400銀元	無期限無條件	淡水區海鷗段315,313,312,316,314,415	被分割為竿蓁林庄庄仔內34,34-1,34-2,34-3,34-4,34-5
	102	原野	0.3790	國庫				淡水區海鷗段426,413,449,329,412,414	被分割為竿蓁林庄庄仔內102,102-1,102-2,102-3,102-4,102-5
芝蘭三堡竿蓁林庄庄仔內	40	原野	0.2254	國庫	英國人ヴアレンタイン・フヴエンスウヲース・ジヨンドット	1839銀元	無期限無條件	淡水區海鷗段434,436	被分割為竿蓁林庄庄仔內40,40-1
	51	建築用地	0.7784	國庫				淡水區海鷗段604	
	50	建築用地	0.1542	國庫	英商Jardine, Matheson& Co.（怡和洋行）	225銀元	無期限無條件	無法由資訊系統查到	應為軍事用地，故無法查詢
	66	原野	0.2543	國庫		2000銀元	無期限無條件	無法由資訊系統查到	應為軍事用地，故無法查詢

位置	原地號	用途	面積(甲)	地主	永代借地權者	租金	條件	目前地號對照	備註
芝蘭三堡竿蓁林庄庄仔內	36	原野	0.2221	國庫	Samuel Samuel &Co. Ltd.(三毛路會社)	300銀元	無期限無條件	淡水區海鷗段419,420,418,421,417,416	被分割為竿蓁林庄庄仔內36,36-1,36-2,36-3,36-4,36-5
芝蘭三堡竿蓁林庄庄仔內	67	旱田	0.1685	國庫	英國籍葉成機(別名葉開芳)	310銀元	無期限無條件	無法由資訊系統查到	應為軍事用地，故無法查詢
	68	池沼	0.0121	國庫				無法由資訊系統查到	應為軍事用地，故無法查詢
	69	建築用地	0.0100	國庫				淡水區海鷗段602	
	70	原野	0.1651	國庫				無法由資訊系統查到	疑為軍事用地
	82	原野	0.1241	國庫				無法由資訊系統查到	疑為軍事用地

資料來源：1. 明治42年（1909）9月1日，《臺北廳報》第809號，告示第88號。2.本文就地號相互對照，採用新北市新舊地號查詢系統，網址：http://www.tpcland.tpc.gov.tw/_file/1639/SG/22747/D.html（100年1月30日查詢）。

三、拉派克・嘉士會社的經營

（一）拉派克・嘉士會社概述

拉派克・嘉士會社前身為得忌利士洋行[97]，當時得忌利士洋行位在淡水烽火段，同時此洋行西側為雅士頓擁有的永借地。雅士頓於光緒13年（1887）、明治34年（1901）時亦是淡水得忌利士洋行的洋商[98]。

得忌利士洋行於光緒19年（1893）更名為拉派克・嘉士洋行[99]。拉派克・嘉士會社於明治31年（1898）作為在廈門和淡水殼牌運輸貿易會社唯一石油貿易代理會社，當時雅士頓及范嘉士皆在該洋行工作。明治33年（1900）淡水烽火段的嘉士會社下方碼頭標示有「得忌利士滊船會社停泊場」[100]，至明治

[97] 根據《法軍侵臺檔》的文獻，可知當時即稱為「得忌利士洋行」。如紀錄所載：「梁倅查知該船係向得忌利士洋行買煤六十噸，適洋行存煤僅二、三十噸，以因不敷其數，回復未賣」。詳見臺灣銀行經濟研究室，1984，〈光緒十年（一八八四）（上）/福州將軍穆圖善咨呈法艦在基隆購煤被拒等件〉，《法軍侵臺檔》，頁34-35。全名為「Douglas Steamship Co.」，創立於香港。臺灣總督府公文類纂稱之為「テキリス會社」，採日文片假名譯音；在臺灣日日新報上看到的是「ドグラス滊船會社」，採用音近於「得忌利士」的譯音。詳見明治31年（1898）11月8日，《臺灣日日新報》，〈ドグラス滊船の延著〉；明治31年（1898）12月21日，《臺灣日日新報》，〈奪其利權〉。得忌利士洋行創辦者為英國蘇格蘭人Douglas Lapraik。他於道光23年（1843）在香港慢慢發展，建立起自己的鐘錶製造事業，咸豐9年（1859）的香港紀錄，稱他為" Lapraik, Douglas, watch maker"。於咸豐10年（1860）後期購買了一些小輪船，並開始規劃貨運公司。同治9年（1870）左右，他把鐘錶製造的權益轉賣給雇員George Falconer，創設得忌利士洋行。詳見Solomon Bard,1993, Traders of the Hong Kong：Some Foreign Merchant Houses 1841-1899, pp.71-72.

[98] 黃信穎，2002，《日治時期臺灣「外國人雜居地」之空間研究》，附錄。

[99] 黃信穎，2002，《日治時期臺灣「外國人雜居地」之空間研究》，附錄。

[100] 明治31年（1898）11月8日，《臺灣日日新報》，〈ドグラス滊船の延著〉。

37年（1904）得忌利士會社撤離臺灣市場[101]。淡水得忌利士洋行的洋商包括克里斯提（W. Christy）（1884年）、雅士頓（F. Ashton）（1887年）、懷特（H. P. White）（1893年）、范嘉士（F. Cass）（在廈門）、懷特（H. P. White）（在淡水）（1895年）、雅士頓（F. Ashton）（1901年）[102]。

另一份資料顯示，明治32年（1899）時拉派克・嘉士會社的洋商為范嘉士（Francis Cass）(廈門)、懷特（H. P. White）、 雅士頓（Francis Ashton），代理業務包括匯豐銀行（Hongkong& Shanghai Banking Corporation）、道格拉斯輪船公司（Douglas Steamship Company）、太平洋郵件輪船公司（Pacific Mail Steamship Company）、西方與東方輪船公司（Occidental & Oriental Steamship Co.）、揚子江保險協會（Yangtze Insurance Association）、廣東保險協會（Union Insurance Society of Canton）、中國火險公司（China Fire Insurance Company）、紐西蘭南方英國人保險公司（South British Insce. Co. of N. Zealand）、美國公平人壽保險協會（Equitable Life Assurance Soc. of U.S.A.），其中雅士頓的客戶為紐約保險商董事會（Board of Underwriters of New York）[103]。

明治34年（1901）拉派克・嘉士會社停業清盤，當時業務資料顯示洋商為雅士頓及菲格雷多（L. Figueiredo）[104]。

---

[101] 明治37年(1904)3月5日，《臺灣日日新報》，〈ドグラス會社淡水代理店〉。

[102] 黃信穎，2002，《日治時期臺灣「外國人雜居地」之空間研究》，附錄。

[103] Hong Kong Daily Press,1899,Chronicle & Directory for China, Japan, the Philippines, p.88.

[104] Hong Kong Daily Press, 1901,Chronicle & Directory for China, Japan, the Philippines, p.96.

同年代理業務包括滙豐銀行（Hongkong& Shanghai Banking Corporation）、道格拉斯輪船公司（Douglas Steamship Company）、太平洋郵件輪船公司（Pacific Mail Steamship Company）、西方與東方輪船公司（Occidental & Oriental Steamship Co.）、東方輪船公司（Toyo Kisen Kaisha）、殼牌運輸貿易會社（Shell Transport and Trading Co., Ld.）、揚子江保險協會（Yangtze Insurance Association）、廣東保險協會（Union Insurance Society of Canton）、中國火險公司（China Fire Insurance Company）、紐西蘭南方英國人保險公司（South British Insce. Co. of N. Zealand）、商業協會保證有限公司（Commercial Union Assurance Co., Ld.）。

由上述資料可發現拉派克・嘉士會社作為代理殼牌運輸貿易會社的證據，此外該會社代理業務主要為英國的銀行、輪船及保險業務。

（二）拉派克・嘉士會社棧橋設置

明治29年（1896）9月1日拉派克・嘉士會社透過淡水英國領事館領事向臺灣總督府申請興建棧橋，當時由日人將英文書信翻譯成日文後，上呈至淡水支廳長大島富士太郎及臺北縣知事橋口文藏。至同年11月5日日本政府許可拉派克・嘉士會社棧橋設置：

> 明治二十九年十一月五日 總督裁定
>
> 同月六日臺北縣知事的通報(民法第一一〇六號)
>
> 許可英商拉派克・嘉士會社於淡水架設棧橋之附加條件:
>
> 一 所謂許可讓拉派克・嘉士會社提出申請的棧橋設置及通知，是限定在軍艦碇泊線之外場所的前提條件下為之。(但並不允許於軍艦碇泊線內為之)

甲 棧橋於低潮時，可停泊於水岸邊。

乙 棧橋前端總長二分之一以上，由木柱或鐵柱支撐的部份，不可有妨礙到橋下河水流通的建築形式。

丙 帝國政府及所屬官廳暫時需要借用棧橋時，基於相當的租借金應配合出借。

丁 棧橋及其附屬工程，除了商社所申請的借用地之外，如有涉及他人之所有地時，應得到基地所有人的同意。

戊 日後有要變更築港或港灣形狀的話，有必要撤掉該棧橋時，需於三個月前通知相關官廳撤去之事。

淡水支廳長在抄寫許可拉派克・嘉士會社的通報時，應將頭一項加入，共成為六項條件。

第一 棧橋的位置不可進入到軍艦碇泊線內。(此通知會於11月17日送至英國領事)

同年十二月二日淡水支廳長的稟請並認可左列之追加條件

加入指令第六項開頭的但書：

依此狀況，由於目前受限於無法與石油倉庫往來以及與倉庫之間的交通築港特性事項上的許可，煩請盡速回覆。隨著港灣變更形狀而才得以能夠營業。[105]

（三）拉派克・嘉士會社船舶碇繫處設浮標申請及棧橋延長

明治30年（1897）拉派克・嘉士會社欲於鼻仔頭棧橋前的

[105] 明治31年(1898)《臺灣總督府公文類纂》,〈ラプレスカス會社鼻仔頭ニ浮標設置ニ關スル件〉,冊號:285,文件號:9。

水中設置船舶碇繫時所需要的浮標，在同年7月15日臺北縣知事橋口文藏給臺灣總督府民政局長水野遵的公文可知梗概：

英國領事為了英屬拉派克・嘉士會社欲於淡水鼻仔頭棧橋橋前的水中設置船舶碇繫時所需要的浮標，而上呈希望設置「沉…」的旨願書給臺北縣知事，另與海軍部有關之事項及一次會面時所談之內容亦以別紙謄本形式附上。

由於對方急於詢問打聽相關內容，因此關於許可與否，煩請回覆。[106]

另明治31年（1898）2月17日淡水拉派克・嘉士會社再次寫給駐於淡水之英國領事，希望能請淡水英國領事協助打通日本當局，將棧橋延長約40英呎，使船可於碇泊時保持於正中角位置。當時日人將英文書信翻譯成日文後，呈給臺北縣知事橋口文藏，最後日本政府同意上述所請。茲就內容整理如下；

拜啟陳者 以有限責任彈藥運搬及貿易會社代理人的身份，有左述之事賴以協助。

最近敝司旗下之石油貯藏船「セビニス、レクマース」號在入該港時（第一回入港）發現敝司無法進入鄰近前陣子建設好的棧橋的四十英呎內，依據日本政府所開出讓敝司遵守的條件中，有說明到得延長棧橋於退潮線之外。

棧橋築成之時，當地支廳官吏設下限制規定以平時大潮的退潮為限，然而當在特別退潮時，自棧橋最外極限點到外部退潮二十英呎左右為海灘。

[106] 明治31年(1898)《臺灣總督府公文類纂》,〈ラプレスカス會社鼻仔頭ニ浮標設置ニ關スル件〉,冊號:285,文件號:9。

當平時大潮時，敝司所有的石油貯藏船如前記所述，因水位不足而無法進入棧橋四十英呎以內，以及退潮時，在最近的位置為了駛往堤防下方，由於船骨膠著於水底，不但造成卸貨之不便，而且亦可能危及該船。

關於上述情況，希望透過貴下協助打通當局，使木材工業作業進行能更加便利，請求將棧橋延長約四十英呎。如此自然能於該工業落成後，該船可於碇泊時保持於正中角位置。[107]

（四）雅士頓為了船舶修理所申請淡水河海埔地使用

明治33年（1900）雅士頓為了船舶修理所的建設，申請對淡水鼻仔頭的海埔地進行使用，當時雅士頓陳述申請使用的原因，最後獲得臺灣總督府許可，但有若干附帶命令：

明治三十三年七月二十六日

英國臣民Francis Ashton為了船舶修理所的建設，將位於滬尾鼻仔頭海面上海埔的使用記於別紙並上呈書狀，今年三月他亦曾上呈請示，卻因與鐵道用預定地及中國型式船舶的避難所成立的理由而遭駁回的場所為同一地點，此次審查的結果，圖面與實際有很大的差異，所發現的差異即鐵道用預定地並沒有另外重設，所以船舶避難所是僅限緊急碇泊，但卻無日常碇泊之處所。剛好此地賦予了相當合適的條件，亦無不平之聲，且一般認為

[107] 明治31年（1898）《臺灣總督府公文類纂》，〈ラプレスカス會社鼻仔頭ニ浮標設置ニ關スル件〉，冊號：285，文件號：9。另於大正14年（1925）日本官方公布淡水郡淡水街竿蓁林字庄仔內34番地前淡水河一部分（面積壹分三厘四毫八絲）河川廢止公告，臺灣總督府並同意迺生產石油株式會社河川埋立開墾許可，也有申請荷揚場棧橋併埋立工事設計。詳見大正14年（1925）《臺灣總督府公文類纂》，〈ライジングサン石油株式會社河川埋立開墾願ノ件許可（臺北州）〉，冊號：3890，文件號：1。

如該類船舶修理所，選在船隻出入頻繁的本島北部港灣是非常必要的。…

（若干附帶命令的內容）

第一條　船舶修理所的建設，許可於海面海埔的位置，即別紙的滬尾庄仔內庄鼻仔頭圖面中所記載的區域內。

第二條　需依將來所發布的法律命令施行，且若日本政府認為有必要，則將發出通知，自發出之日起六十天內需恢復第一條區域原貌。

第三條　船舶修理器是依據明治三十三年六月八日申請書附件的設計書及圖面而施工製作的，但如認為有必要的話，將命其作設計變更。

第四條　自接受許可書之日起算三十天內，沒有開始施工的話，其中一方可視此許可無效。

第五條　當有大風雨、洪水等其他緊急狀況時，於修理所附近的船舶有避難之需時，不管何人船隻發生故障，需讓其碇泊。

第六條　有違反本命令者，則取消許可，並且無償恢復原形、返還。[108]

同年10月1日臺北縣知事村上義雄上呈給臺灣總督男爵兒玉源太郎公文的內容大要摘錄如下：「關於英國臣民Francis Ashton使用滬尾鼻仔頭海面海埔的意願，剛剛請示後，在命令條項中有難以滿足的項目時，則可全部取消申請。」[109]由此

[108] 明治33年(1900)《臺灣總督府公文類纂》，〈英國人エフアシユトンヨリ船舶修理所建設ノ為滬尾鼻仔頭ノ海面海埔使用方願ノ件〉，冊號：4629，文件號：28。

[109] 明治33年(1900)《臺灣總督府公文類纂》，〈英國人エフアシユトンヨリ船舶

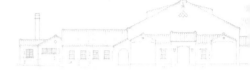

份公文可發現，當時雅士頓的土地及埠頭右側為淡水河面的堵泥，與今日成為的地貌並不相同。另倉庫左側雅士頓為了船舶修理所而申請興建[110]，先前一次的申請，因該土地部分要作為鐵道用預定地及中國型式船舶的避難所不安全而被駁回。但日本政府同意成為修理所有附帶若干條件，最後同意設置。

四、淡水三毛路會社經營

淡水三毛路會社的洋商包括有川（Y. Arikawa）（1904年）、托必森（O. Tobiesen）（1906年）、葛斯高（W. H. Gaskell）（1908年）、美格登柏（J. F. Maagdenberg）（1911年）、托必森（O. Tobiesen）（1912年）[111]。

另一份資料顯示，明治32年（1899）及明治34年（1901）時，三毛路會社在淡水洋商為柯特尼（H. Kotni）、烏起達（T. Uchida）[112]。

另明治42年（1909）的營業紀錄，三毛路會社作為殼牌運輸貿易會社的代理商[113]，在淡水鼻仔頭的據點則成為

修理所建設ノ為滬尾鼻仔頭ノ海面海埔使用方願ノ件〉，冊號：4629，文件號：28。

[110] 明治33年（1900）Francis Ashton申請在鼻仔頭海面海埔地的使用的圖面，詳見明治33年（1900）《臺灣總督府公文類纂》，〈英國人エフアシユトンヨリ船舶修理所建設ノ為滬尾鼻仔頭ノ海面海埔使用方願ノ件〉，冊號：4629，文件號：28。

[111] 黃信穎，2002，《日治時期臺灣「外國人雜居地」之空間研究》，附錄。

[112] 當時紀錄顯示，三毛路會社在臺北的洋商為Orgomanes，在歐洲的洋商為M. Samuel及S. Samuel，在橫濱的為Mitehell W. F.。詳見 Hong Kong Daily Press,1899,Chronicle & Directory for China, Japan, the Philippines, p.88；Hong Kong Daily Press, 1901,Chronicle & Directory for China, Japan, the Philippines, p.97.

[113] Hong Kong Daily Press,1909,Chronicle & Directory for China, Japan,

運輸與煤倉庫，洋商為歐格瑪亞士（Orgomanes）、托必森（O. Tobiesen）[114]。代理業務包括匯豐銀行（Hongkong& Shanghai Banking Corporation）、托馬斯・庫克與其子公司（Thos. Cook &Sons）[115]、蒸汽船船東聯合公司（Dampschiffs Rederei "Union" A. G.）[116]、道格拉斯輪船公司（Douglas Steamship Company）、漢堡美國線輪船公司（Hamburg-Amerika Linie）[117]、爪哇中國日本線輪船公司（Java-China-Japan Lijn）[118]、史特拉姆郡線公司（Shire Line of Stramers, Ltd）[119]、諾德斯克洛依輪船公司（Norddeutscher Lloyd）[120]、海洋輪船公司（Ocean Steamship Co. Ld.）[121]、中國共同蒸汽航行公司（China Mutual S. N. Co., Ld.）[122]、聯合船運公司（Chargeurs Réunis）、大西伯利亞路線運輸公司（The Great Trans Siberian Route）、盎格魯-撒克遜石油公司不動產公司（Anglo-Saxon Petroleum Co's Strs.）、廣東保險協會（Union Insurance Society of Canton）、聯合保險公司（航海部門）（Alliance Assur. Co., Ld.(Marine depart.)）、商業協會保證有

the Philippines, p.627.

[114] Hong Kong Daily Press,1909,Chronicle & Directory for China, Japan, the Philippines, p.627.

[115] 此公司為英國的鐵路公司。

[116] 此公司為德國的輪船公司。

[117] 此公司為德國的輪船公司。

[118] 此公司為荷蘭的輪船公司。

[119] 此公司為英國的輪船公司。

[120] 此公司為德國的輪船公司。

[121] 此公司為英國的輪船公司。

[122] 此公司為英國的輪船公司，全名為"China Mutual Steam Navigation Company".

限公司（Commercial Union Assurance Co., Ld.）、法律聯合王冠保險公司（Law,Union and Crown Insur. Co.）、利物浦及倫敦全國保險公司（Liverpool & London &Globe Ins. Co., Ld.）、太陽保險辦公室（Sun Insurance Office）、加拿大製造業者人壽公司（Manufacturers' Life Ins. Co. of Canada）、紐約人壽公司（New York Life Insurance Co.）、亞洲石油公司（Asiatic Petroleum Co., Ld.）、盎格魯-撒克遜石油公司（Anglo-Saxon Petroleum Co.）[123]。

故三毛路會社代理業務為銀行、輪船、保險、石油業，代理的國家主要包含英國、德國、荷蘭、法國。三毛路會社作為殼牌運輸貿易會社的代理商，之後轉為逌生產石油株式會社接續。

五、淡水逌生產石油株式會社經營

明治33年（1900）殼牌公司在日本成立「逌生產石油株式會社」[124]。

根據資料顯示，明治40年（1907）「逌生產石油株式會社」註記為"Piatow Tin Factory and Installation."，意指

[123] Hong Kong Daily Press,1909,Chronicle & Directory for China, Japan, the Philippines, p.627.大正元年(1912)以黃東茂為首等人以10萬元合資成立會社，另一方面並接洽三毛路會社尋求合夥援助，新設製磚工廠，黃東茂順利成為在臺灣設立的三毛路會社買辦，大正2年(1913)於臺北擇地開設磚瓦製造廠。詳見翁靖傑、堀込憲二，2010，〈日治時期臺灣近代建築建築材料紅磚使用之研究—以T.R與S商標作為紅磚調查初探〉；大正元年(1912) 12月8日，《臺灣日日新報》，〈煉瓦製造公司〉。前述的「買辦」意為「委託買賣」，或稱為「經手買賣的人」。在洋行交易行為上，買辦扮演重要的角色，通常由買辦先行代墊貨物金額，與洋行結算後再收取佣金。

[124] 翁靖傑、堀込憲二，2010，〈日治時期臺灣近代建築建築材料紅磚使用之研究—以T.R與S商標作為紅磚調查初探〉。

「鼻仔頭錫工廠及設備」。洋商為凌納達（G. Ringnalda），地區經理為庫爾森（W.H. Coulson），設備經理為尼森（G. Nissen）[125]，故不同於今日所認知的石油倉庫。

明治43年（1910）淡水殼牌運輸貿易會社業務改由淡水迺生產石油株式會社經營。大正元年（1912）迺生產石油株式會社經理為托必森（O. Tobiesen）[126]，由三毛路會社轉交給迺生產石油株式會社洋商為布朗利格（F. K. Brownrigg）[127]，大正2年（1913）經理為托必森（O. Tobiesen）[128]。其他資料顯示，此會社的洋商包括美格登柏（J. F. Maagdenberg）（1911年）、布朗利格（F. K. Brownrigg）（1912年）、凌納達（G. Ringnalda）（1928年）、柯年（F. H. Culpin）（1938年、1939年）[129]。

因為經營技術及科技的進步，迺生產石油株式會社興建了油槽及相關的設備、設施，石油油槽容量分別為2,500噸、1,200噸及600噸[130]。另幫浦室有重油幫浦室與石油幫浦室之分，汽船本身也有幫浦設備，故船上的石油是由幫浦抽出透過鐵管將油送到倉庫區[131]，同時該會社運用興建好的鐵路支線運

[125] Hong Kong Daily Press,1907,Chronicle & Directory for China, Japan, the Philippines, p516.

[126] Hong Kong Daily Press,1912,Chronicle & Directory for China, Japan, the Philippines, p713.

[127] Hong Kong Daily Press,1912,Chronicle & Directory for China, Japan, the Philippines, p.713.

[128] Hong Kong Daily Press,1913,Chronicle & Directory for China, Japan, the Philippines, p715.

[129] 黃信穎，2002，《日治時期臺灣「外國人雜居地」之空間研究》，附錄。

[130] 淡水郡役所，1930，《淡水郡管內要覽》。

[131] 淡水郡役所，1934，《淡水郡役所》。

送石油至臺灣各地，當時油罐車有20噸的3輛、10噸的6輛[132]。至昭和9年（1934）臨淡水河的倉庫建築已興建。

太平洋戰爭爆發後，因英、日雙方屬交戰狀態，昭和19年（1944）4月1日迺生產石油株式會社竿蓁林庄庄子內小段34地號土地及102地號土地，於同年4月1日被日本政府列入敵產管理的財產，由筒井友太郎為敵產管理人。因為儲藏石油設施，被美軍視為軍事據點，同年10月12日上午7時美軍將大小兩油庫炸毀，熊熊的火焰燃燒一晝夜，沒有了油庫，在戰後殼牌倉庫只剩下倉儲的功能。

淡水殼牌倉庫為臺灣及中國沿海通商口岸的貨棧倉庫特色，年代較早，保存良好，具有稀少性的價值[133]。因倉庫及碼頭配合油品之特性，在敷地上建造圓形油槽，架設輸油管，淡水線鐵路支線深入基地，以利經由鐵路網將油品運送。倉庫保有日治時期西洋倉庫建築構造，並出現輔助性鋼筋拉力桿。桁架大樑中央立一根磚柱，磚柱上端以疊澀砌法出挑，放大柱頭，在最上面安置一塊方形花崗岩承桁架大樑。今日基地遺留日治時期特殊地景遺跡，包括油管管線、油槽設施、鐵道月台及木棧橋等遺跡。（相關配置詳見圖5-19至圖5-22）

[132] 淡水郡役所，1930，《淡水郡管內要覽》。

[133] 淡水殼牌倉庫建築特質在臺灣罕見，但在中國各地開港港埠仍可見到類似的倉庫形式，如廈門和記洋行（Syme,Muir&Co.）的倉庫。

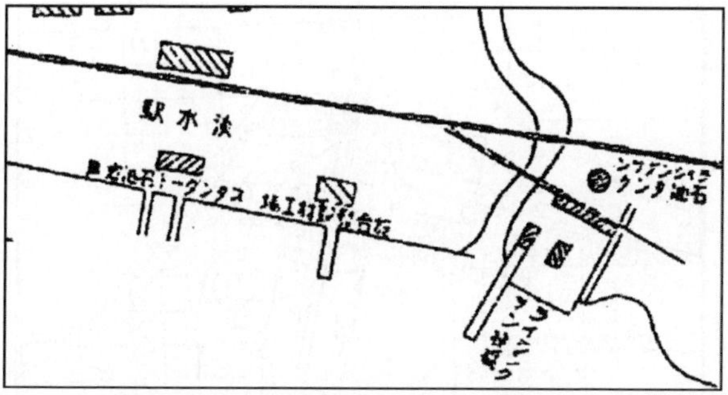

圖5-19：日治時期淡水街附近案內圖（殼牌倉庫附近）。可見有大油槽、三棟倉庫及兩條伸出淡水河水岸的棧橋設施。資料來源：〈淡水街附近案內地圖〉，收於《淡水郡管內要覽》。

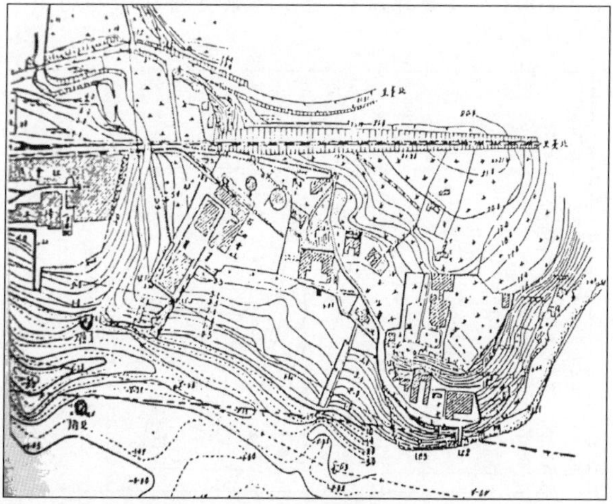

圖5-20：昭和9年淡水港圖（鼻仔頭地區局部）。可見在殼牌倉庫基地上有許多建築物。資料來源：李乾朗，2003，《臺北縣縣定古蹟原英商嘉士洋行倉庫調查研究及修復計畫》，頁119。

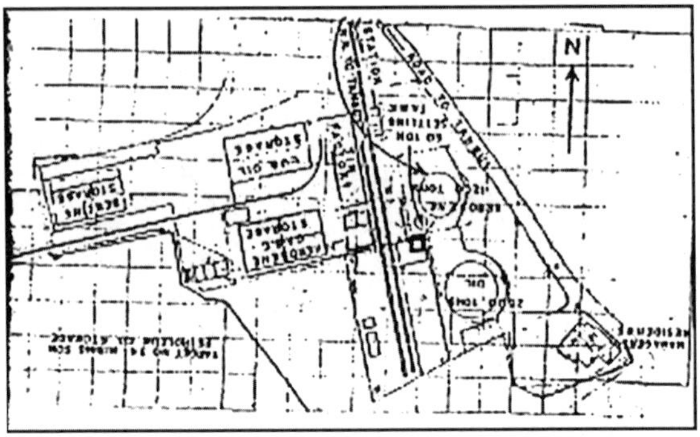

圖5-21：昭和19年美軍轟炸用地圖（淡水殼牌倉庫）。可見美軍為對殼牌倉庫建築物轟炸所偵測繪製的許多編號、標示及管線設施。資料來源：李乾朗，2003，《臺北縣縣定古蹟原英商嘉士洋行倉庫調查研究及修復計劃》，頁120。

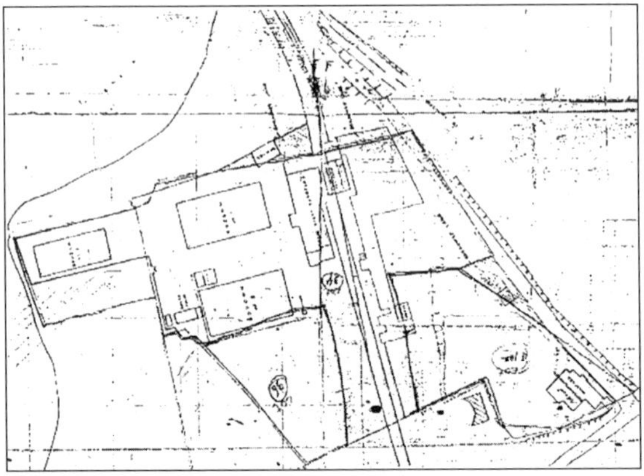

圖5-22：民國41年淡水殼牌公司地圖。當時油槽已被炸毀，主要功能作為倉庫使用。資料來源：李乾朗，2003，《臺北縣縣定古蹟原英商嘉士洋行倉庫調查研究及修復計劃》，頁121。

第四節 淡水水上飛行場的興建與經營

日治時期由於淡水港對外貿易地位被基隆港取代，淡水港逐漸呈現衰敗，日治後期因應當時內臺航空及國際航空需求，故日本政府計畫興建淡水飛行場，使淡水呈現國際商港及國際機場的地位[134]。

一、淡水水上飛行場設置的決定

昭和12年（1937）臺灣總督府遞信部航空局挑選淡水鼻頭村作為機場的預定地，基本上有國際航空競爭、軍事、航空政策及淡水港衰敗等原因。

在決定興建水上機場的前幾年間，民間已有對淡水興建水上機場的討論。昭和6年（1931）根津熊次郎便提到淡水飛行場設置，可因應日本與世界各國競爭國際航空路的開發。淡水之所以最適合作為國際飛行場，主要因離臺北近、聯絡迅速、交通便利、修護容易，然而主要的重點是地形上降雨多，該區域可減少側風飛行造成水上飛機翻覆的可能性，而且淡水河水上滑走距離足夠，所以極為合適[135]。

大谷光瑞於昭和10年（1935）認為由淡水興建飛行場，有未來軍事上的考量，可「開闢淡水至帛琉島間的直飛航線。」[136] 當時太平洋帛琉島位於日本西邊軍事之要衝，而臺灣為日本面臨中國大陸及東南亞之邊境，所以飛行場可作為日本南進基地的前哨。

---

[134] 詳細分析內容詳見張志源、邱上嘉，2007，〈西元1937－1945年臺灣淡水水上機場空間變遷之研究〉。

[135] 昭和6年（1931）4月號，《臺灣時報》，〈臺灣の航空事業〉。

[136] 大谷光瑞，1985，《臺灣島之現在》。

前述的地形特性與水上滑走距離足夠，其意指機場跑道面向淡水河口，可利用淡水河中央的浮洲（「浮線」）南側河道4、5公里長的水面為天然跑道，滑水區域為關渡至淡水燈台的5,000米內河面一帶。當時「浮線」滿潮時會高出水面約1公尺，呈現橢圓型，長軸約1,000公尺與河道平行，寬約300公尺，延伸至關渡的土地公鼻約5公里長。

此外考量淡水作為水上機場興建的地點，有受到過去相關淡水航空飛行事件及政策之影響。因此之前有外國航空家開著水上飛機從淡水河登陸，也有試驗飛行在淡水著陸，促使淡水飛行場的興建成為可能，例如：

1.義大利兩位飛行員皮奈得（ピネ-ド，Pinedo）中尉及坎巴尼索（カンバネソ，Kanbaneso）開著山波拉（サボイア，Zaboia）S十六型複葉飛行艇（400馬力）於昭和5年（1930）9月19日上午11時55分在臺北州下淡水街後方的淡水河著陸，受到盛大的歡迎及款待[137]。

2.飛行家奇切斯特（チチェスタ，Chichiesuta）開著ジブンイ・モス（Jibunmosu）複葉水上機（100馬力）於昭和6年（1931）行經臺灣淡水著陸。當時因為機器故障，8月5日上午10時經過巴士海峽，下午2時20分經過臺東新港上空，3時45分經過羅東郡三星庄上空，4時出文山郡蕃地南勢溪到新店溪上空，4時15分經過臺北西方，4時20分在淡水上空繞了三圈，從淡水河之上游流往下游的方向著水登陸，之後有英國領事、淡水郡守、臺北州警務課長、遞信部庶務部課長等相關人員去迎接[138]。

---

[137] 昭和6年(1931)10月號,《臺灣時報》,〈淡水に著いた伊國飛行機〉。

[138] 昭和6年(1931)8月5日,《臺灣日誌》,〈チチエスター機、午後三時二十五分淡水著〉。

3.昭和6年（1931）8月為測試水上飛機及陸上飛機商業郵便輸送性能的飛行，由日本航空株式會社執行，以實驗內台（日本與臺灣）間一日聯絡空路開拓、晝夜間能否飛行試驗及進行空路附近氣象狀態調查，其中有飛抵淡水[139]。

4.昭和6年（1931）10月5日內台連絡水上機停於淡水，當時福岡到淡水線主要使用川崎ドルニエール（Doruniru）飛行艇，其航線為福岡（名島）、久留米、薩摩國天狗鼻、沖永良部島、城ヶ鼻、沖繩島中城灣（著水給油）、石垣島、平久保崎、三貂角、鼻頭角、富貴角，最後到達淡水，總計1,599公里[140]。飛機由三貂角、鼻頭角、富貴角到淡水，所以是沿著臺灣北海岸線飛到關渡至淡水燈臺的淡水河區域5,000米內河面一帶，在河面上停留後，旅客下機由船載到機場。

昭和12年（1937）臺灣總督府遞信部航空局挑選淡水鼻仔頭村為機場預定地，開放給民營的大日本航空公司使用，成為臺灣島內7個民間飛行場（分別為臺北、淡水、臺中、宜蘭、臺東及臺南兩個飛行場）之一[141]。以因應國際航空競爭、軍事上及航空政策上的目的，並為淡水港的衰敗提出新的想法。

之後，淡水飛行場的興建是因應「海洋循環航線」而考慮設置[142]，因為昭和15年（1940）4月「內地南洋間定期航線」成功開設後，遞信省已計畫將航線由西北延伸至臺灣，不過當時臺灣並沒有正式的水上機場，為配合「南進航空基地」的建立及為因應將來南方相關海洋航線設立時所使用的飛機種類，

---

[139] 昭和6年(1931)8月號,《臺灣時報》,〈內台航空連絡〉。

[140] 昭和6年(1931)10月號,《臺灣時報》,〈內台連絡商業飛行〉。

[141] 大藏省管理局,無出版年份,《日本人の海外活動に關する歷史的調查通卷第十七冊臺灣篇第六分冊の四附錄臺灣統治概要》,頁223-225。

[142] 曾令毅,2008,《日治時期臺灣航空發展之研究(1906-1945)》,頁110-120。

因此將昭和6年（1931）原本由「臨時航空調查掛」囑託根津熊次郎所規劃的淡水飛行場興建方案重新提出[143]。

淡水飛行場未開闢前，鼻頭崙西半部有淡水迺生產石油株式會社倉庫，在右邊有一棟建築為當時買辦黃東茂所有，在鼻仔頭東側，有幾棟稀疏民宅。為了建機場，日本人先收購約20戶鼻頭村居民的土地與建物，等全村居民遷離後，立刻拆除民房並整地。昭和15年（1940）8月6日將淡水街竿蓁林一帶的機場用地收購完成後，開始展開實際的測量調查[144]。昭和16年（1941）日本政府編列淡水飛行場設置費預算計337千元[145]，由交通局基隆築港出張所長吉村善臣負責設計規劃[146]。

昭和16年（1941）初便已完成第一期工程，並供同年4月新開設的「淡水曼谷線」使用，為配合機場的興建，昭和17年（1942）底臺灣總督府與軍方陸續設置相關航空設施。

綜上所述，淡水飛行場雖於昭和6年（1931）已有初步規劃，但卻要等到昭和12年（1937）後臺灣「南進航空」地位逐漸確立，昭和14年（1939）「內地南洋間定期航線」的成功開設及昭和15年（1940）「海洋循環航線」開設計畫後，相關預算方得以編列承認。故「內南洋」區域之「海洋循環航線」計畫是當時淡水飛行場興建的主要原因及重要推力。

此飛行場成為臺灣第二座國際機場（第一座為臺北飛行

---

[143] 曾令毅，2008，《日治時期臺灣航空發展之研究（1906-1945）》，頁110-120。

[144] 昭和15年（1940）8月14日，《臺灣日日新報》，〈淡水飛行場の敷地實地測量に著手する〉；昭和15年（1940）9月5日，《臺灣日日新報》，〈內台定期航空路を水陸の二本建に 淡水に水上空港を開設〉。

[145] 曾令毅，2008，《日治時期臺灣航空發展之研究（1906-1945）》，頁116。

[146] 昭和16年（1941）1月18日，《臺灣日日新報》，〈淡水水上飛行場 愈よ近く工事に著手〉。

場）及唯一的民間航空水上基地（屏東東港飛行場為軍用水上機場），呈現了當時國際港口與國際機場同時出現於淡水河口之現象[147]。

二、民航時期淡水飛行場的營運

淡水飛行場上級機關為臺灣總督府遞信部航空局，機場由「大日本航空株式會社」經營[148]。當時運送飛機為單葉雙引擎的水上飛機川崎ドルニエール（Doruniru）飛行艇，從橫濱起飛後，在淡水加油停靠再飛往曼谷，載客約20人，每月來回二次，平均二星期一個航次[149]。

昭和15年（1940）至昭和16年（1941）臺灣對外定期國際航路包括五條航線，可看出幾個特徵：

1.國際航線的起終點經過臺灣，主要包括飛行東京、越南西貢、泰國曼谷及中國廣州等地。

2.日治末期國際航線的開設時間非常短。

3.當時臺灣最重要的國際機場為臺北松山飛行場[150]，淡水飛行場只有一條航線，由橫濱經淡水至盤古（曼谷），主要功

[147] 目前見於淡水飛行場資料，昭和17年(1942)7月1日的人事總覽記載，淡水飛行場航空官為四等場長正六勳四少路虎三郎。詳見高野義夫，1997，《旧植民地人事總覽：台湾編》，頁529。

[148] 大藏省管理局，《日本人の海外活動に關する歷史的調查通卷第十七冊臺灣篇第六分冊の四附錄臺灣統治概要》，頁226。

[149] 大藏省管理局，《日本人の海外活動に關する歷史的調查通卷第十七冊臺灣篇第六分冊の四附錄臺灣統治概要》，頁222-223。

[150] 此松山機場昭和9年〈1934〉2月2日開工，昭和11年〈1936〉3月31日竣工，敷地面積為142,000坪，經費為56萬4千餘圓，並於昭和11年〈1936〉有敷地3萬坪計畫，後又有2萬坪追加，可比擬當時20萬坪的日本福岡飛行場。詳見井出季和太，《臺灣治績志》，頁1017。

能是作為民用飛機長途飛行過程中加油轉運之使用，其設備比臺北飛行場簡陋。

大日本航空株式會社[151]會選擇泰國曼谷作為從日本經臺灣到東南亞的國際線航路，是因在二次大戰前，亞洲只有三個獨立的國家：中國、日本和泰國。泰國之所以沒有成爲日本殖民地，是由於泰國人非常巧妙地利用各列強國家之間的矛盾，在強國的夾縫中求生存。在中日戰爭爆發後，泰國一直宣稱嚴守中立，雖然泰國表面上中立，但實際上是親日的，例如昭和16年（1941）太平洋戰爭爆發後，泰國和日本簽約了「日泰同盟條約」，昭和17年（1942）1月25日，泰國在日本之後也向美、英宣戰。後來日本由於戰費不足，與泰國政府簽訂了借款的協定，作爲報酬，日本將占領的英國殖民地的緬甸、馬來亞的一部份割讓給泰國，由此可看到日、泰之間的友好關係。

另臺北與盤古（曼谷）間定期航空路開設預算通過後，日本與泰國間親善的聯絡飛行方開始，當時航線經過法屬印度支那（今越南）的安南山脈到盤古（曼谷），由大日本航空株式會社飛行，但後來發生法國拒絕日本飛經越南上空，使此航線受挫，變成需經廣東到海南島，繞著越南的海岸線飛行到盤古（曼谷）[152]。（表5-3）

---

[151] 大日本航空株式會社為戰後之日本航空公司(JAS)。但組織與營運性質與二次大戰前大日本航空株式會社極為不同。大日本航空會社是於昭和3年(1928)依日本國家政策而設立「日本航空輸送株式會社」，昭和13年(1938)更名為「大日本航空株式會社」，日本戰敗後實施航空禁令，直至昭和26年(1951)日本航空禁止令解除，「日本航空株式會社」重新受委託營運，昭和28年(1953)「日本航空株式會社」成為特殊法人化，昭和62年(1987)成為民營株式會社化，平成14年(2002)成為會社化，稱為「(株)日本航空システム(shisutemu)」(JAS)，平成22年(2010)該公司申請破產。詳見日本航空公司網頁：http://www.jal.co.jp/；大日本航空株式會社之發展網頁：http://www.qdta.cn/shizhi/lvyouzhi-236.htm.(2007年查閱)

[152] 昭和16年(1941)1月號，《臺灣時報》，〈日泰の定期航空路〉。

表5-3：昭和15年至16年臺灣對外定期國際航線整理表

路線	起始時間
臺北－盤古（曼谷）線	始於昭和15年（1940）6月由東京－臺北－盤古（曼谷）間週一往復開設，至昭和16年（1941）9月20日全線停止。
臺北－盤古（曼谷）臨時增便線	始於昭和16年（1941）4月週一往復開設，至同年9月20日全線停止。
淡水－盤古（曼谷）線	始於昭和16年（1941）4月由橫濱－淡水－盤古（曼谷）間二週往返一次，至同年12月12日全線停止。
東京－西貢－盤古（曼谷）線	始於昭和16年（1941）4月週一往復開設，至同年12月12日全線停止。
臺北－廣東線	始於昭和15年（1940）4月每日往返開設，至昭和16年（1941）全線停止。

資料來源：大藏省管理局，無出版年份，《日本人の海外活動に關する歷史的調查通卷第十七冊臺灣篇第六分冊の四附錄臺灣統治概要》，頁222-223。

但受到戰爭因素，淡水飛行場使用幾個月後，便於昭和16年（1941）12月8日因日軍偷襲太平洋珍珠港，於昭和16年（1941）12月12日日本政府宣布停止由橫濱－淡水－盤古（曼谷）間二週往返一次之航線。此後，便僅有零星飛機曾過境加油。

三、軍用時期的淡水飛行場

隨著中日關係緊急情勢的升高及日軍的飛行訓練擴大[153]，

[153] 隨著美軍對臺轟炸的激烈，昭和18年（1943）起，日本更將機場設備地下化、洞庫化，廣建飛機跑道，以每一飛行基地為核心，周圍都有供疏散之用的飛行場與跑道。這些機場、跑道多是臨時徵借或徵用民地而來，並非循合法收購的途徑。詳見防衛廳防衛研修所戰史室，1970，《沖繩・臺灣・硫黃島方面陸軍航空作戰》，頁365。

臺灣為華南執行航空作戰的理想訓練場所，所以日本海陸軍飛行部隊紛紛自日本轉至臺灣本島，為容納這些機隊，原有的軍民兩用飛行基地已不敷使用，故臺灣軍司令部便選定一些飛行場場址進行徵用。這些機場大致分布於臺灣島的東部、西部與南部，分別支援沖繩航空作戰、華南航空作戰及南洋航空作戰。其中淡水飛行場屬於臺北州飛行基地[154]，隸屬於海軍機場[155]，被徵用以支援沖繩羣島之絕對防衛作戰[156]。

昭和18年（1943）9月日本軍方開始徵用臺灣民航機及飛行場作為戰爭使用，此後，臺灣所有機場皆屬軍用，便不再有民航機在淡水飛行場起降。隨後，駐紮屏東東港的日本海軍航空隊便派遣小型巡哨機進駐，負責近海的巡哨[157]，此屏東東港的航空隊為臺灣神風特攻隊的水上機場與潛艦基地。

在淡水飛行場被徵用後，設備方面有下列幾項改變：

1.昭和18年（1943）日本軍方增強淡水機場起降安全，

---

[154] 鍾堅，1996，《臺灣航空決戰》，頁57。臺北州飛行基地包括臺北松山、臺北南、金山、淡水。當時臺北州飛行基地（含基地勤務、保修設備）共計3個，飛行場（含飛航管制站所）共計5個，水上機泊地（含管制場站設施）共計1個，總計9個。

[155] 根據《臺灣省警備總司令部軍事接收總報告》，戰後國軍自日軍接收的海、陸軍機場共計54個，陸軍機場計有35個，海軍機場計有19個。原始資料出自臺灣省警備總司令部編，1945，《臺灣省警備總司令部軍事接收總報告》，附圖一「臺灣日陸海軍機場一覽表」。海軍基地共計：1.淡水（新北市淡水區）、2.紅毛（新竹縣紅毛鄉）、3.新竹（新竹市）、4.後龍（新竹縣後龍鄉）、5.臺中（臺中市）、6.新社（臺中市新社區）、7.西螺（雲林縣西螺鎮）、8.虎尾（雲林縣虎尾鎮）、9.麻豆（臺南市下營區）、10.臺南、11.白河（臺南市後壁區）、12.仁德（臺南市仁德區）、13.關廟（臺南市關廟區）、14.阿蓮（高雄市大崗山區）、15.岡山（高雄市岡山區）、16.高雄、17.東港（屏東縣東港鎮）、18.馬公（澎湖縣馬公市）、19.臺北（臺北市松山區）。

[156] 鍾堅，1996，《臺灣航空決戰》，頁60。

[157] 周明德，1994，《海天雜文》，頁75。

添加助航設備，先在沙崙設置一座航空無線電羅針所（即無線電助電台）[158]。

2.昭和19年（1944）在關渡小丘陵上設置航空燈塔[159]。

3.臨近的淡水迺生產洋行倉庫油槽在二次大戰時被徵收，可能作為淡水飛行場所用，其證據為當時美國轟炸機以此油槽為目標[160]。

4.因有軍車要進入，故進入淡水飛行場石砌舖面極為堅實。

5.淡水河堤石頭護坡砌法極為工整。

昭和19年（1944）10月12日美軍轟炸淡水飛行場，之後日軍在機場周圍，包括東面第一公墓之丘陵上，設置高射機槍陣地數座及電波探知機（即雷達）來加強防衛[161]。

淡水飛行場編制問題，從當時中國政府接收日本戰敗之臺灣軍事資料可概略了解當時編制及武器狀況。當時由中國海軍臺澎要港司令部奉令接收位在臺北地區的日本海軍，臺北地區由該部參謀長彭瀛統理，當時清點工作與淡水飛行場最為相關之資料是於民國34年（1945）11月3日接收淡水飛行場，12月5日由鄭能培少校前往點收淡水海軍震洋隊。根據當日點收結果可知，該隊本為日軍第102震洋隊及第105震洋隊，計有自殺艇五十艘，但大戰後僅存船殼並無機械，且均損壞不堪使用，另外登陸艇三艘，僅有毀壞機械二副，亦須經修理後方可使用[162]。又根據民國34年（1945）10月24日臺灣省警備總司令

[158] 周明德，1994，《海天雜文》，頁77。

[159] 周明德，1994，《海天雜文》，頁77。

[160] 周明德，1994，《海天雜文》，頁77。

[161] 周明德，1994，《海天雜文》，頁77。

[162] 臺灣警備總部，1945，《臺灣警備總部接收總報告書》，頁241。

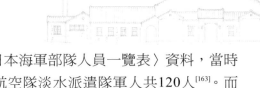

部第二處整理之〈臺灣日本海軍部隊人員一覽表〉資料，當時接收於淡水的北臺海軍航空隊淡水派遣隊軍人共120人[163]。而根據接收前〈日本海軍概況位置要圖（海軍航空隊除外）〉統計，震洋艦五十艘，主要火器12公分HA8具。但接收時只剩震洋艦一艘[164]。

四、淡水飛行場的配置

淡水飛行場陸區應具備的建築及設施至少有格納庫（機庫）、修理工場、水、燃料及油類補給設備、飛行機計量臺、羅針盤修正臺、飛行場事務所、通信聯絡設備、氣象觀測設備、防火設備、救急設備及宿舍[165]。另外機場附帶設施，應包括修理工廠及航空保安設施，其中航空保安設施包括航空無線通信設施、航空無線構造設施、航空無線標誌設施、航空無線電羅針所、航空路照明設施（包括飛行場照明設施、航空路標識燈及航空燈臺）[166]。

在水區部份，有供飛機水上起降的水場和供飛機停泊的港區，並有完整的輔助船隻和設備。因飛機要上下河道，故淡水飛行場之基地滑坡需延伸至水面下5至6公尺。

推測淡水飛行場可分為三區：

1.服務飛機起降人員接送及飛機修理時之區域：包括臨淡水河的滑道碼頭及停機坪。

[163] 臺灣警備總部，1945，《臺灣警備總部接收總報告書》，頁8。

[164] 臺灣警備總部，1945，《臺灣警備總部接收總報告書》，頁248。

[165] 房立中，1991，《世界兵器辭典》，頁438。

[166] 大藏省管理局，無出版年份，《日本人の海外活動に關する歷史的調查通卷第十七冊臺灣篇第六分冊の四附錄臺灣統治概要》，頁226-227。

2.建築物區：已全部消失。推測今日軍營所在地為修理廠及指揮廳舍及相關附屬建物，鄰近土坡作防空洞使用。

3.氣象測候所區域：位於淡水飛行場之後方，為氣象觀測及軍事使用。

4.基地外建築設備：包括位在沙崙的航空無線電羅針所、關渡小丘陵的航空燈塔及基地後方的電波探知機。

淡水飛行場的飛機推側依風向順行往淡水河降落，滑水區域為從關渡下至淡水燈臺的淡水河區域5,000米內河面一帶，在淡水河的「浮線」中央有一支風幡。每次飛艇將起飛或落下之前，一艘巡邏艇會駛至此跑道各角落，用擴音器通知所有船避開跑道。水上飛機飛到淡水河後，可能停放在上下坡道的岸邊場地上，乘客下機或加油時，前方有人將機頭繫留，並在該處做好起飛準備。如為船式水上飛機的下水與上岸，則利用可卸的輪式托架進行[167]，或者停在淡水河「浮線」上，由船載運遊客。飛機如須修理，方會將之拖到上岸的滑道碼頭，放於停機坪上，由修理廠加以修理。另外有格納庫，作為停放飛機之場所，屋頂為石綿瓦，周邊有窗戶，作為採光、通風之用。

五、淡水飛行場出張所的經營

（一）淡水飛行場出張所的興建

淡水飛行場出張所的興建在軍方徵收淡水飛行場之前，昭和17年（1942）9月15日由臺灣總督府氣象臺技師田邊三郎為首任所長，借用淡水飛行場廳舍作為臨時辦公廳進行籌建事宜[168]。

---

[167] 房立中，1991，《世界兵器辭典》，頁438。

[168] 相關分析內容詳見張志源，2010，〈西元1942年—1945年臺灣總督府氣象臺

根據《臺灣總督府民政事務成績提要》之〈明治二十九年度到昭和十七年度氣象事務〉報告[169]：

氣象事務沿革

八月十三日　告示第七百七十七號以昭和十四年告示第四百三十九號（臺灣總督府氣象臺附屬測候所與臺灣總督府氣象臺及附屬測候所之出張所之名稱及位置）中左之通改正。

臺灣總督府氣象臺臺北飛行場出張所再增加[170]

名稱　位置

臺灣總督府氣象臺淡水飛行場出張所 臺北州淡水郡淡水街

《氣象局淡水飛行場出張所概況書》主要的沿革說明如下：

本出張所是位在淡水街南端竿蓁林庄子內，以前有著四、五戶人家的小漁村部落以及幾戶別墅等散布在小丘上；站在淡水港邊，整個觀音山的英姿盡收眼底、遠方飄渺往來交錯的船帆景緻，更彌漫著異國情調。

昭和十七年臺灣總督府交通局欲於此地設立水上機場，當時因為氣象上的觀點以及伴隨著交通局的發展，田邊技師絲毫沒有猶豫地兼任了第一代的所長，其立即與雇員簡木和借用〔水上機場〕中央和廳舍的位置，廢寢忘食，日以繼夜地裝設各器械、設置氣象室外觀測地，終

淡水飛行場出張所空間選址及演變研究〉。

[169] 詳見臺灣總督府編，1985，〈明治29年度到昭和17年度氣象事務〉，《臺灣總督府民政事務成績提要》。

[170] 「淡水飛行場」當時作為「臺北第二飛行場」。

於努力有所代價，於同年十月一日，創設了名為臺灣總督府氣象臺淡水飛行出張所。

到了昭和十八年三月，新廳舍已逐步竣工，而派任岡技手為所長，移至現在的廳舍。爾後，由於歷代所長孜孜不倦及適切的指導與努力，完成了重要的使命。

到了昭和二十年二月，為了疏散本辦事處官舍，決定移往他處，而需於執行拆除工程前搬離，現在回憶起曾經走過的足跡，不禁感到愁悵。不管多少的損害都已跟著猛烈的轟炸，埋沒在廳舍下了，職員們一同欣然地接受了。

茲記錄歷任所長名字：

初代所長	技師	田邊三郎
自昭和18年4月1日至昭和19年3月23日	技手	岡利滿
至昭和19年11月3日	技手	藤澤齊
至昭和20年1月19日	技手	渡邊義夫
至昭和20年8月25日	技手	穴水秀和
至同年8月25日	技手	五鳩一

（以下略）

故昭和17年（1942）9月15日由臺灣總督府氣象臺技師田邊三郎為首任所長，借用淡水飛行場廳舍作為臨時辦公廳進行籌設建站事宜，並與簡木和裝設各器械，設置氣象室外觀測地，同年10月1日成立「臺灣總督府氣象臺淡水飛行場出張所」。

另整理中央氣象局接收淡水飛行場出張所時的建物配置圖及相關卷宗資料，可以確定日治時期淡水飛行場出張所的配置面積約計74坪，涵蓋土地範圍為今日新北市淡水區海鷗段445、446、447、448地號，所占的土地面積範圍在淡水飛行場內並不大（圖5-23、圖5-24）。

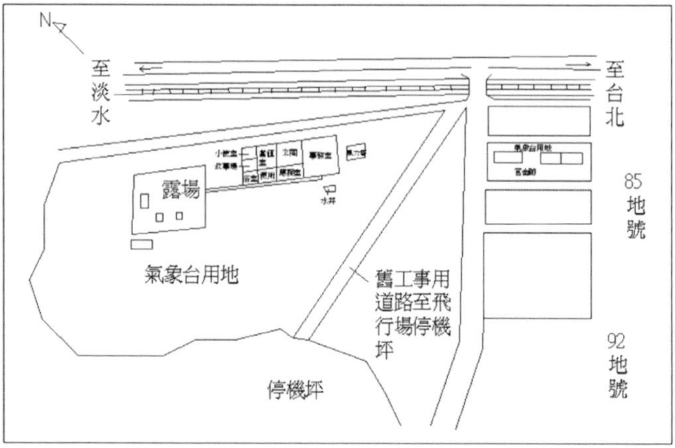

圖5-23：淡水飛行場出張所的建物配置圖。資料來源：改繪於《臺灣光復接收卷宗淡水測候所》手繪建物配置圖。因原始圖面及字跡模糊，作者就原圖面重新繪製並翻譯圖面文字。

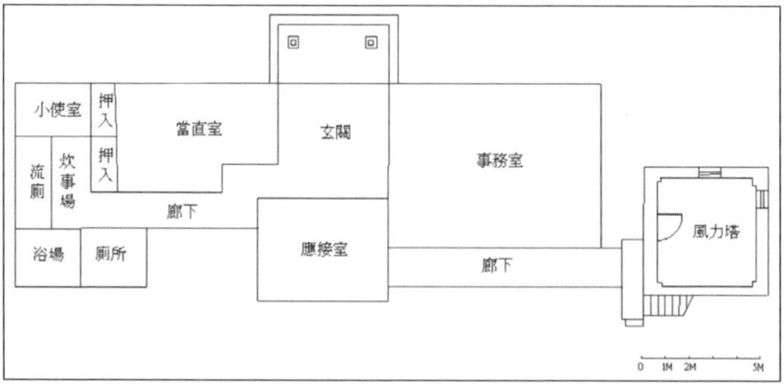

圖5-24：原淡水飛行場出張所辦公室室內空間分隔復原圖。資料來源：1.參考《臺灣光復接收卷宗淡水測候所》圖面、李乾朗《臺北縣縣定古蹟淡水氣象測候所調查研究及修護計劃》測繪圖面，作者現場觀察辦公室遺跡重新繪製，並翻譯文字。2.該辦公室僅存照片，無法判斷隔間開口位置及材料厚度，故僅以單線表示。淡水飛行場出張所現場測繪圖面。詳見李乾朗，2005，《臺北縣縣定古蹟淡水氣象測候所調查研究及修護計劃》。

一般測候所建築可區分為辦公廳舍、風力塔、觀測坪、附屬空間（獨立設置或合併於辦公廳舍）、官舍（宿舍）等部分。但因擇址過程中每個區位地貌不一，故配置各有異同，同時建築設施因層級及觀測項目的差異，在配置上亦會有所不同[171]。淡水飛行場出張所屬於風力塔與辦公廳舍分離的型式，空間配置極類似早期花蓮港測候所、臺東測候所及恆春測候所的型態[172]（表5-4）。

表5-4：淡水飛行場出張所的空間配置

建築空間	機能	內部空間及設備
風力塔	為主要的觀測設施。	頂端置有風向儀、風速計、強風計、風壓計、日照計、日射儀等。
氣象觀測坪	辦公室之外側，方便人員檢查，為平坦空地。	設置有百葉箱（內有乾濕球溫度計、最高溫度計、最低溫度計）、雨量計、蒸發皿、地中溫度計、地面溫度計、佈告欄。
辦公廳舍	辦公及值班使用。	主要包括事務室（辦公空間）、玄關、應接室（客廳）、當值室（值班室）、小使室（工友室）、炊事場（廚房）、浴場（浴室）及廁所。
官舍	在測候所旁另建，供執勤人員使用。	日式木造宿舍。

資料來源：淡水測候所提供，《氣象局淡水飛行場出張所概況書》，1945年12月，無出版。研究者歸納。

[171] 有關測候所分類，曾健洲將之分為：1.不設風力塔，直接將測風儀器裝設於辦公廳舍屋頂的平臺上。2.獨立設置風力塔。3.辦公廳舍與風力塔二者結合為一。詳見曾健洲，2001，〈臺灣日治時期測候所建築之研究〉，《臺灣史蹟》第39期，頁48-61。

[172] 在此需指出曾健洲的分類並未將辦公廳舍與風力塔關係是否分離或結合納入分類架構。但該文第49頁將淡水飛行場出張所認為是「辦公廳舍與風力塔二者結合為一」的型態，筆者認為並不恰當。詳見曾健洲，2001，〈臺灣日治時期測候所建築之研究〉，頁49。

分析淡水飛行場出張所基地配置主要有幾點特色：

1. 所有建築物配置採西北、東南方向。
2. 辦公廳舍位於氣象觀測坪及風力塔之間，以方便工作人員管理及紀錄兩邊儀器的數據，至於辦公廳舍內部主要空間包括當值室、應接室、事務室、炊事場等。
3. 三層樓高的風力塔為鋼筋混凝土造建築物。
4. 辦公廳舍外牆使用雨鱗板的木造建築。
5. 官舍可能為丙種官舍或單身工作人員的宿舍，左側的獨棟可能為乙種官舍。
6. 基地北側平行於建物的道路，向左通往飛行場，為舖設精良的石板鋪道[173]。
7. 南側有大濠溝，為興建淡水飛行場的跑道填土所挖掘的。

昭和18年（1943）9月日本軍方開始徵用臺灣民航機及飛行場作為戰爭使用，此後所有機場皆屬軍用，便不再有民航機在淡水飛行場起降。同時美軍空襲臺灣，各測候所成為轟炸目標，故全臺灣測候所被炸燬甚多，損失極為慘重[174]，為避免損失，故於昭和20年（1945）2月將淡水飛行場出張所員工宿舍拆除解體，遷至中和田野間擇地而建，而中和興建的位置目前已無遺跡存在。

[173] 圖上寫道：「舊工事用道路至飛行場エプロン」，其意指：「舊工事用道路至飛行場停機坪」，故此為當時修築淡水飛行場的施工道路，今日已不見道路遺跡。

[174] 薛鐘，1950，〈光復後之臺灣省氣象所〉，頁2-4。

（二）淡水飛行場出張所編制

根據昭和13年（1938）8月4日臺灣總督府敕令第566號制定「臺灣總督府氣象臺官制」人員編制，統轄淡水飛行場出張所之單位為臺灣總督府氣象臺，當時監督單位為臺灣總督府內務局[175]。

昭和17年（1942）全臺計有二十四個測候所，其中有七個飛行場出張所，以臺北飛行場出張所編制最多，且為惟一有技師編制，該年度有4人，預計增員2人，減員1人，其餘各出張所官職為技手編制，員額各編制2人。故淡水飛行場出張所編制與其他飛行場出張所編制相同。

昭和18年（1943）3月淡水飛行場出張所新廳舍建成，人員乃正式搬入辦公，負責飛行場測候工作，由技手岡利滿擔任所長。歷代所長分別為田邊三郎、岡利滿、藤澤齊、渡邊義夫、穴水秀和，至昭和20年（1945）8月25日後所長為五鳩一[176]。但除初代所長田邊三郎為技師外，其餘為技手。

至於淡水飛行場出張所職級包括所長、庶務主任、觀測主任、無線主任、統計主任、調查主任及工友，相關工作任務可見表5-5。

---

[175] 財團法人成大研究發展基金會及國立成功大學建築系，2001，《臺灣氣象建築史料調查研究》，頁9。

[176] 淡水測候所提供，1945，《臺灣光復接收卷宗淡水測候所》。

表5-5：昭和20年臺灣總督府氣象臺淡水飛行場出張所職員名錄

	職級	姓名	工作任務
所長	技手	五鴻一	天氣圖、統計庶務、觀測、調查、測器維修保養。
庶務主任	技手	徐晉淮	庶務、觀測、無線、天氣圖（所長不在時）。
觀測主任	雇員	周基五	觀測、統計（報告）、操作測器。
無線主任	雇員	羅字振	無線、觀測、統計（報告）。
統計主任	雇員	福山悅子	統計（調查）、觀測。
調查主任	雇員	小倉三女子	統計（調查）觀測。
	工友	許□木	雜役，負責廳舍內清掃。
	工友	周明智	汲水、雜役，負責屋外清掃。

資料來源：淡水測候所提供，1945，《氣象局淡水飛行場出張所概況書》。□為文字模糊無法辨識。

第五節　戰後淡水埔頂與鼻仔頭地區的空間變遷

一、淡水埔頂與鼻仔頭地區古蹟與歷史建築物的指定

二次大戰後淡水成為臺北都會區的外緣，開始諸多現代化建設，包括淡水漁港碼頭竣工、北淡公路、關渡大橋、淡水河岸臨河側環河道路的開闢[177]。

淡水埔頂及鼻仔頭地區歷史建築物面臨發展及保存的問題，因應地方呼籲古蹟保存意識的崛起，紅毛城、淡水英國領事館官邸、理學堂大書院、外僑墓園、馬偕墓園、前清淡水關稅務司官邸、滬尾偕醫館、馬偕教堂、馬偕故居、華雅各故

[177] 對於戰後淡水市街地景變遷文化想像，詳見張志源，2003，〈戰後淡水市街地景變遷之文化想像〉；張志源，1999，《殖民與去殖民文本的文化想像——重讀淡水埔頂地景》第六章。

居、英商嘉士洋行倉庫、淡水水上機場及淡水氣候觀測所等相繼被指定為古蹟或歷史建築，淡水牧師樓、淡水姑娘樓、淡水婦學堂、淡水中學女子體育館、男子體育館、八角塔等建築物獲得妥善維護。茲就紅毛城、前清淡水關稅務司官邸、英商嘉士洋行倉庫、淡水水上機場等案例進行說明。

（一）紅毛城指定為古蹟歷程

民國37年（1948）英國重開淡水紅毛城領事館，恢復與中華民國領事業務。民國39年（1950）1月5日中華民國主動宣布與英國斷絕外交關係，同年1月6日英國承認中華人民共和國，產生「英臺領事關係」。民國61年（1972）3月英國與中華人民共和國建交，但英國人不放棄永代租約，將紅毛城委託澳大利亞代管。臺灣與澳大利亞斷交後，紅毛城委託美國代管。民國68年（1979）臺灣與美國斷交後，管理單位變更為美國在臺協會。在紅毛城由誰託管過程時，民間出現了對紅毛城代表象徵的討論，「紅毛城」成為民間反帝國主義想像的圖騰。例如李雙澤〈紅毛城〉歌詞寫著：

走過了多少的路，
我們瞭解歷史不是時間留下的痕跡，
300年來不曾停止的帝國主義，
帶走了他們的金碧輝煌，
留給了我們是斷垣殘壁，
紅毛城啊！
紅毛城！
妳是我們的證人，

紅毛城呀！

紅毛城！

妳是我們的國土！[178]

楊渡的〈紅毛城的清晨〉則可看到當時對於紅毛城回歸臺灣的渴望：

飄零過漫漫的霧

和悲辛交織的海岸

睇凝著子民航風遠方

又細數著歸航的船隻

一一回到淡水港灣—

我們這破敗的家庭

我們因侵凌而衰弱的母親

而你、我們惘然的兄弟

明滅的燈影駛向淡水港灣

夜捕的漁船已經歸航

將曙的岸邊還有等待的釣魚人

紅毛城、我們的兄弟

何時才會回到淡水港灣

回到我們破敗但勤奮的家庭。[179]

經過諸多爭取後，民國69年（1980）6月紅毛城移交給中華民國，民國72年（1983）「淡水紅毛城」指定為一級古蹟，

---

[178] 梁景峰主編，1978，《再見‧上國—李雙澤作品集》，頁267。

[179] 臺灣大學土木研究所，1983，《淡水紅毛城古蹟區保存計畫》，頁2。

民國73年（1984）淡水紅毛城古蹟區開放參觀，至民國93年（2004）紅毛城再度整修[180]。

（二）前清淡水關稅務司官邸保存

民國85年（1996）前清淡水關稅務司官邸引發了「小白宮搶救行動」，當時報導：

> 財政部關稅總局代表表示：不會貿然拆除小白宮，立委盼規畫為海關總局博物館
>
> 【本報訊】淡水「小白宮」的拆建問題，在淡水幾個文史工作團體的陳情下，昨天在立法院舉行的一項公聽會上，財政部關稅總局的代表表示，他們不會貿然拆除「小白宮」。
>
> 這項公聽會由立法委員王拓主辦，他指出，財政部要找地與建員工宿舍並不困難，但是小白宮拆除後，臺灣要再找一棟如此具有歷史文化背景的建築物，卻已不可能了。他認為，小白宮的價值不僅應著眼於建築意義上，其歷史文化的內涵更應重視。
>
> 與會的學者淡江大學建築系曾旭正及民間學者王鎮華則指出，資本工業發展後的財團進入淡水，紛紛建起一棟棟冰冷生硬的水泥大廈，商業發展的經濟價值觀，消費了淡水人的生活文化，卻也無形中破壞了淡水古蹟及自然生態。
>
> 由於淡水小白宮拆遷的公文已經行政院批准，財政部關稅總局主任秘書張朝欽表示，除非內政部評定為三級古

[180] 關於淡水紅毛城修復中的發現，詳見崛込憲二，2005，〈淡水紅毛城與維多利亞磁磚〉；薛琴，2005，〈淡水紅毛城的修復〉；楊仁江，2005，〈淡水紅毛城修復中的發現〉。另關於歷代紅毛城的文化想像，詳見張志源，2002，〈文化想像的轉移：重讀淡水紅毛城殖民文本〉。

> 蹟，否則財政部要撤回公文有違行政序原則，王拓表示，台糖在南投水蛙窟史前遺址搶救行動中，便主動負起保存文化資產的工作，財政部海關總局既然都有自己的博物館，如果將館遷到小白宮，同時開放給淡水民眾做教學，如此才是做個好鄰居的做法。因此王拓及盧修一決定將於日內拜會財政部，希望小白宮能規畫為博物館。[181]

而後經過地方人士及學界的奔走，此棟建築物得以保存。在民國86年（1997）2月25日小白宮被指定為古蹟後，由於警覺淡水舊建築物不斷翻新，於是在淡水地方團體不斷奔走下，越來越多重要的建築物被指定為古蹟。在搶救小白宮此過程中，可發現：

1.淡水民間地域團體與學院的結合：當時邀請一些學者來演講，結合民間與學界的力量反對[182]，在後來搶救淡水河環河快速道路的行動中，這些團體更藉由自行發行的刊物發聲以及發表在報紙上的文章，並請關懷行動的專家學者參與，以表達團體的意見[183]，並串連認同的團體，形成地方草根力量的連結。

---

[181] 詳見民國86年(1997)1月24日,〈財政部關稅總局代表表示:不會貿然拆除小白宮,立委盼規畫為海關總局博物館〉,《民生報》,第19版。

[182] 例如當時戴寶村演講「淡水開港的歷史意義」;葉倫會(當時海關博物館館長)演講「認識海關」;李乾朗演講「小白宮與清末西洋建築」;黃瑞茂演講「重建埔頂風貌」;周宗賢演講「從小白宮看淡水」。

[183] 例如金色淡水編輯,〈淡水環河快速道路興建工程穿越紅樹林保護區各界強烈爭議〉,《金色淡水》,第5期;黃瑞茂,1997,〈「淡水河北側—快速道路—建設計劃」的謬誤〉,《文化淡水》第10期;顏瑋志,1998,〈淡水河北側環河快速道路計劃—環評尚未通過 探勘已然進行〉,《文化淡水》20期要聞一;曾旭正,1998,〈如果淡水失去了淡水河〉,《文化淡水》20期要聞一;民國86年(1997)12月16日,〈河岸快速道有弊無利?學者質疑其功能呼籲政府三思〉,《中央日報》大臺北13版;民國86年(1997)12月19日,〈拯救僅存的一段淡水文化資產　淡水沿河快速道路盼暫緩興建〉,《臺灣日報》21版;民

2.地方團體面對搶救的困境：來自欠缺民意的參與及有法律保障的溝通管道，且民間與官方易於造成對立的局面。

（三）淡水原英商嘉士洋行倉庫指定為古蹟

臺灣光復後，民國34年（1945）臺灣長官公署自日本政府接收殼牌倉庫，於民國36年（1947）7月1日登記為國有土地，同年11月10日殼牌公司向臺灣省政府申請討回地上物未果。民國39年（1950）1月5日中英斷交，規定英國政府、人民在我國取得之永租權，維持現狀，土地登記為國有，由國有財產局管理。

民國47年（1958）此地租給德士古公司作為行政與倉庫使用，民國60年（1971）該廠區石油支線鐵道廢除，賴公路運送油品。民國76年（1987）殼牌公司廠區再度活絡，舖設柏油路面，供貨櫃進出，由臺灣殼牌股份有限公司管理，成為備用倉庫。

民國77年（1988）亞細亞火油有限公司就臺北縣淡水鎮竿蓁林段庄子內小段地號34土地及地號102號土地，向國有財產局及淡水鎮公所提出有關土地所有權移轉提出告訴，並於民國79年（1990）向最高法院提起再訴訟，最後最高法院判決要求國有財產局及淡水鎮公所應歸還土地給亞細亞火油有限公司的告訴。

國86年(1997)12月19日，〈淡水河建快速路　浪費國家資源—地方人士擔心會衝擊沿線生態、歷史遺跡、污染環境、影響捷運使用率，盼環評完成後再定案〉，《中央日報》14版；民國86年(1997)12月20日，〈搶救淡水河岸　成立行動聯盟—籲請政府審慎評估北側快速道計畫　避免危及自然景觀〉，《中央日報》13版；民國86年(1997)12月3日，〈快速道路怎麼走　淡水居民緊緊瞧〉，《聯合報》13版；民國86年(1997)12月17日，〈淡水河北岸快速道　滬尾人有問號—地方人士認為可能破壞河岸生態環境　事先也未徵詢民意　淪為「過路小鎮」〉，《自由時報》13版。

殼牌倉庫列為古蹟及受到社會廣泛注意，是因當時淡水地方社團關切交通部規劃的淡水河北側環河快速道路規劃。民國86年（1997）淡水地方人士及學界成立「搶救淡水河行動聯盟」，因為殼牌公司位在環河快速道路規劃通行的路線上，且因其有臺灣清末及日治時期倉庫建築構造的特殊性，民國87年（1998）4月4日率先提報古蹟，並於民國88年（1999）1月8日由臺北縣政府邀請專家學者及淡水河行動聯盟成員，包括滬尾文史工作室、淡水文化基金會、環保聯盟臺北分會、淡水史田野工作室、淡水社區工作室等團體第一次共同會勘殼牌倉庫是否有古蹟保存之價值，同年臺灣殼牌公司向英國總公司呈報相關事件。經過民間與學者的多方爭取，民國89年（2000）6月由臺北縣政府公告殼牌公司為縣定古蹟，在淡水文化基金會的推薦下，臺灣殼牌股份有限公司[184]通過行政院文建會文馨獎審查，於民國90年（2001）3月初頒發最高榮譽金牌獎，更增加特別獎以表彰殼牌國際集團為保護文化資產所作的貢獻，同年6月23日於殼牌倉庫現場舉行公開交接儀式，9月於臺北台泥大樓由當時陳水扁總統親自頒獎，表揚臺灣殼牌股份有限公司為維護殼牌古蹟所作的貢獻。

（四）淡水水上機場指定為古蹟

二次大戰結束後，日軍強徵來的民地，包括原有的軍事設備都移交給國軍接收[185]。機場接收後，空軍接收人員遵照軍事接收委員會會議決定，就日軍在臺灣修建的五十四座大小機

[184] 詳見張志源，1999，〈共同會勘淡水河岸古蹟有感〉，《文化淡水》24期3版。

[185] 何鳳嬌，2003，《戰後初期臺灣土地的接收與處理》，頁270。原始資料出自〈行政院軍用土地清理案〉，《國軍檔案》，檔號：903.7/2122，國防部史政編譯局藏。根據統計，國軍接收自日軍的營產計有23,292.4529甲，其中陸軍接收7,771筆，海軍接收6,999筆，3,491.6251甲，空軍最多，共接收27,216筆，11,851.9048甲。

場，詳細勘察後，因機場品質差別甚大，故決定淘汰二十七座，保留二十七座，並進而對擬予保留的機場狀況、能夠停降機種也作了調查與評估[186]。

民國34年（1945）11月1日起，空軍第廿二、廿三地區司令部按軍事接收原則軍字第一號規定，接收日本在臺灣陸海軍航空隊、民用機場及附屬設備，淡水飛行場由空軍第廿二地區司令部接收[187]。當時淡水飛行場被評估可作為「水上機場」。但此僅空軍第廿二地區司令部的評估而已，尚未呈請中央定案[188]。

臺灣行政長官公署及警備總部為解決國軍接收使用日軍強占、強租民地，於民國35年（1946）12月由警備總部擬妥機場

[186] 何鳳嬌，2003，《戰後初期臺灣土地的接收與處理》，頁68。原始資料出自空軍總司令部編，1946，《空軍年鑑》，附件十之六，臺北。當時記載：現況良好，排水容易：松山、岡山、桃園、臺中、公館、宜蘭（南）。跑道可用者：樹林口、新竹、小港（東）。機場跑道為泥地者：彰化、花蓮（南）、恒春、臺東。機場附近有障礙或排水不易者：虎尾、花蓮（北）、嘉義（西南有糖廠）、屏東機場（北有大河）、大崗山、臺北（南機場）。機場跑道簡單者：龍潭、北斗。水上機場：淡水。其他未記載狀況：東港水上機場、臺南仁德、臺南歸仁、永康、草屯。

[187] 何鳳嬌，2003，《戰後初期臺灣土地的接收與處理》，頁267。原始資料出自〈臺灣區日本物資接收處理案〉，《國軍檔案》，檔號：701.1/4010.2，國防部史政編譯局藏。當時軍事接收委員會命令空軍第廿二地區司令部應將有用的器材集中保管，無用者擬訂計畫呈報廢棄，並將全臺所有日軍飛機場按照接收場站性質、位置、面積、設備、營建器材等情形、數目繪具圖表，呈報軍事接收委員，匯集國府軍委會航空委員會擇要保留，其餘的歸還人民，以利生產。

[188] 日軍徵租日本人及臺灣人私產的處置，空軍組則訓令各組接收人員先行接收，待日產處理委員會公布辦法後再予實施。詳見臺灣省警備總司令部編，1945，《臺灣警備總司令部軍事接收總報告》，頁266。

存廢勘查辦法[189]，但因剛好臺灣地區空軍司令部改組[190]，而該部也曾報請空軍總部核示存廢機場，正等待批示中，警備總部為尊重其職權，所以暫緩執行[191]。待空軍總部改組完成後，因應當時需要及損壞情形，於民國36年（1947）第一次將設備簡陋或不用的機場經由省府交給所在地縣市政府依法處理[192]。當時臺灣地區空軍司令部便於民國37年（1948）8月核准淡水飛行場撤廢，撤廢面積共計10.2913甲[193]。

但因民國37年（1948）國共戰局逆轉，國軍被迫轉移至臺灣整軍修建，民國38年（1949）空軍訓練司令部向省府商借撤廢機場[194]，民國39年（1950）4月15日空軍再以浩澎字第1201號轉奉行政院民國39年（1950）4月15日第1472號代電核准停止撤廢，交還空軍使用，此項請求雖獲行政院同意，但也附帶

---

[189] 何鳳嬌，2003，《戰後初期臺灣土地的接收與處理》，頁265。原始資料出自〈臺灣區廢置機場處理案〉，《國軍檔案》，檔號913/4010，國防部史政編譯局藏。

[190] 原第廿二地區空軍司令部於民國36年（1947）改組為空軍臺灣地區司令部，直屬空軍總部。詳見何鳳嬌，2003，《戰後初期臺灣土地的接收與處理》，頁281。原始資料出自空軍總司令部情報編，《空軍沿革史初稿》第2輯第1冊，頁375。

[191] 何鳳嬌，2003，《戰後初期臺灣土地的接收與處理》，頁282。原始資料出自〈臺灣區廢置機場處理案〉，《國軍檔案》，檔號913/4010，國防部史政編譯局藏。

[192] 何鳳嬌，2003，《戰後初期臺灣土地的接收與處理》，頁283。原始資料出自臺灣省政府民政處編，《臺灣民政》第2輯，頁420。

[193] 何鳳嬌，2003，《戰後初期臺灣土地的接收與處理》，頁285。原始資料出自〈土地徵收補償費〉，《國軍檔案》，檔號1412.35/4010，國防部史政編譯局藏。

[194] 何鳳嬌，2003，《戰後初期臺灣土地的接收與處理》，頁286。原始資料出自〈地政卷〉，《臺灣省縣市政府檔案》，檔號051，目錄號407，國史館藏。

條件[195]。

由於韓戰爆發，美國第七艦隊協防臺灣，臺海情勢改變，為發揮各機場使用效能，空軍便於民國40年（1951）間派員前往各停止撤廢機場勘察被耕種情形及環境價值，將無法復用和無留用價值的十五個機場列為第一期清理者，淡水飛行場即列入其清理辦法中。

在該清理辦法詳細敘明淡水飛行場處理原則為：淡水機場中並無民地，所有營房、水泥、地坪、道路等建築物均為空軍氣象總隊使用，其土地及營房設備自應一律由氣象總隊管理，即令空軍司令部與該總隊補辦該場土地之交接手續，其土地內可資生產之隙地應由該總隊劃交農業管理委員會辦理生產[196]。此為淡水飛行場移轉至空軍氣象總隊的過程。

由空軍氣象聯隊及陸軍進駐，此處不再作為機場使用，也不再對外開放。水上機場內主要空間作為軍隊氣象觀測之用，但與一般民間之氣象觀測站極為不同。日治時期所有營房都已拆毀，僅保留幾處日治時期防空洞、戰後興建的庭園景觀、牽引飛艇上岸維修時的繫流設備及溜滑台。靠近水上飛機場之溜滑台由空軍氣象聯隊接管，營區內有擺設國軍氣象聯隊之氣象儀器，同時早期軍方之內部也有自己的籃球隊，稱為「氣象隊」，成為淡水人對此基地軍隊的一個很模糊的印象。

淡水水上機場被指定為古蹟，也與交通部規劃的淡水河北側環河快速道路規劃相關，於民國89年（2000）6月27日被訂

---

[195] 何鳳嬌，2003，《戰後初期臺灣土地的接收與處理》，頁286。原始資料出自〈其他放租〉，《地政處檔案》，檔號584，目錄號453，國史館藏。

[196] 何鳳嬌，2003，《戰後初期臺灣土地的接收與處理》，頁287。原始資料出自〈臺灣區廢置機場處理案〉，《國軍檔案》，檔號913/4010，國防部史政編譯局藏。

為縣定古蹟。

（五）淡水飛行場出張所指定為古蹟

民國34年（1945）11月1日臺灣省氣象局接收臺灣總督府氣象臺[197]，「淡水飛行場出張所」改名為「臺灣省氣象局淡水測候所」，隸屬臺灣省氣象局。

至空軍氣象總隊接收淡水飛行場後，在美軍支援下另組測候裝置，與淡水測候所為鄰，至今其邊界尚存兩個單位各自豎立之界碑。

但民國39年（1950）發生空軍總部與臺灣省氣象所對淡水測候所房屋歸屬爭議[198]，當時空軍氣象總隊接收淡水測候所宿舍，並借用淡水測候所風力塔西北角廳舍一棟充作該隊作業室而久借不還，經多次交涉也無法收回，直至民國65年（1976）該棟辦公室因被颱風吹倒，空軍氣象總隊終於民國66年（1977）移撥給梧棲站後，淡水測候之工作僅存技佐及工友各1人，直隸中央氣象局二組。

淡水飛行場出張所被指定為古蹟也與淡水河北側環河快速道路規劃有關，直至民國89年（2000）6月27日被訂為縣定古蹟。

二、淡水埔頂歷史建築的再利用

淡水埔頂許多日治時期的歷史建築雖未被指定為古蹟，但經過淡江中學及真理大學的維護，再利用的狀況基本維持良好，例如馬偕故居作為教師宿舍，華雅各故居作為餐廳，淡水

[197] 周明德，1992，《臺灣風雨歲月》，頁171。

[198] 國史館臺灣文獻館省級機關檔案，典藏號：0040171004828014，檔號：0000038320，件號：0000384925，目次號：014，案由：〈為淡水測候所房屋一案特電查照由〉。

牧師樓、淡水姑娘樓作為行政辦公空間，淡江中學婦學堂作為校史館，淡水女學校作為幼稚園教室及宿舍，男子體育館、女子體育館、八角塔經過翻修保護，外部空間皆保存良好。

三、新式建築出現破壞整體地景風貌

戰後淡水由於新的高等學校出現及旅遊風潮，淡水從港埠角色轉為休閒及居住多樣化的角色。

戰後初期埔頂一帶出現許多軍眷宿舍。之後開始出現別墅、高爾夫球場、新教堂及集合住宅。例如和睦建築師事務所在20世紀60年代在埔頂興建別墅，以體現西式的休閒生活[199]。此外埔頂附近的淡水高爾夫球場興建王大閎建築師設計的現代建築物，成為高級休閒場所[200]，在使用圓形平面，室內空

---

[199] 建築雙月刊編輯部，1963，〈淡水別墅〉，頁20。當時描述如下：「這是一個建在崖邊的小型別墅，四周風景非常優雅，由於基地本身的狹長和坡度過大，所以建築物也自然地沿長向而展開，基地之北向是一條僅容一輛轎車通行的道路，南向即懸臨淡水海口，點點魚帆與隔岸觀音山的蒼鬱盡收眼底，因此建築物的北向封閉口與南向的開放逐成必然的安排。為了使人能有較富裕的視界及充分利用基地自然坡度將下房置於下層，故將鄉街趣味的狹長庭園，能充分發揮其觀賞價值。南面除採用大扇玻璃窗外，更在起居室外接出一個結構完全獨立的陽臺，空臨崖頂。崖上由於坡度過大，庭園佈置著重觀賞，乃採幾何形式，崖邊石級直達崖底，為一自然庭園，綠茵起伏，有一小型高爾夫球練習場，周圍林木環繞，分別隔絕，幽靜成趣。…窄向橫樑與屋面連接而架於長向大樑上，以便在樑板間隙開高窗。而屋面向南北各挑出一公尺二，遂使正門遮雨與南向遮陽得以同時解決，每當夕陽西斜，深遠的屋簷，更在牆面上留下了生動的陰影。」

[200] 建築雙月刊編輯部，1963，〈淡水別墅〉，頁27。當時描述：「淡水高爾夫鄉村俱樂部位於淡水濱海的山坡上視界遼闊，綠草如茵，風景似畫，是臺灣規模較為完善而廣大之高爾夫球場，由於中外會員之迅速增多，原有日治時代所遺留之舊址不敷應用，乃請王大閎先生繼臺北水源路高爾夫俱樂部之後設計此一可容百餘人，而僅供會員遊憩及供給簡便飲食用的圓形交誼廳。…建築物所在地惟一高崗而周圍地形高低不平又窄狹，為保持原地之廣大視野及避免空間之擁塞，並使新建之交誼廳能清晰的透視全場活動，及觀賞四

間懸空，並使用預力結構及落地玻璃，可看到王大閎建築師的設計手法：「從內外望景物清晰存真，毫無歪曲變形等走樣現象，置身其內如休憩於大自然樹蔭之下，環顧四週，近山遠海俯伏腳下，整個設計新鮮輕巧。」[201]這種手法與現代建築主義包浩斯思潮相結合。

此外，文化國小、淡水國中、淡江中學、淡水工商管理學院新的建築次第出現。極有特色的是民國54年（1965）淡江中學內所興建的教堂，是由基督教長老教會陳穎奇牧師作結構設計，陳敬輝老師作裝飾設計，陳泗治校長作立面及內部裝修設計。此建築的立面仿效著八角塔的外觀及運用現代洗石子的技術，內部為大跨距的空間，受現代主義式的洗禮。

民國88年（1999）真理大學在理學堂大書院前面興建新的教堂，在建築師雜誌的〈淡水學院禮拜堂〉一文如此描述：

> 在如此位置特殊之基地，西有紅毛城國家一級古蹟，北有牛津學堂之紅磚建築，規劃此案須有古意特色，與這些建築能夠互相配合，形成一富古蹟風貌的建築群。…為突顯基督教教義風格之建築，採取象徵祈禱敬拜之尖拱造型語彙，並以三位一體之屋頂造型，塑造本建築之獨特風格。…由於地屬亞熱帶氣候之地理環境，為節省能源、配合氣候特性及南向淡水河及觀音山之景觀，周圍以迴廊圍繞成半戶外空間，兼具遮陽、採光、疏散功能外，亦可以眺望優美景觀之故。…屋頂採尖拱形之薄殼鋼筋混凝土構造，由北向南層層下降，屋頂板在每一

周美麗風光，乃將整個建築物作成二〇米釐徑之圓形體，由中央一圓錐形的六支柱廳騰空支起，樓版及屋面版分別由二十支等距離的預力肱梁做傘骨狀伸張支托，中間層之最外圈為鋁製支撐，紅漆檜木圓形欄杆內圈全部為鋁製落地長窗，鑲以由新竹玻璃工廠供給特別加工之Cmm平光玻璃。」

[201] 建築雙月刊編輯部，1963，〈淡水別墅〉，頁27。

柱間處，設水平採光窗，向下透光，兩側尖拱形薄殼屋頂，由兩側迴廊支撐連接禮拜堂空間構架，禮拜堂兩側牆面採用玻璃隔牆與迴廊分隔，如此，不但從禮拜堂內部也能見到本建築結構之美，而且禮拜堂知識內空間與迴廊之半戶外空間連成一氣。…禮拜堂之室內地坪，亦由北向南傾斜，至講台部份已下降一層樓，講台背後將安置特別設計之管風琴，其南向迴廊上部留作管風琴之機械空間。[202]

此建築在平面的處理主要注重四個角落，配置垂直交通動線之樓梯、電梯，往上拉高，由正方形樓梯、廁所、電梯形成之平面到屋頂突出物轉換成八角形平面，形成對稱尖塔，提供四面八方有良好視野之瞭望室空間。在其設計構想裡寫著要順應特殊的歷史基地、建築能體現基督教教義風格以及適應亞熱帶氣候，對垂直動線處理是西方現代建築的思想，而尖塔轉換的形式操作類似於當初羅虔益牧師在處理八角塔由四角轉成八角的類比。這位建築師用了他想像中的基督教建築，他自己擬了打油詩：

構造哲學

三位一體神，天父聖子靈；

集合同敬拜，上千五百人；

虛心禱告手，尖拱造型元；

斜面加拱頂，三角配長形；

扶壁托尖塔，四面八方平；

觀眾席排列，順應斜地形；

[202] 蔡榮堂建築師事務所，1999，〈淡水學院禮拜堂〉，頁77。

拱廊排成行，裡外中間介；

層層屋頂降，南向透光明。[203]

另外20世紀90年代李祖原建築師在淡江中學後方設計的「四大金剛」集合住宅，天際線將埔頂歷史地景的輪廓線取代，如同「四朵花在淡水的土地上」。建築的平面是典型的高層住宅標準平面的手法，現代鋼骨構造，中心核在中間，各棟隔成4戶。

故戰後淡水埔頂與鼻仔頭地區該地區古蹟漸次指定，並保留部分歷史建築物進行再利用，另新式的建築逐漸在這些地區出現，造成歷史建築維護的難度。

[203] 蔡榮堂建築師事務所，1999，〈淡水學院禮拜堂〉，頁78。

第六章　結論

本書就臺灣淡水埔頂與鼻仔頭兩個地區進行空間變遷之研究，以西荷時期到日治末期歷史的段落區分為四個分期。茲就全書討論的區域歷史脈絡及重要歷史建築的脈絡進行整體性分析。

一、一個激烈改變到平緩漸進的區域歷史變遷脈絡

17世紀隨著歐洲國家為了追尋金、銀、香料、珍貴物品及在東亞積極尋求殖民地和解決新教、舊教的衝突，歐洲國家把戰線延伸到海外。當時西班牙人在臺灣雞籠建立了聖薩爾瓦多城堡，並沿著北海岸擴展勢力，為了經濟物資補給的目的，於淡水興建了聖多明哥堡。西班牙人被荷蘭人驅離後，荷蘭人在此地興建聖安東尼歐城，在此地有傳教與工事的構築。隨著荷蘭人被鄭成功驅離，淡水成為邊陲之地。此段時期的空間變遷是極為激烈變動的時代。

從明鄭時期到清代開港階段，埔頂與鼻仔頭地區未受重視，僅有少數兵營駐守，此地區不在滬尾聚落發展的重心，然因紅毛城下方有滬尾水師守備，所以一般平民並無法任意接近，埔頂的部分地區則為漢人墓地。直至清乾隆、道光年

間，隨著從中國福建晉江、南安、惠安等地移民以福佑宮一帶作為商貿據點，滬尾開始出現重要廟宇，形成小型聚落後，人口及經濟發展逐漸擴大，此段時期埔頂及鼻仔頭地區的空間變遷是停滯的。

19世紀中葉淡水被迫開港，經濟角色從早期與大陸維持區域分工的關係轉而被納入世界的貿易體系中，由於對外貿易及國際分工，淡水市街的空間結構轉變劇烈，成為洋人可自由進出的港口，也開始影響埔頂及鼻仔頭地區的空間發展。由於國際條約容許租貸民屋、行棧存貨、租地自行建屋，興建禮拜堂、醫院、救濟院、學房、墳地等，所以洋人在此地發展。但因土地不允許賣予洋人，故洋人僅能貸房、買屋、租地，在變通方式下，便用永租的方式取得土地，陸續前來的洋人逐漸填滿當時淡水市街兩邊鼻仔頭及埔頂兩個區域尚未發展的地帶。靠近市街西端砲臺埔於淡水英國領事館一帶的荒地、沙灘地、墓地及市街東端鼻仔頭的荒地，洋人的建築物主要包括洋行、領事館、住宅、學校、教堂、醫館、墓園等，官方的建築物有海關、宿舍等。由於埔頂地區洋人的居留與傳教、通商等行為，促成西方教育、商業與政治機制在此地的緊密結合，與當時淡水漢人市街有極大的差異。此段時期的空間變遷雖有諸多建築物興建，卻不像西荷時期充滿各種衝突，歷史的變動是和緩的。

日人據臺後，臺灣總督府於明治30年（1897）4月24日以漢文公布淡水的外國人雜居地，埔頂、鼻仔頭及淡水市街皆被劃入範圍內，細查劃定的範圍是由淡水開港後，洋人與清政府協定的永代借地關係所形成的範圍，實質影響並不大。然而由於日本殖民統治及現代技術的進步，淡水有諸多現代化設施完成，例如北淡線鐵路、聯外及區域道路系統及淡水市區改正計畫等。但由於日本政府計畫性的清除外國在臺灣的勢力，故位於淡水埔頂地區靠近淡水河岸的外國洋行迅速消失，轉而被日本商行、行政機關、新式工場、倉庫取代。此時期空間發展分成兩支，一支為加拿大基督教長老教會接續偕叡理牧師過世後在埔頂所興辦的現代西方學校，以淡水中學校及淡水女學校作為傳教及教育的基地，但教育興辦的過程卻在日治末期遭受重大的阻礙，由此歷程發生的事件可看到西方傳教士在此地的努力經營及日本人對傳教士西式教育的反撲過程，實質的建設則在校園建築與宿舍。基本上此地的空間變遷是停滯的，加拿大基督教長老教會在淡水被限縮在埔頂地區，以傳教及教育為主，空間特質變為單一。另一支是鼻仔頭地區的空間變遷反而在昭和時期轉為劇烈，此證據可見於殼牌倉庫及淡水飛行場設置的案例。但隨著二次世界大戰的來臨，日本政府透過「敵產管理法施行細則」，將所有洋人建築物及資產進行接管。

綜上所述，日治時期的空間變遷源自淡水市街的改變與淡水港的衰退，但位在淡水埔頂地區的加拿大基督教長老教會興建的淡水中學校與淡水高等女學校屬於較為穩定的發展，鼻仔頭地區則出現較大的改變。更深遠的是從偕叡理牧師傳教到加拿大基督教長老教會在此地興辦西式教育與傳教歷程，間接影響了整個臺灣社會發展。

戰後，淡水受到急遽的改變，淡水埔頂及鼻仔頭地區的建築物面臨發展及歷史保存的問題，臺灣古蹟保存的思維亦因紅毛城事件萌生。因應臺灣古蹟保存意識的崛起與變化，這些地區重要的歷史建築物相繼被指定為古蹟。

二、一系列不同建築類型的演變脈絡

茲就淡水埔頂與鼻仔頭地區不同建築類型的演變脈絡整理成不同類別。

（一）淡水紅毛城及淡水英國領事館官邸的特色

淡水紅毛城及淡水英國領事館官邸淡水分別代表西方小型堡壘及殖民式建築在臺灣移植的案例。

最初西班牙人在淡水河口丘陵上興建「聖特・多明哥堡」，而後荷蘭人擊敗西班牙，隨後占領此堡壘，並開始重新修築及增建堡壘，稱之為「聖安東尼歐堡」。此堡建於險峻、有防禦工事及可遠眺的觀測點上，亦有西方堡壘通風衛生、工程技術與防禦的思維。

明鄭時期守將何祐修築此堡壘，至清代淡水同知王汧增建紅毛城東西大門二，南北小門二，作為兵營，最後淡水水師守備遷出紅毛城。

清代開港後，英國政府與清官方訂立「紅毛城永久租約」，故以永代借地方式取得此地土地作為領事館與領事官邸使用，經英國財政部通過在中國的工務局上海事務所對淡水的英國領事館進行整修，並興建、修建英國領事官邸，包括增建三面陽臺、加蓋二樓臥房、更換木質地板、增設飲用水自來水設備工程、裝設電燈及電扇設備工程、污水系統與熱水供應系統，成為今日淡水紅毛城及英國領事館官邸的樣貌。戰後由於中英斷交，淡水紅毛城英國領事館關閉，移交給澳大利亞駐華使館代管，後由美國代管，但因主權歸屬問題發生了「紅毛城事件」，最後紅毛城被指定為一級古蹟。

淡水紅毛城之特色在其主堡為方形城磐，內部採半圓筒形的穹窿結構，二樓做為辦公室，東室內側為領事辦公室，設有壁爐，外側為會計辦公室，有大保險櫃及文件焚化爐，外室是幹事、助理領事及翻譯員辦公室，底層穹窿利用磚牆隔了4個小牢房。

淡水英國領事館官邸之特色為二層樓，層中央廊廳式，兩側對稱安排客廳、廚房，各設有壁爐。建築物分成室內空間及室外迴廊拱圈系統，陽臺走廊占建築物三分之一到四分之一的面積，為半戶外的生活空間，此建築物以英制尺寸作為設計依據。立面設計特色上，按立面的向心性將兩端開口比例調鬆，中央開口調緊，入口拱兩側的併柱拉開，出現兩個開口。構造特色上，屋架為桁架系統，基礎為承重牆結構，底層抬高有通風口。陽臺走廊上方由木條菱形天花構成，以改善天花板內部通風。

（二）淡水海關及前清淡水關稅務司官邸的特色

淡水海關包含海關關署、長官官邸及碼頭區。碼頭區則包括碼頭本體、洋樓、倉庫。清代開港後以滬尾守備署開設淡水海關，正式收稅，清政府為管理方便及防弊，將海關管理權移轉給洋人。日治時期淡水海關移交給日本，更名為

「臺灣總督府稅關淡水支署」。淡水海關代表著清代開港後臺灣海關發展的歷史痕跡，

前清淡水關稅務司官邸為淡水海關公署購得位於砲臺埔土地興建，後被多次轉換使用。此官邸平面為矩形，東、西、南三面有陽臺，白色灰泥正立面有規律的半圓拱圈，廊柱上有簡單線腳裝飾，呈現出西式住宅建築的風格。

（三）加拿大基督教長老教會教士設計的建築特色

1.偕叡理牧師設計的系列建築物

偕叡理牧師來臺灣到過世期間，在淡水埔頂地區設計數棟建築物。

馬偕故居此建築物正面有拱廊，入口前有觀音石臺階，屋頂是四坡落水，地板抬高作為隔潮層，為臺灣留存的重要西式住宅建築。

華雅各故居作為許多加拿大基督教長老教會牧師居住，可惜於戰後增建二樓破壞原立面，但室內仍保有當時室內裝修的樣貌。

滬尾偕醫館為偕叡理牧師得到捐款所興建的臺灣第一所西醫院，此建築外觀有著中式閩南瓦的屋頂和西洋拱形門，室內有手術濯洗臺、壁爐、門鐘等設備，形式為中西混合的建築風格。

理學堂大書院由偕叡理牧師親自設計、監工，是北臺灣第一間西學學堂，最初配置在平面中間有天井，兩側有護龍，當時內部有教室、博物陳列室、圖書室、浴室及廚房，

為中西混合式合院格局。

2.淡水中學校及淡水女學校的建築物

淡水中學校建築物多為偕叡理牧師過世後，陸續來臺灣的加拿大傳教士所設計。

淡水中學校八角塔為羅虔益教士所設計，入口的主塔牆面以紅白交替的磚堆砌而成，正門以觀音石雕出雀替和宮燈，有中西混合的建築風格。

淡水中學校體育館為加拿大基督教長老教會臺灣設教50週年紀念禮拜使用，正面模仿閩南農宅立面，有馬背造形和鳥踏線作裝飾，門楣採用觀音石，交角處雕有雀替，兩旁有石雕垂花吊筒作燈座，內部屋頂為鋼桁架，為中西混合的形式。

淡水女學校是四合院中圍天井庭園的二樓建築，正面有精美的磚拱，二樓迴廊使用綠釉花瓶欄杆，正面山牆有濃厚的拜占庭趣味。

淡水女學校體育館內部屋頂為鋼桁架，外部立面有西洋拱圈風格。

淡水牧師樓及淡水姑娘樓為吳威廉牧師興建完成，建築內部為簡易隔間，正面有精美的磚拱，二樓迴廊採用花瓶欄杆。

淡水婦學堂屋頂為四坡頂，正立面有外廊拱圈，二樓有綠釉花瓶欄杆，表現出中西混合的風格。

淡水禮拜堂是偕叡理牧師醫師宿舍改建，有仿哥德式的尖塔、扶壁，柱頭以小帽尖裝飾，外牆以清水磚砌造，內部為鋼筋混凝土柱及樓板，屋頂為大跨距的鐵骨，再以木板作天花板，禮拜堂外立面左側是高聳的鐘塔。

（四）淡水洋行的特色

淡水埔頂地區的洋行僅剩得忌利士洋行及原英商嘉士洋行留存部分清代的痕跡。得忌利士洋行第一檢查場及輸入品倉庫保有當時洋行的建築構造與細部，原英商嘉士洋行倉庫留存數座年代不同的倉庫及殘蹟，配合石油輸送機能，尚遺留油管管線、油槽設施、鐵道月台遺跡。這些洋行代表清代開港後的商業貿易歷史痕跡。

（五）淡水洋人墓園的特色

淡水外僑墓園依宗教信仰、職業、國籍的不同，東區以基督教徒為主，西區以商人為主，南區以天主教為主，北區以官員為主，使用的材料有觀音山石、花崗石、唭哩岸石、大理石及磚材等，為臺灣少見及具代表性的洋人墓園。

馬偕墓園原為淡水外僑墓園，偕叡理牧師逝世後，家人遵從其遺囑，以圍牆將其墓與其他洋人之墓隔開，以表明偕叡理牧師為臺灣人。墓園內為偕叡理牧師家屬、親人及學生等墳墓，墓碑形式亦極有特色。

（六）淡水飛行場的特色

推測淡水飛行場當時包括機場事務所、飛機修護廠、油庫、航空測候所、滑道碼頭及牽引機等，可分為飛行機使用及建築物兩大分區，飛行機使用區域最主要為停機坪及滑溜台，基地內堤岸及駁坎均為日治時期所興建，並設有防空洞數座。當時航行的區域涵蓋關渡到淡水燈臺的河域。

淡水氣候觀測所區分為辦公廳舍、風力塔、觀測坪、附屬空間、官舍等部分，屬於風力塔與辦公廳舍分離的型式。建築物配置採西北、東南方向。辦公廳舍位於氣象觀測坪及風力塔之間，以方便工作人員管理及紀錄兩邊儀器的數據。至於辦公廳舍內部主要空間，包括當值室、應接室、事務室、炊事場等，另三層樓高的風力塔為鋼筋混凝土造建築物。

三、後續研究

本書建議未來可就臺灣旗後、打狗、安平、臺南、基隆、大稻埕等外國人雜居地現存的建築及遺跡進行個案研究，以建構清代臺灣開港後洋人主要活動區域的整個發展樣貌。

此外，關於淡水研究部分，建議著重於清代開港後淡水與廈門間通商貿易的洋行、永代借地個案進行研究，以補足現行淡水學研究中較為缺乏的部分。

參考書目

大谷光瑞，1985，《臺灣島之現在》，中國方志叢書177，臺北：成文出版社。

大藏省管理局，無出版年份，《日本人の海外活動に關する歷史的調查通卷第十七冊臺灣篇第六分冊の四附錄臺灣統治概要》，東京都：ゆまに書房。

山本正一，1928，《淡水港の整備に就て》，淡水：淡水郡役所。

井出季和太，1997，《臺灣治績志》，1937年2月臺北初版發行，臺北：南天出版社。

中村孝志，1936-1937，〈蘭人時代の蕃社戶口表〉，《南方風俗》4卷1期及3期，頁42-59，頁181-196。

中村孝志，1970，〈十七世紀西班牙臺灣的佈道事業〉，《臺灣風物》第40卷2期，頁89-103。

中村孝志，1991，〈十七世紀中葉的淡水、基隆、臺北〉，《臺灣風物》第41卷3期，頁118-132。

丹尼爾・尤金，1991，《石油世紀》，薛絢譯，臺北：時報文化出版企業有限公司。

手塚猛昌，1911，《臨時臺灣舊慣調查會第一部調查第三回報告書臺灣私法附錄參考書第一卷下》，東京：東洋印刷株式會社。

白惇仁總編纂，1989，《淡水鎮志》，臺北縣：淡水鎮公所。

米復國，1997，《1860S~1890S 淡水、大稻埕及艋舺殖民建築之研究：殖民與後殖民論述的考察》，行政院國家科學委員會專題研究什畫（NSC 86-2221-E-032-008）。

何鳳嬌，2003，《戰後初期臺灣土地的接收與處理》，政治大學歷史研究所博士論文。

李汝和主編，1989，《巴達維亞城日記第二冊》，郭輝翻譯，王詩琅、王世慶校訂，臺中：臺灣省文獻會。

李乾朗，1996，《淡水福佑宮調查研究》，臺北縣政府文化局委託。

李乾朗，2003，《臺北縣縣定古蹟原英商嘉士洋行倉庫調查研究及修護計劃》，臺北縣政府文化局委託。

李乾朗，2005，《臺北縣縣定古蹟淡水氣象測候所調查研究及修護計劃》，臺北縣政府文化局委託。

李慧珍、吳孟真、周佑芷、許壬馨、李毓中譯，2003，〈哈辛托·艾斯奇維（Jacinti Esquivel）神父1632年所寫「福爾摩沙島情況相關事務的報告」〉，《臺灣文獻》第54卷第4期，頁283-306。

李毓中，2005，〈從大航海時代談起：西班牙人在淡水（1627-1637）〉，《揭開紅毛城四百年歷史—淡水紅毛城修復暨再利用國際學術研討會》，頁7-20。

李國祈，1996，〈清代臺灣社會的轉型〉，《認識臺灣歷史歷史論文集》，頁111－148。

防衛廳防衛研修所戰史室，1970，《沖繩·臺灣·硫黃島方面陸軍航空作戰》。

吳孟真、吳奇娜、馬若庸、許壬馨、李毓中譯，2004〈1632年哈辛托·艾斯奇維（Jacinti Esquivel）神父所寫「有關福爾摩沙島近況變化的報告」〉，《臺灣文獻》第55卷第2期，頁326-341。

吳有如等畫，1998，《點石齋畫報》，上海：上海文藝出版社。

房立中，1991，《世界兵器辭典》，臺北：天工書局。

林子侯，1978，《臺灣涉外關係史》，臺北：三民書局。

林昌華，1998，〈馬偕牧師與淡水——日記與書信的考察〉，《淡水學術研討會—過去、現在、未來》，淡江大學歷史學系主辦。

林晚生，2007，《福爾摩沙紀事-馬偕臺灣回憶錄》，臺北：前衛出版社。

林熙浩，2007，〈日治時期長老教會姑娘於淡水地區的教育活動〉，《第四屆淡水學國際學術研討會》。

林會承，2002，〈臺灣清末洋式建築研究（一）洋關、領事館燈塔及洋行〉，《藝術評論》第13期，頁15-94。

林會承，2005，〈臺灣的西式城堡〉，《揭開紅毛城四百年歷史—淡水紅毛城修復暨再利用國際學術研討會》，頁41-72。

林滿紅，1978，《茶、糖、樟腦業與臺灣之社會經濟變遷》，臺北：聯經出版社。

周守真，1989，《日據時期淡水之空間變遷》，淡江大學建築研究所碩士論文。

周宗賢，1998，〈淡水外國人墓園初探〉，《淡水學術研討會—過去、現在、未來》，淡江大學歷史學系主辦。

周宗賢計畫主持，2003，《臺北縣縣定古蹟淡水外僑墓園調查研究及修復計畫》，臺北縣：淡江大學。

周宗賢研究主持，2005，《臺北縣縣定古蹟淡水禮拜堂調查研究及修護計畫》，臺北縣政府文化局委記。

周明德，1992，《臺灣風雨歲月》，臺北：聯明出版社。

周明德，1994，《海天雜文》，臺北縣：臺北縣立文化中心。

周明德，2007，〈馬偕博士紀念圖書館與謠曲－有坂一世用心治校〉，《第四屆淡水學國際學術研討會》。

泉田英雄，1989，〈イキリス工務局上海事務所と淡水イキリス領事館 アジアにおけるイキリス技術者の系譜その3〉。

泉田英雄，1989，〈臺灣における初期英國領事館建築，工務局上海事務所〉，《亞洲近代建築史國際研討會論文集》。

郁永河，1983，《裨海紀遊》，臺北：成文出版社。

柯設偕，1933，《淡水教會史》，蘇文魁先生提供，未出版。

柯設偕編，1985，〈詩美の郷淡水〉，收於《淡水概況》昭和5年排印本，中國方志叢書臺灣地區337，臺北：成文出版社。

查忻，2001，《皇民化運動與臺灣基督長老教會學校》，國立暨南大學歷史研究所碩士論文。

俞怡萍，2002，《清末臺灣洋務政策下的建築活動〈1863-1895〉》，中原大學建築研究所碩士論文。

高野義夫，1997，《旧植民地人事総覧：台湾編》，東京：日本圖書センター。

徐福全，2005，《臺北縣縣定古蹟淡水海關碼頭調查研究及修復計畫》，臺北縣政府文化局委託。

財團法人成大研究發展基金會及國立成功大學建築系，2001，《臺灣氣象建築史料調查研究》，交通部中央氣象局委託。

翁佳音，1998，《大臺北古地圖考釋》，臺北縣：臺北縣立文化中心。

翁靖傑、堀込憲二，2010，〈日治時期臺灣近代建築建築材料紅磚使用之研究－以T.R與S商標作為紅磚調查初探〉，《中華民國建築學會第22屆建築研究成果發表會論文集》。

馬偕，1972，《馬偕博士、略傳》，陳宏文譯，臺南：臺灣教會公報社。

建築雙月刊編輯部，1963，〈淡水別墅〉，《建築雙月刊》第7期，頁18-20。

梁景峰主編，1978，《再見・上國－李雙澤作品集》，臺北縣：長橋出版社。

崛込憲二，2005，〈淡水紅毛城與維多利亞磁磚〉，《揭開紅毛城四百年歷史—淡水紅毛城修復暨再利用國際學術研討會》，頁107-118。

淡水郡役所，1930，《淡水郡管內要覽》。

淡水郡役所，1934，《淡水郡役所》。

淡水街役場，1985，〈淡水街要覽〉，收於《淡水概況》昭和13年排印本，中國方志叢書臺灣地區337，臺北：成文出版社。

淡水測候所提供，1945，《臺灣光復接收卷宗淡水測候所》，無出版。

淡江中學，1997，《淡江中學校史》，臺北縣：臺北縣私立淡江中學。

陳宏文譯，1997，《北部基督教長老會的歷史》，臺南：人光出版社。

陳培桂主修，1983，《淡水廳志》，中國方志叢書第15號，臺北：成文出版社。

陳國棟，1978，〈西班牙及荷蘭時代的淡水（上）〉，《臺灣人文》第3期，頁27-37。

陳國棟，1978，〈西班牙及荷蘭時代的淡水（下）〉，《臺灣人文》第4期，頁25-33。

陳國棟，1983，〈淡水聚落的發展〉，《國立臺灣大學建築與城鄉研究學報》第2卷1期，頁5-20。

陳捷先編纂，1982，《臺北市發展史（二）》，陳三井總纂，臺北市文獻委員會印行。

陳穎禎，2008，《加拿大宣教師吳威廉在北臺灣的建築生產體系及作品研究》，臺北藝術大學建築與古蹟保存研究所碩士論文。

曹永和，1996，〈環中國海域交流史上的臺灣和日本〉，《臺灣史論文精選（上）》，張炎獻、李筱峰、戴寶村主編，臺北：玉山社出版事業有限公司。

郭和烈，1971，《宣教師偕叡理牧師傳》。

張志源，1999，《殖民與去殖民文本的文化想像—重讀淡水埔頂地景》，私立淡江大學建築研究所碩士論文。

張志源，2002，〈日治時期淡水地景「異國情調遊樂場」之文化想像〉，《中華民國建築學會第十四屆建築研究成果發表會論文集》，臺北縣：淡江大學。

張志源，2002，〈文化想像的轉移：重讀淡水紅毛城殖民文本〉，《中華民國建築學會第十四屆建築研究成果發表會論文集》，臺北縣：淡江大學。

張志源，2003，〈戰後淡水市街地景變遷之文化想像〉，《中華民國建築學會第十五屆建築研究成果發表會論文集》，臺中縣：逢甲大學，B6。

張志源、邱上嘉，2004，〈臺灣淡水鼻仔頭殼牌倉庫歷史與空間變遷研究〉，《設計研究》第4期，頁104-115。

張志源，2007，〈日治時期西川滿對淡水地景之文化想像〉，《中華民國空間設計學會年會論文集》，高雄縣：樹德科技大學，頁A-19-A-24。

張志源、邱上嘉，2007，〈西元1937－1945年臺灣淡水水上機場空間變遷之研究〉，《科技學刊》第16卷第2期，頁151-161。

張志源，2010，〈西元1930－1934年柯設偕的詩作對淡水地景的想像分析〉，《中華民國建築學會第二十二屆第二次建築研究成果發表會論文集》，臺中：逢甲大學。

張志源，2010，〈西元1942年－1945年臺灣總督府氣象臺淡水飛行場出張所空間選址及演變研究〉，《臺北文獻》第174期，頁239-265。

張志源，2011，〈殼牌在淡水(1894~1910)－淡水殼牌運輸貿易會社、拉派克·嘉士會社、三毛路會社石油倉庫土地產權、棧橋興建、業務經營之探討〉，《臺北文獻》第178期，頁119-158。

黃六點，1972，《臺灣基督長老教會北部教會大觀》，臺北：臺灣基督長老教會。

黃瑞茂主持，2008，《埔頂歷史風貌特定區都市設計計畫暨古蹟周邊都市設計審議原則與準則擬定計畫》，臺北縣：淡水古蹟博物館。

黃信穎，2002，《日治時期臺灣「外國人雜居地」之空間研究》，中原大學建築研究所碩士論文。

黃俊銘，2005，〈日治時期淡水英國領事館建築考〉，《揭開紅毛城四百年歷史—淡水紅毛城修復暨再利用國際學術研討會》，頁73-105。

黃俊銘，2010，《淡水藝術大街第二期工程前期評估案階段成果報告》，臺北縣立古蹟博物館委託。

黃富三，1982，〈清代臺灣外商之研究—美利士洋行（上）〉，《臺灣風物》第32卷第4期，頁105-136。

黃富三，1984，〈清代臺灣外商之研究—美利士洋行（續補）〉，《臺灣風物》第34卷第1期，頁123-140。

黃富三，1996，〈臺灣開港前後怡和洋行對臺貿易體制演變〉，《臺灣商業傳統國際學術研討會論文集》。

偕叡理，2012，《馬偕日記1871-1901》，臺北：玉山社。

莊家維，2005，《近代淡水聚落的空間構成與變遷—從五口通商到日治時期》，國立成功大學建築研究所碩士論文。

曾令毅，2007，〈1895年《淡水新政記原稿庶》之史料介紹及其價值〉，《第四屆淡水學國際學術研討會》。

曾令毅，2008，《日治時期臺灣航空發展之研究（1906-1945）》，淡江大學歷史研究所碩士論文。

曾健洲，2001，〈臺灣日治時期測候所建築之研究〉，《臺灣史蹟》第39期，頁48-61。

溫振華、江蕙，1998，〈清代淡水地區平埔族分佈與漢人移墾〉，《淡水學術研討會—過去、現在、未來》，淡江大學歷史學系主辦。

葉振輝，1985，《清季臺灣開埠之研究》，臺北：標準書局。

葉振輝，1987，〈英國副領事館的設置〉，《臺灣文獻》第38期，頁109-122。

楊仁江，2005，〈淡水紅毛城修復中的發現〉，《揭開紅毛城四百年歷史—淡水紅毛城修復暨再利用國際學術研討會》，頁171-188。

詹素娟，1998，〈分類的迷思—淡水河系原住民的族群類緣問題〉，《淡水學術研討會—過去、現在、未來》，淡江大學歷史學系主辦。

董顯光，1962，《基督教在臺灣的發展》，臺北：大地印刷。

劉益昌，1995，〈第九十九回臺灣研究會記錄—史前文化與原住民關係初步探討〉《臺灣風物》第45卷第3期，頁83-90。

劉銘傳，1958，《劉壯肅公奏議（第二冊）》臺灣文獻叢刊第二七種，臺北：臺灣銀行經濟研究室。

劉渭平，1993，〈德記洋行的盛衰〉，《傳記文學》第62卷5期，頁53-56。

劉寧顏主編，1990，《巴達維亞城日記第三冊》，村上直次郎日文譯注，中村校志日文校著，程大學中文翻譯，臺中：臺灣省文獻會。

蔡榮堂建築師事務所，1999，〈淡水學院禮拜堂〉，《建築師》，4月號，頁76-83。

漢光建築師事務所，1988，《淡水滬尾砲臺修護調查研究報告書》，臺北縣政府文化局委託。

閻亞寧計畫主持，2005，《臺北縣縣定古蹟滬尾偕醫館調查研究及修復計畫》，臺北縣文化局委託。

鄭吉鈞，1997，《臺灣涼臺殖民地樣式建築發展歷程之研究》，中原大學建築研究所碩士論文。

臺北市文獻委員會發行，1980，《臺北市耆老會談專集》。

臺北縣立淡水古蹟博物館，2006，《荷蘭與淡水的邂逅－重現荷蘭歷史的安東尼堡》。

臺灣大學土木研究所，1983，《淡水紅毛城古蹟區保存計畫》。

臺灣省文獻會，1960，《臺灣通志稿（卷三）政事志外事篇》。

臺灣省文獻會，1984，《臺灣慣習紀事（中譯本）第壹卷上》。

臺灣省文獻會，1986，《臺灣慣習記事（中譯本）第五卷上》。

臺灣省文獻會，1994，《臺灣私法物權編（第8冊）》。

臺灣省文獻委員會，1990，《臨時臺灣舊慣調查會第一部調查第三回報告書臺灣私法》。

臺灣省警備總司令部編，1945，《臺灣警備總司令部軍事接收總報告》。

臺灣基督長老教會總會歷史委員會，1965，《臺灣基督長老教會百年史》。

臺灣經世新報社編，1994，《臺灣大年表》

臺灣銀行經濟研究室，1959，《老臺灣》。

臺灣銀行經濟研究室，1960，《臺灣六記》。

臺灣銀行經濟研究室，1963，《臺灣府輿圖纂要》。

臺灣銀行經濟研究室，1963，《淡水廳志》。

臺灣銀行經濟研究室，1971，《淡新檔案選錄行政篇初集》。

臺灣銀行經濟研究室，1984，《法軍侵臺檔》。

臺灣銀行經濟研究室編，1987，《清朝柔遠記選錄》。

臺灣銀行經濟研究室，1997，《籌辦夷務始末選輯》。

臺灣總督府編，1985，《臺灣總督府民政事務成績提要》，臺北：成文出版社。

臺灣總督府編，1985，《臺灣總督府民政事務成績提要第十一編》官房外事ノ部。

臺灣總督府編，1985，《臺灣總督府民政事務成績提要 第一五編》，官房外ノ事部。

臺灣總督府編，1985，《臺灣總督府民政事務成績提要 第二二編》，官房外ノ事部。

臺灣總督府，1945，《臺灣統治概要》。

臺灣總督府警務局，1925，《臺灣衛生要覽》。

臺灣總督府鐵道部，1910，《臺灣鐵道史上》。

謝德錫，2007，〈臭油棧傳奇－淡水殼牌倉庫的鎏金歲月〉，《世紀的彩顏﹝淡水殼牌倉庫公開捐贈儀式紀念冊）》，臺北縣：淡水文化基金會。

鍾堅，1996，《臺灣航空決戰》，臺北：麥田出版社。

戴寶村，1984，《清季淡水開港之研究（1860－1894）》，國立臺灣師範大學歷史研究所專刊（11），國立臺灣師範大學歷史研究所。

薛琴，2005，〈淡水紅毛城的修復〉，《揭開紅毛城四百年歷史—淡水紅毛城修復暨再利用國際學術研討會》，頁119-126。

薛鐘，1950，〈光復後之臺灣省氣象所〉，《氣象通訊》，第（7-12）期。

藤森照信，1993，《日本の近代建築》（上），東京：岩波書店。

賴永祥，1976，〈淡水開港與設關始末〉，《臺灣風物》第26卷2期，頁3-17。

蘇文魁，1998，〈臺灣教會的百年老店：新店教會〉，《臺北縣立文化中心季刊》，第57期，頁64-68。

蘇文魁，2011，《臺灣女婿黑鬚番從馬偕博士說起》，臺南市：臺灣教會公以社。

Marian Keith. 2003.《黑鬚番》, 蔡岱安譯，臺北：前衛出版社。

Zonduliet. 1997.《十七世紀荷蘭人繪製的臺灣老地圖》，臺北：漢聲出版社。

Gregory. D. .1994. The Dictionary of Human Geography. Oxford. UK: Basil Blackwell.

Harold M. Otness. 1999. One Thousand Westerners in Taiwan to 1945：A Biographical and Bibliographical Directory. 臺北：中央研究院民族研究所。

King, Anthony D. 1984.The Bungalow: The Production of a Global Culture. London, Boston, Melbourne, and Henley：Routledge.

Solomon Bard. 1993. Traders of the Hong Kong：Some Foreign Merchant Houses 1841-1899. Hong Kong : Urban Council.

The Shell Oil Company. 1897. The Shell Transport and Trading Company, Ltd.

Walter Hellebrand. 2005. Fighting for Profit—The Dutch East India Company’s 17th Century Fortifications and Fort Anthonio In Tamsui. 《揭開紅毛城四百年歷史—淡水紅毛城修復暨再利用國際學術研討會》，頁21-40。

【臺灣總督府公文類纂檔案】

明治28年（1895）《臺灣總督府公文類纂》〈淡水、基隆稅關受渡ニ關シ島村〔久〕公使〔館書記官〕トモールストノ談判書類〉，冊號：32，文件號：11。

明治30年（1897）《臺灣總督府公文類纂》，〈滬尾給水工事調查報告〉，冊號：191，文件號：31。

明治30年（1897）《臺灣總督府公文類纂》，＜英商ヅヤーデン、マゼソン〔會社〕及英商ラプレイク、カス會社〔ヨリ〕淡水鼻仔頭石油倉庫及附屬棧橋建設出願ノ件＞，冊號：174，文件號：3。

明治30年（1897）《臺灣總督府公文類纂》，＜在淡水英國領事館買收并在淡水英國領事館敷地撰定ノ件＞，冊號：131，文件號：11。

明治30年（1897）《臺灣總督府公文類纂》，＜英商フランシス、アシユトシノ永借地タル〔淡水滬尾〕海灘地埋立許可ノ件＞，冊號：174，文件號：8。

明治31年（1898）《臺灣總督府公文類纂》，〈ラプレスカス會社鼻仔頭ニ浮標設置ニ關スル件〉，冊號：285，文件號：9。

明治32年（1899）《臺灣總督府公文類纂》，＜英商テート商會滬尾海埔埋立不認可＞，冊號：4619，文件號：8。

明治33年（1900）《臺灣總督府公文類纂》，＜英國人エフ、アシトン埠頭倉庫會社設立ニ付滬尾棧橋築設認可并同棧橋許可一＞，冊號：562，文件號：9。

明治33年（1900）《臺灣總督府公文類纂》，〈英國人エフアシユトンヨリ船舶修理所建設ノ為滬尾鼻仔頭ノ海面海埔使用方願ノ件〉，冊號：4629，文件號：28。

明治33年（1900）《臺灣總督府公文類纂》，〈臺北縣芝蘭三堡庄仔內庄鼻仔頭ニ於ケル英國人フランシス・カス及同國人フランシス・アシユトン兩人ノ買收シタル永代借地全部ヲ相當代價ヲ以テ讓受タル旨通知ノ件〉，冊號：545，文件號：2。

明治39年（1906）《臺灣總督府公文類纂》，〈芝蘭三堡滬尾街ニ於ケル官有地學租財團ヘ無償下付等ノ件〉，冊號：1202，文件號：6。

明治43年（1910）《臺灣總督府公文類纂》，＜臺北長老教會婦學堂設立認可ノ件（英國臣民ハンナー、カーネル）＞，冊號：1653，文件號：19。

大正3年（1914）《臺灣總督府公文類纂》，＜私立淡水中學校設立認可＞，冊號：2261，文件號：3。

大正5年（1916）《臺灣總督府公文類纂》，＜私立學校規則變更認可ノ件＞，冊號：2515，文件號：16。

大正5年（1916）《臺灣總督府公文類纂》＜芝蘭三堡滬尾街ニ於ケル官有地學租財團ヘ無償下付等ノ件＞，冊號：1202，文件號：6。

大正6年（1917）《臺灣總督府公文類纂》，＜淡水婦學堂學則變更認可ノ件（英國加奈太長老教會）＞，冊號：2622，文件號：6。

大正8年（1919）《臺灣總督府公文類纂》，＜淡水烽火街土地使用許可願ニ關スル件（不許可ノ分）＞，冊號：11265，文件號：18。

大正11年（1922）《臺灣總督府公文類纂》，＜ケニネス、ウ井リアム、ダウ井私立淡水中學設立認可ノ件＞，冊號：3417，文件號：8。

大正13年（1924）《臺灣總督府公文類纂》，＜私立淡水中學學則一部改正ノ件＞，冊號：7249，文件號：16。

大正14年（1925）《臺灣總督府公文類纂》，〈ライジングサン石油株式會社河川埋立開墾願ノ件許可（臺北州）〉，冊號：3890，文件號：1。

昭和12年（1937）《臺灣總督府公文類纂》，＜財團法人私立淡水中學及私立淡水女學院維持財團經費州費補助認可指令案＞，冊號：10735，文件號：15。

昭和14年（1939）《臺灣總督府公文類纂》，＜指令第八三七五號臺北州財團法人淡水中學校及私立淡水高等女學校經費ニ對シ州費補助ノ件認可＞，冊號：10873，文件號：4。

【日本外務省外交史料館檔案】

明治30年（1897），〈臺灣島ニ於ケル外國人居留地經界確定一件〉，《日本外務省外交史料館紀錄》，3門，12類，2項，33號。

【臺灣總督府報】

明治30年（1897）4月21日，《臺灣總督府報》第63號。

明治30年（1897）4月24日，《臺灣總督府報》第66號。

明治30年（1897）5月4日，《臺灣總督府報》第72號。

明治32年（1899）7月16日，《臺灣總督府報》第561號。

【官報】

明治33年（1900）7月1日，《臺北縣報》第174號。

明治42年（1909）9月1日，《臺北廳報》第809號。

【Hong Kong Daily Press檔案】

Hong Kong Daily Press .1876. Chronicle & Directory for China, Japan, the Philippines.

Hong Daily Press.1899.Chronicle & Directory for China, Japan, the Philippines.

Hong Kong Daily Press.1901.Chronicle & Directory for China, Japan, the Philippines.

Hong Kong Daily Press.1907.Chronicle & Directory for China, Japan, the Philippines.

Hong Kong Daily Press.1909.Chronicle & Directory for China, Japan, the Philippines.

Hong Kong Daily Press.1912.Chronicle & Directory for China, Japan, the Philippines.

Hong Kong Daily Press.1913.Chronicle & Directory for China, Japan, the Philippines.

【網頁】

大日本航空株式會社之發展網頁：http://www.qdta.cn/shizhi/lvyouzhi-236.htm

日本航空公司網頁： http://www.jal.co.jp/

美國德州大學圖書館網頁：http://www.lib.utexas.edu/maps/ams/formosa_city_plans/txu-oclc-6594794.jpg.

【臺灣日日新報】

明治31年（1898）11月8日，《臺灣日日新報》，〈ドグラス滊船の延著〉。

明治31年（1898）12月21日，《臺灣日日新報》，〈奪其利權〉。

明治33年（1900）11月17日，《臺灣日日新報》，〈嘉士倒盤〉。

明治33年（1900）11月18日，《臺灣日日新報》，〈嘉士洋行主逝去ご負債〉。

明治33年（1900）11月20日，《臺灣日日新報》，〈嘉士洋行と大稻埕茶行〉。

明治33年（1900）11月20日，《臺灣日日新報》，〈嘉士洋行の內情〉。

明治33年（1900）12月16日，《臺灣日日新報》，〈茶商公會對嘉士洋行の訴訟〉。

明治33年（1900）12月19日，《臺灣日日新報》，〈臨時代理店〉。

明治33年（1900）12月19日，《臺灣日日新報》，〈訴訟提起〉。

明治33年（1900）12月28日，《臺灣日日新報》，〈嘉士洋行記事に就さ〉。

明治34年（1901）1月8日，《臺灣日日新報》，〈嘉士洋行と日本〉。

明治34年（1901）4月19日，《臺灣日日新報》，〈嘉士洋行遺產競賣〉。

明治34年（1901）4月21日，《臺灣日日新報》，〈遺產拍賣〉。

明治34年（1901）5月12日，《臺灣日日新報》，〈債將攤結〉。

明治34年（1901）7月17日，《臺灣日日新報》，〈鐵路將竣〉。

明治37年（1904）3月5日，《臺灣日日新報》，〈ドグラス會社淡水代理店〉。

大正元年(1912) 12月8日，《臺灣日日新報》，〈煉瓦製造公司〉。

大正3年（1914）3月13日，《臺灣日日新報》，〈教會淡水中學〉。

大正3年（1914）4月1日，《臺灣日日新報》，〈淡水中學校開業式〉。

大正4年（1915）2月7日，《臺灣日日新報》，〈淡水中學生募集〉。

大正5年（1916）1月25日，《臺灣日日新報》，〈淡水中學募集〉。

大正6年（1917）9月28日，《臺灣日日新報》，〈淡水中學校遠足〉。

大正6年（1917）10月22日，《臺灣日日新報》，〈吳宣教師紀念會〉。

大正7年（1918）4月17日，《臺灣日日新報》，〈慈善音樂會〉。

大正8年（1919）2月14日，《臺灣日日新報》，〈淡水中學生募集〉。

大正9年（1920）8月3日，《臺灣日日新報》，〈淡水中學新講師〉。

大正9年（1920）11月27日，《臺灣日日新報》，〈淡生修學旅行〉。

大正10年（1921）1月5日，《臺灣日日新報》，〈神田男蒞淡水〉。

大正10年（1921）10月31日，《臺灣日日新報》，〈淡水中學の陸上運動會〉。

大正10年（1921）11月1日，《臺灣日日新報》，〈ラ式蹴球研究會成立〉。

大正11年（1922）3月22日，《臺灣日日新報》，〈淡中規則改正〉。

大正11年（1922）5月29日，《臺灣日日新報》，〈淡水運動會 ■ 中學校で一昨日開催會〉。

大正11年（1922）9月29日，《臺灣日日新報》，〈私立校及新規則〉。

大正12年（1923）4月3日，《臺灣日日新報》，〈台覽陸上競技申込二百名〉。

大正12年（1923）10月14日，《臺灣日日新報》，〈淡水中學陸上競技〉。

大正12年（1923）10月24日，《臺灣日日新報》，〈淡水中學生旅行〉。

大正13年（1924）3月18日，《臺灣日日新報》，〈淡水中學募生徒〉。

大正13年（1924）5月21日，《臺灣日日新報》，〈淡水中學競技會〉。

大正14年（1925）6月23日，《臺灣日日新報》，〈中學校舍落成式〉。

大正14年（1925）6月23日，《臺灣日日新報》，〈淡水中學　落成式　二十九日舉行〉。

大正14年（1925）9月26日，《臺灣日日新報》，〈淡水中學運動會〉。

昭和元年（1926）5月14日，《臺灣日日新報》，〈淡水中學陸上競技會〉。

昭和元年（1926）11月5日，《臺灣日日新報》，〈淡中蹴球戰　二學年優勝〉。

昭和2年（1927）2月26日，《臺灣日日新報》，〈淡水中學　募集生徒〉。

昭和3年（1928）3月1日，《臺灣日日新報》，〈淡水中學　募集新生〉。

昭和3年（1928）3月29日，《臺灣日日新報》，〈淡水中學　募集新生〉。

昭和4年（1929）3月1日，《臺灣日日新報》，〈淡中生徒募集〉。

昭和5年（1930）3月1日，《臺灣日日新報》，〈淡水中學校　募生〉。

昭和5年（1930）6月5日，《臺灣日日新報》，〈淡水中學運動會〉。

昭和5年（1930）8月7日，《臺灣日日新報》，〈淡水中學校長偕叡廉我凡二十餘年〉。

昭和6年（1931）3月21日，《臺灣日日新報》，〈淡水中學募生〉。

昭和7年（1932）4月2日，《臺灣日日新報》，〈淡水中學生徒募集〉。

昭和7年（1932）11月3日，《臺灣日日新報》，〈淡水中學野球戰〉。

昭和8年（1933）4月2日，《臺灣日日新報》，〈淡水中學招募入學生〉。

昭和8年（1933）5月29日，《臺灣日日新報》，〈淡水中學　陸上競技大會〉。

昭和9年（1934）3月14日，《臺灣日日新報》，〈淡水中學生徒募集〉。

昭和10年（1935）3月12日，《臺灣日日新報》，〈淡水中學　募集生徒〉。

昭和10年（1935）3月29日，《臺灣日日新報》，〈國體觀念に缺陷あろを　淡水中學が暴露　臺灣神社遙拜を肯んぜず當局は斷乎たる決意〉。

昭和10年（1935）3月29日，《臺灣日日新報》，〈淡水中學校長詳細報告　州教警課に出頭〉。

昭和10年（1935）4月10日，《臺灣日日新報》，〈淡水中學の國旗不揭　學校當局者　州へ釋明〉。

昭和10年（1935）4月16日，《臺灣日日新報》，〈淡水中學の一大改善策　學則に遙拜も加へて　國民教育に力を注ぐ〉。

昭和10年（1935）4月16日，《臺灣日日新報》，〈淡水中學撲滅期成同盟會を結成〉。

昭和10年（1935）4月17日，《臺灣日日新報》，〈皇政會の演説會〉。

昭和10年（1935）4月17日，《臺灣日日新報》，〈淡水中學改善案　於學則加入遙拜　注力國民教育〉。

昭和11年（1936）3月13日，《臺灣日日新報》，〈淡中撲滅期成同盟會が蹶起〉。

昭和11年（1936）3月13日，《臺灣日日新報》，〈淡水中學教育方針　依舊大缺國體觀念　國史擔任鈴木教諭辭職〉。

昭和11年（1936）3月13日，《臺灣日日新報》，〈淡中問題　憲兵重視　派曹長調查〉。

昭和11年（1936）3月14日，《臺灣日日新報》，〈淡水中學撲滅期成同盟　蹶起運動〉。

昭和11年（1936）3月17日，《臺灣日日新報》，〈淡中鑑世論大反對　擬改革招聘内地人教員　涵養國民精神徹底國語〉。

昭和11年（1936）4月22日，《臺灣日日新報》，〈淡中撲滅期成同盟　實行委員が陳情　けふ今川知事に〉。

昭和11年（1936）4月27日，《臺灣日日新報》，淡中批判の演説會　今晩ホテルで〉。

昭和11年（1936）5月5日，《臺灣日日新報》，〈五代表を招致して　淡水中學に大警告　國民教育上看過出來ぬとて　州に學校移讓を慫慂〉。

昭和11年（1936）5月14日，《臺灣日日新報》，〈〝淡中〞移讓に　教會は迷ふ　再度知事訪問か〉。

昭和11年（1936）6月4日，《臺灣日日新報》，〈淡中に愛想を盡かし　二教師、斷然辭職　國民教育に對する　無理解、不誠意を憤つて〉。

昭和11年（1936）6月5日，《臺灣日日新報》，〈祟る淡中　反國體的教育方針を　徹底的に再調查　臺北憲兵分隊の手で〉。

昭和11年（1936）6月5日，《臺灣日日新報》，〈學校は移讓せず　教會と中會で經營　問題の淡中及び淡女につき　きのふ協議會で決定〉。

昭和11年（1936）6月5日，《臺灣日日新報》，〈淡中撲滅同盟會が會合決議〉。

昭和11年（1936）6月12日，《臺灣日日新報》，〈淡中同女學移讓案　學校正式提出回答　主體仍以舊教會為中心〉。

昭和11年（1936）6月12日，《臺灣日日新報》，〈鈴樹州教育課長如淡水追究學校長態度　教師十二名辭去三分之二〉。

昭和11年（1936）6月13日，《臺灣日日新報》，〈淡水中學問題と國民教育　州委讓が是か教會中心是か〉。

昭和11年（1936）8月9日，《臺灣日日新報》，〈淡水中學問題と國民教育　州委讓が是か教會中心是か〉。

昭和11年（1936）8月10日，《臺灣日日新報》，〈淡水中學及女學院　願以九萬餘圓移讓　當局認有誠意著手評價〉。

昭和11年（1936）8月16日，《臺灣日日新報》，〈淡中の移讓問題　愈よ正式に決定　婦女義塾と共に敷地を九萬圓で　新財團が買收する〉。

昭和11年（1936）12月27日，《臺灣日日新報》，〈淡水中學校長　有坂氏に決定〉。

昭和12年（1937）7月9日，《臺灣日日新報》，〈淡水中學でけふ神宮大麻奉齋式〉。

昭和13年（1938）9月27日，《臺灣日日新報》，〈血染の國旗を恩師に贈る　淡水中學生の赤誠〉。

昭和13年（1938）11月5日，《臺灣日日新報》，〈步武堂堂と街内を行進　淡水中學の心身鍛錬〉。

昭和15年（1940）8月14日，《臺灣日日新報》，〈淡水飛行場の敷地實地測量に著手する〉。

昭和15年（1940）9月5日，《臺灣日日新報》，〈內台定期航空路を水陸の二本建に 淡水に水上空港を開設〉。

昭和16年（1941）1月18日，《臺灣日日新報》，〈淡水水上飛行場愈よ近く工事に著手〉。

昭和16年（1941）7月9日，《臺灣日日新報》，〈神社境内を清掃奉仕〉。

昭和16年（1941）9月24日，《臺灣日日新報》，〈嚴かに慰靈祭海軍殉職者十五勇士〉。

【臺灣新報】

明治30年（1897）4月21日，《臺灣新報》，第182號附錄。

【臺灣時報】

昭和6年（1931）4月號，《臺灣時報》，〈臺灣の航空事業〉。

昭和6年（1931）8月號，《臺灣時報》，〈內台航空連絡〉。

昭和6年（1931）10月號，《臺灣時報》，〈淡水に著いた伊國飛行機〉。

昭和6年（1931）10月號，《臺灣時報》，〈內台連絡商業飛行〉。

昭和16年（1941）1月號，《臺灣時報》，〈日泰の定期航空路〉。

【臺灣日誌】

昭和6年（1931）8月5日，《臺灣日誌》，〈チチエスター機、午後三時二十五分淡水著〉。

【金色淡水】

金色淡水編輯，1998，〈淡水環河快速道路興建工程穿越紅樹林保護區各界強烈爭議〉，《金色淡水》第5期。

【文化淡水】

黃瑞茂，1997，〈「淡水河北側－快速道路－建設計劃」的謬誤〉，《文化淡水》第10期論壇三。

顏瑋志，1998，〈淡水河北側環河快速道路計劃－環評尚未通過探勘已然進行〉，《文化淡水》第20期要聞一。

曾旭正，1998，〈如果淡水失去了淡水河〉，《文化淡水》第20期要聞一。

許慧明，1998，〈琴笛傳唱淡水情—「埔頂鐘聲」〉，《文化淡水》第22期要聞一。

張志源，1999，〈共同會勘淡水河岸古蹟有感〉，《文化淡水》第24期第3版。

【報紙】

民國86年（1997）1月24日，〈財政部關稅總局代表表示：不會貿然拆除小白宮，立委盼規畫為海關總局博物館〉，《民生報》，第19版。

民國86年（1997）12月3日，〈快速道路怎麼走　淡水居民緊緊瞧〉，《聯合報》第13版。

民國86年（1997）12月16日，〈河岸快速道有弊無利？學者質疑其功能呼籲政府三思〉，《中央日報》大臺北13版。

民國86年（1997）12月17日，〈淡水河北岸快速道　滬尾人有問號—地方人士認為可能破壞河岸生態環境　事先也未徵詢民意　淪為「過路小鎮」〉，《自由時報》第13版。

民國86年（1997）12月19日，〈拯救僅存的一段淡水文化資產　淡水沿河快速道路盼暫緩興建〉，《臺灣日報》第21版。

民國86年（1997）12月19日，〈淡水河建快速路　浪費國家資源—地方人士擔心會衝擊沿線生態、歷史遺跡、污染環境、影響捷運使用率，盼環評完成後再定案〉，《中央日報》第14版。

民國86年（1997）12月20日，〈搶救淡水河岸　成立行動聯盟—籲請政府審慎評估北側快速道計畫　避免危及自然景觀〉，《中央日報》第13版。

【國史館臺灣文獻館省級機關檔案】

〈為淡水測候所房屋一案特電查照由〉，典藏號：0040171004828014，檔號：0000038320，件號：0000384925，目次號：014。

【其他】

張志源，2013，〈前清淡水區海關稅務司官邸「小白宮」附近的閒置土地都更計畫案陳述意見〉，未出版。

附錄　淡水埔頂及鼻仔頭地區發展重要歷史大事表

西元(年)	臺灣史簡要大事	淡水大事					
		淡水周邊區域及市街相關大事	埔頂地區大事				鼻仔頭地區大事
			紅毛城相關大事	基督教長老教會相關大事	洋行相關大事	其他大事	
約西元前6000年	舊石器時代晚期長濱文化(代表遺址為八仙洞遺址)。						
約西元前5000年	新石器時代大坌坑文化(代表遺址為大坌坑遺址)、圓山文化、卑南文化(代表遺址為卑南遺址)。						
約西元前4000年	南島語系的臺灣原住民開始在臺灣活動。						
約西元元年	金屬器時代十三行文化、蔦松文化、靜浦文化。						
1387	明朝因東南沿海長年海盜倭寇為患，追勦無功，澎湖成為盜寇巢穴，明政府遂行徙民墟地政策。						

1510	歐洲人到達西太平洋。						
1521	費南多·德·麥哲倫踏上菲律賓群島，與葡萄牙勢力相互競爭。						
1544	臺灣被航經臺灣海峽的葡萄牙船員命名為「依拉福爾摩沙」(Ilha Formosa)，是葡萄牙語「美麗之島」的意思。						
1570	葡萄牙在日本長崎港進行貿易，西班牙在浦賀港進行貿易。						
1592	日本海盜侵擾臺灣雞籠(基隆)、滬尾(淡水)。						
1597	西班牙人繪製的「菲律賓群島、福爾摩沙島與部分中國海岸地圖」，已清晰標示了淡水港與雞籠港在臺灣島的相對位置。						
1602	日本倭寇以「東番」(臺灣)為巢穴，明朝政府派沈有容討伐。						

1604	7月12日，荷蘭人韋麻郎率大船三艘開入澎湖。10月25日，明朝派浯嶼都司沈有容諭退韋麻郎，有石碑紀錄之，現存於天后宮內。						
1609	荷蘭商船至澎湖，適逢澎湖汛兵戍守期，無法登陸而離去。						
1613	荷蘭東印度公司壓迫日本，日本在平戶、長崎開港貿易，並設置商館。						
1616	德川家康任命長崎代官村山等安率兵至臺灣。						
1621	顏思齊率鄭芝龍等26人在北港登岸。						
1622	荷屬東印度公司占領澎湖，以之作為東亞貿易的轉口基地。						
1623	荷蘭人於大員築木柵城。						

1624	明朝福建巡撫南居易奏准攻澎湖荷蘭人，驅逐荷蘭人大勝後，南居易於暗澳築天啟城。荷蘭人和明朝官方達成協議，同意把設置於澎湖的要塞和砲臺毀壞，轉移至臺灣島，明朝則不干涉荷蘭對臺灣的占領。荷蘭人在一鯤身築熱蘭遮城，以此作為統治臺灣的中心。						
1626	西班牙人占領臺灣北部的雞籠，並於社寮島築聖薩爾瓦多城堡。						
1627	荷蘭籍傳教士抵達臺灣進行傳教工作。						
1628	發生「濱田彌兵衛事件」。		西班牙人構築防禦工事及要塞，將興建於淡水河口丘陵上的要塞名之為「聖特・多明哥」。				

1629		荷蘭人派遣船艦偵察淡水港，並繪製淡水港圖。	聖特·多明哥堡防禦工事築成時間約在西元1629年荷蘭人淡水海域探勘後。				
1630		耶士基佛神父與西班牙士兵來到淡水沙巴里。					
1631	荷蘭人興建四草海堡。						
1632		西班牙人溯淡水河進入臺北。					
1636		發生原住民淡水叛變事件，許多西班牙人遭到殺害。					
1638			西班牙守軍破壞聖特·多明哥堡。				
1639	德川幕府鎖國政策，使日本與臺灣間的貿易中斷。						
1642			8月，荷蘭人擊敗西班牙人，隨後占領聖特·多明哥堡。				

1643			7月，荷蘭聯合東印度公司福爾摩沙長官和議會決定要新建石頭堡壘取代聖特•多明哥堡。				
1644			荷蘭人修築堡壘，稱「聖安東尼歐堡」。 4月，為了工程的進行，熱蘭遮城派了150名漢人協助。 5月10日，荷蘭聯合東印度公司的淡水守軍安放第一塊基石。				
1645			10月14日，在聖安東尼歐堡蔭涼處，首度舉行北部年度地方會議，邀集願意接受該公司保護的村落長老們前來開會。				
1652	發生郭懷一事件。						
1653	荷蘭人加強普羅民遮城工事。						

1654			荷蘭人再修補聖安東尼歐堡，把八角形的屋頂拿掉，並改成平臺。				
1655		淡水河南岸原住民聯合反抗荷蘭人的高壓統治。					
1656			荷蘭人在聖安東尼歐堡屋頂平臺搭建懸吊式的巡邏走道，以加強碉堡防禦。				
1657			聖安東尼歐堡遭到包圍，最後熱蘭遮城派出一支240名士兵組成的主力部隊前往淡水周邊掃蕩，才恢復秩序。				

1661	鄭成功攻克鹿耳門，圍熱蘭遮城，荷蘭人投降，召回淡水、雞籠守軍。 鄭成功立臺灣為東都，赤崁為承天府，置天興、萬年二縣。		6月，鷄籠與淡水的馬賽人反抗，企圖闖入聖安東尼歐堡，並燒毀荷蘭人與中國人居所。				
1661			11月，荷蘭人在原住民的脅迫下，倉皇逃離淡水，臨去前放火燒毀聖安東尼歐堡，並將無法帶走大砲予以破壞。				
1662	鄭成功正式攻下熱蘭遮城，荷蘭人投降。 鄭成功歿，其子鄭經在思明即位，不久入東都。						
1664	鄭經改東都為東寧，天興、萬年改為州。 荷蘭人重新占領雞籠，並重整舊城。						

1665			來自大員的中國人約70人在聖安東尼歐堡廢址上，設立板圍，導致駐守於雞籠的荷蘭人缺糧，雞籠的荷軍因而計畫派員前往驅離。				
1667	荷蘭人退出雞籠。						
1668	10月，荷蘭人以孤立無援且無利可圖，棄守雞籠，退出臺灣。						
1674	清朝發生三藩之亂。						
1680	鄭經撤出廈門，完全退守臺灣。						
1681	鄭經歿，鄭克塽繼位。		鄭克塽命左武衛將軍何祐率兵以戍雞籠、淡水，並修築紅毛城舊城磐。				
1683	施琅率清軍攻降臺灣，明鄭亡。						

1684	施琅上呈「臺灣棄留疏」，反對放棄臺灣。清廷決定將臺灣納入清朝版圖，成為福建省臺灣府，下設臺灣、諸羅、鳳山三縣。清朝公布「臺灣編查流寓則例」。						
1686	清朝下令實施臺灣駐防兵丁，三年之中陸續更換的班兵制度。						
1696	吳球反清。						
1709		「滬尾」地名首次出現。「陳賴章」、「陳國起」、「戴天樞」墾號請墾大佳臘、淡水港和毛少翁三所荒埔。					
1710		鄭盡心、陳明隆竄據淡水。					
1711		江、浙、閩、廣四省舟師追捕鄭盡心，分防千總黃曾榮移駐淡水。					

1714		周鍾瑄任諸羅知縣，北巡淡水、雞籠。					
1721	朱一貴事件起。	朱一貴遣部將范景文等入淡境煽動。淡水守備遣隊目鄭明、蔡武赴廈門請援。					
1723	清廷置諸羅，分縣為彰化(縣治半線)，置淡水廳及澎湖廳。						
1724			淡水同知王汧增建紅毛城東西大門二，南北小門二，作為兵營，今僅存南門。				
1727	清廷改分巡臺廈道為臺灣道。						
1732		清廷改陞淡水營守備為都司，仍駐八里坌。					

1733		清廷增淡水營把總1員，輪防艋舺渡頭，步戰守兵500名，戰船大鷄籠港二艘，淡水港四艘。					
1740		八里坌已成街。					
1759		關渡（干豆）及滬尾稱為「庄」。					
1760		淡水營都司移駐艋舺。「滬尾庄」和「竿蓁林庄」已形成二個農業聚落。					
1761		閩浙總督楊廷璋奏請停止搬移眷口之令，並嚴淡水港務。					
1765		「滬尾街」地名首次出現。					
1776	清廷廢止官員不許攜眷來台的規定。						

1782		福佑宮創建。					
1783	林爽文亂起。	淡水人王作、林小文糾眾以應林爽文事件。					
1784	清廷設鹿港為新港口。						
1786		秋8月，天地會北路黨人林小文等攻陷新莊，乃西略淡水沿岸，圍同知程峻及前巡檢李國楷眷屬於滬尾。10日，新莊、擺接、八芝蘭、滬尾、八里坌等地，遍懸黨人旗幟，聲勢浩大，署淡水營都司易連，具艋舺募鄉民以抗。13日，解滬尾圍，並駐兵港口。					

1787	10月，清朝派軍隊來臺灣作戰，主將為陝甘總督福康安。 11月4日，林爽文軍與福康安軍大戰於八卦山。	淡水同知徐夢麟招降林小文斬之。					
1788		6月6日，福康安奏開八里坌通商。詔准之，是月並增八里坌駐守防兵。					
1796		福佑宮擴建(約1796-1797年間)。 滬尾街董事與諸船戶合立「望高樓」。 滬尾莊民何宗泮等捐滬尾義塚。					
1803		冬11月4日，艋舺、淡水、八里坌、大鷄籠等汛嚴防蔡牽入侵。					

1804		建文昌祠、上帝公廟、蕭府王爺廟。					
1805	蔡牽亂事起。	春正月，蔡牽去鹿耳門。3月21日夜，再回滬尾。5月，去竹塹、鹿耳門等地，4日，復泊滬尾，旋去。秋9月，蔡牽再泊滬尾。冬11月14日，牽據八里坌，16日，焚新莊，陷艋舺，略地南及竹塹。					
1807		朱濆入台海，秋7月，入滬尾，千總袁恩、監生黃振坤、鄉民胡振煒集眾為守。					
1808		改興北協標左營守備移駐滬尾，為艋舺營滬尾水師守備。					

1809		淡水地區漳泉分類械鬥。定淡水同知半年輪駐艋舺之制。					
1822		汀州人張鳴岡等建鄞山寺。					
1824		英船經常出入鹿耳門、雞籠、淡水之間，出售鴉片，收購樟腦，並測繪海岸。					
1830		郭英聲捐建滬尾水師守備署。					
1836		婁雲任淡水同知，以分類械鬥連年不止，頒莊約四則、禁令八條。					
1837		3月，英人載鴉片入雞籠易樟腦，閏7月復至滬尾，停泊3月之久。					

1840	發生中英「鴉片戰爭」。	秋7月，兵備道姚瑩上督撫書，言防海急務，以滬尾、雞籠等口兵備薄弱顧慮。					
1841		晉江、南安、惠安三邑人與同安人分類械鬥。					
1843		滬尾守將李朝祥建守備署。					
1851		外國商船開始在滬尾、雞籠貿易，由官方給予執照，清官方設釐金局，收取外商的鴉片釐金。					
1858		重建滬尾龍山寺。			怡和洋行創設，主要業務為樟腦、茶葉、糖及保險代理，初設於打狗。		
1860	北京條約規定臺灣開放淡水及安平港為通商口岸。				甸德洋行在淡水設立，以船上為辦公室。		

1861			郇和為英國副領事，至淡水後，因無適當居住地點，先住在船上。			道員區天民設滬尾海關。改水師守備署為滬尾海關公署。	
1862	發生戴潮春事件。	滬尾正式開港。	英國與清廷訂立紅毛城租約，修繕英國領事館。		甸德洋行及怡和洋行正式開辦，其代理人常駐淡水。怡和洋行後設行於大稻埕。甸德洋行在艋舺設立。同年甸德洋行在淡水興建的洋房，被該行雇工襲擊。	區天民以滬尾守備署開設淡水海關，正式收稅。	
1863	雞籠正式開港。					英人侯威爾擔任首任淡水海關副稅務司。	
1864	安平和打狗正式開港，與雞籠、滬尾共四處。定滬尾為正口，其他皆為外口。				寶順洋行創設行號。		

1865	英國長老會馬雅各開始在臺灣南部傳教。				怡和洋行在臺商務由美利士洋行代理。 美利士洋行的經營由淡水移至艋舺。 費爾哈士迪洋行在淡水經營。		
1866			英國代理領事額勒格里任內決定在淡水興建領事館，包括領事住宅、副領事住宅、領事補佐住宅、監牢、警衛宿舍等，並由英國工務部上海事務所技師柏士負責規劃。			海關公署向淡水人吳春書、吳煌業兄弟購得位於砲臺埔土地，興建第一棟海關長官的官邸。	
1867	1867—1868年怡和洋行在安平設立。 德記洋行設於安平、打狗，於西元1872年遷至大稻埕。 怡記洋行在於西元1867—1868年在安平、打狗貿易。	淡水清水祖師廟興建於西元1867年之前。	英國政府與清廷訂立「紅毛城永久租約」。				

1868			英國領事館設置在紅毛城內。美國擬以寶順洋行洋商作為領事，但不為清廷承認，故以廈門領事兼辦淡水事務。				
1869		烏龍茶由滬尾直輸美國紐約，總額達21萬3千斤，臺北地區種植茶葉大盛。			寶順洋行代理甸德洋行收購樟腦，在艋舺設茶站，1869年遷至大稻埕。		
1870			英國領事館開始管理外僑墓園。但淡水外僑墓園最早的一座墳墓是興建於西元1867年。				6月，美利士洋行因經營不善而倒閉，停止了怡和洋行的代理權，由莫雷代表怡和洋行租予寶順洋行。
1871				偕叡理牧師12月29日抵達打狗港。	得忌利士洋行開闢香港－滬尾航線，淡水港始有定期輪船對外航行。		

1872	怡和洋行在大稻埕設立。			3月9日，偕叡理牧師抵達淡水，並選定此地為宣道工作定點，成為加拿大長老教會在海外的第一個宣道區。	和記洋行在淡水設立。		
1873				5月5日，偕叡理牧師租中式房舍為其醫館，英國領事館林格醫生加入主事診治，洋行外籍人士也每年獻金贊助，名為「滬尾醫館」。			
1874	日本出兵臺灣引起「牡丹社事件」。 沈葆楨奉派至臺灣，清朝對臺灣的經營轉為積極。		英國財政部通過工務局上海事務所申請淡水領事館建築費2,500磅，由當時工兵技佐馬歇爾督建。	12月，偕叡理牧師向吳春書、吳順、吳方原等人以永租方式取得砲臺埔的部分土地。			

1875	沈葆楨奏請添設臺北一府三縣，以資治理。	興建沙崙砲臺（又稱為白砲臺）		1月29日，華雅各牧師連同妻女抵達臺灣，馬偕住宅、華雅各故居興建。淡水長老教會購屋。		海關公署向吳氏兄弟購買土地，興建助理與職員兩棟宿舍。助理宿舍毀於中法戰爭，職員宿舍經二次大戰之戰火摧殘，於戰後被拆除。	
1876		丁日昌督建保固東瀛砲臺。					
1877			淡水英國領事館辦公室完成整修工作。				
1878			英國在淡水設正領事館，管理淡水、雞籠。在打狗設副領事館管理臺灣府、安平、打狗。	偕叡理牧師與林格醫師借用淡水民屋醫館，解剖病人屍體，發現肺蛭蟲，其報告論文轟動當時醫學界。		8月，淡水外僑墓園墓地236坪，屬於永代借地的官有地，由英國領事向吳順永遠租借。	

1878				5月27日，偕叡理牧師在自宅結婚，日後長女偕媽連、長子偕叡廉也在此出生。				
1879				9月14日，偕叡理牧師開設新的醫館，命名為「滬尾偕醫館」，為臺灣第一所西醫院。				
1880					和記洋行取得紅毛城西邊官地蓋行棧及領有官方執照。			
1881		福建巡撫岑毓英派撥汽船一隻，定期由基隆、淡水航行福州。		偕叡理牧師回加拿大故鄉報告他在臺灣傳教的成果，牛津郡鄉親們捐款，偕叡理牧師應用捐款在淡水買地，親自設計、監工理學堂大書院。				

1882				7月26日，理學堂大書院落成，是北臺灣第一間西學學堂。				
1883				偕叡理牧師運用加拿大長老教會的捐款，在理學堂大書院東側興建淡水女學堂。 滬尾偕醫館設施改善，於後側興建造大廚房。				
1884	中法戰爭，法軍砲轟基隆，登陸淡水。	劉璈勘察淡水防務，將另一座靠近油車口的舊砲臺改建成新砲臺。 劉銘傳於中法戰爭前建中崙新砲臺。 6月14日，法軍以3艦窺視滬尾。是月，清兵塞滬尾港，以阻法艦進路。		1月19日，淡水女學堂啟用開學。				

1884		7月9日，法艦窺滬尾，守將記名提督孫開華擁八營以待之，增滬尾砲勇百名。 8月20日9時，法艦八艘泊滬尾，砲擊要塞。10時，法軍上岸，清軍分頭圍攻，午時，法軍敗退。淡水人稱之「西仔反」。					
1885	臺灣設省，劉銘傳就任第一任臺灣巡撫。	解除淡水港封鎖。					
1886		新建滬尾砲臺落成，巡撫劉銘傳題「北門鎖鑰」。 設臺北府稅釐總局，分設滬尾及基隆分局。				6月13日，奏請滬尾海關歸巡撫監督。	

1887		設臺北商務總局，直轄基隆、淡水二港對外事務。滬尾至福州海底電線竣工。	淡水英國領事館官邸完工。				
1888		2月1日，基隆、滬尾至臺南電線竣工。滬尾港設燈臺(高燈)與燈竿(低燈)各一。					
1891				興建第一代淡水基督教長老教會教堂。			
1892			淡水英國領事館官邸花費1,500英磅整修，加蓋二樓臥房、更換木質地板等完工。				

1893		滬尾輸出茶葉占全島對外貿易第一位。		吳威廉牧師夫婦接替例假返回加拿大的偕叡理牧師夫婦管理女學堂，旋因中日甲午戰爭爆發，至西元1896年才再次開課。	「得忌利士洋行」更名為「拉派克・嘉士洋行」。		
1894	中日甲午戰爭爆發，日軍占領澎湖群島。邵友濂奏請移設臺灣首府，由臺南移至臺北。	8月，提督李本清統七營駐淡水，嗣以廖得勝代之。					英商嘉士洋行向紀化三永租淡水鼻仔頭的水田、園埔、圳埤和牛路。

1895	4月17日，中日締結馬關條約，將臺灣、澎湖割讓給日本。 5月10日，臺灣總督府成立，樺山資紀為首任總督。 5月23日，臺灣民主國發表獨立宣言，舉行獨立儀式。 5月25日，唐景崧任臺灣民主國總統。 5月29日，日本近衛師團在澳底登陸。 6月6日，臺灣民主國總統唐景崧逃亡廈門。 6月7日，日軍未遇抵抗即進入臺北。總督府在臺北舉行始政儀式，定此日為「始政紀念日」。 10月19日，臺灣民主國大將軍劉永福逃至廈門。 11月18日，樺山總督向大本營報告全島敉平。					8月5日，淡水海關稅務司馬士結束業務，將淡水海關正式移交給日本政府。	

1896	4月1日，「六三法」實施。	3月，設立滬尾國語傳習所。 設滬尾街郵政電信局。 5月18日，日軍派遣軍艦三艘，清掃淡水港口水雷。 日軍撤淡水事務所，改置淡水支廳，隸臺北縣。 8月28日，日本人所聘西方籍顧問巴爾頓視察淡水自來水及排水工事。 10月，置滬尾警察署及各地派出所。 11月19日，臺北騷亂，英人派艦至淡水保護僑民。	英國政府有意將淡水英國領事館售於臺灣總督府，換取將領事館遷移至大稻埕的經費，但未執行。				9月1日，拉派克・嘉士會社透過淡水英國領事館領事向臺灣總督府申請興建棧橋。

1897		3月24日，日本郵船公司設淡水至福州及香港至淡水間航線。 4月24日，臺灣總督府以漢文公布淡水「外國人雜居地」的範圍。 5月17日，改為滬尾辦務署，轄芝蘭三堡，始置街、庄長。 設滬尾警察署，管轄芝蘭三堡，並另設滬尾水上警察署。	達維孫任美國淡水領事。 7月8日，荷蘭開設滬尾領事館，以德人察伯爾多為代領事。				11月19日，殼牌運輸貿易會社與拉派克・嘉士會社簽訂契約。
1898	3月28日，兒玉源太郎總督，後藤新平民政長官赴臺就任。 9月5日，土地調查業務開始。	6月13日，臺灣總督兒玉源太郎巡視淡水港。 10月1日，成立滬尾公學校。 10月，設滬尾傳染病隔離所。	淡水英國領事館向總督府提出「紅毛城永久租借」。 淡水英國領事館設分館於大稻埕致和洋行，再遷至瑞記洋行。				

1899		3月26日，淡水小學校成立。 3月31日，淡水自來水工程竣工。 4月2日，日本大阪商船公司開設淡水—香港航路。 6月，淡水、基隆二港為臺北區域樟腦出口港。		吳威廉牧師夫婦例假回國時，吳牧師娘在加拿大長老教會女宣教會報告臺灣工作時，強調臺灣對於女宣教師的需求。			
1899		臺北鐵道株式會社成立，計畫興建淡水至臺北線鐵道，開始測量。 廢軍政，改為臺北縣淡水支廳，轄芝蘭三堡及八里坌堡。 臺灣銀行在淡水設立支店，初稱「臺灣銀行滬尾出張所」。					

1900		設置基隆港臺灣海港檢疫所本所，淡水港設置支部。 淡水線於2月測量完成。	6月18日，批准自來水進入淡水英國領事館內，以取代井水。	偕叡理牧師外孫柯設偕出生於馬偕故居。		前清淡水關稅務司官邸成為休憩、聯誼、打球、聚會吃飯的場所。	殼牌公司在日本成立迺生產石油株式會社。 殼牌運輸貿易會社作為石油倉庫使用。
1900							殼牌公司的業務轉由三毛路會社代理，且原范嘉士土地轉為三毛路會社所有。范嘉士及雅士頓將殼牌倉庫範圍內部分土地讓渡給日本政府作為鐵道用地使用。 雅士頓為了船舶修理所的建設，申請對淡水鼻仔頭的海埔地進行使用。

1901		11月，置臺北廳警察課，並設滬尾支廳派出所。		6月1日，偕叡理牧師病逝於砲臺埔寓所。 滬尾偕醫館一度關閉。 淡水女學堂因偕叡理牧師過世而停課。	8月30日，學海書院管理人民政長官後藤新平向雅士頓及范嘉士購買淡水烽火段土地，作為淡水稅關的倉庫建築或貨物碼頭使用。		拉派克·嘉士會社停業清盤。
1902		4月，嚴禁滬尾海關鴉片私運。			得忌利士洋行撤出臺灣船運航線。		
1903		5月，滬尾公學校校舍落成。 12月1日，滬尾、小基隆(今三芝)間道路興工。 基隆港貿易超過淡水。					

1904		淡水開始與臺北各地裝設電話。		吳威廉牧師及華德羅牧師向加拿大教會呈遞請願書，促使加拿大長老教會宣教師成立教士會。吳威廉牧師請求加拿大長老教會為淡水女學堂派出女宣教師。			
1905	10月1日，臺灣實施戶口調查。	大阪商船會社開設淡水、基隆、福州航線，由廈門號負責。	英國官館建三完水事增陽臺工。淡領邸面	臺中淡水女學堂的革新方案。第二屆北長老會提出學11月，加拿大長老教會女宣道會派出金仁理姑娘與高哈拿姑娘來臺，依照日本教育制度設計的淡水女學校，由金仁理姑娘擔任校長。			

1906	4月10日，「六三法」改為「三一法」。	淡水稅關降為基隆分署。 開鑿淡水至金包里道路。 修築臺北經北投至淡水道路。		加拿大宋雅各醫師來臺，重開滬尾偕醫館。 吳威廉牧師興建完成淡水姑娘樓。			
1907				淡水女學堂按日本學制重新開校。			
1909	4月20日，縱貫鐵路(基隆至高雄)全線通車。	1月，廢止淡水與廈門、福州間航線。 港務局購置「淡水號」，開始疏浚淡水港淤沙。	英國人共同墓地管理者、大不列顛領事代理人清水重隆向臺北廳借外僑墓園墳地。	理學堂大書院改稱神學院，由約美但牧師負責。 淡水婦學堂興建。			9月1日，英商向日本政府永借鼻仔頭土地。 三毛路會社已為淡水殼牌運輸貿易會社代理商。
1910		9月13日，設置淡水到日本長崎間的海底電線。		新建的婦學堂校舍在淡水女學校旁落成啟用，以高哈拿姑娘為校長。			「殼牌運輸貿易會社」更名為「迺生產石油株式會社」。

1911		9月，改滬尾支廳為淡水支廳。		12月，偕叡理牧師長子偕叡廉為籌辦淡水中學校，由加拿大返臺。			
1912		9月，滬尾公學校改為淡水公學校。	淡水英國領事館紅毛城永久租借獲得同意。	臺北馬偕紀念醫院落成使用，滬尾偕醫館功成身退。淡水女學校改為4月開學，次年3月結束。			
1913	羅福星事件爆發(又稱「苗栗事件」)。						
1914		淡水烽火段一帶進行淡水河碼頭填築工程。		淡水神學院由理學堂大書院移至臺北市雙連區。4月1日，淡水中學校借理學堂大書院為校舍開學，偕叡廉為首任校長。			

1915	8月2日，余清芳主導的西來庵事件(又稱「噍吧哖事件」)爆發。	2月，廢小基隆支廳，併入淡水支廳。		教士會決定以淡水作為男學校、女學校永久地址。 5月，理學堂大書院重建女子學堂校舍。 淡水禮拜堂由滬尾偕醫館醫師宿舍改建。			
1916		淡水稅關總關自淡水移至臺北大稻埕。		淡水高等女學校開學。			
1918		興建淡水公會堂。					
1919	1月4日，頒布臺灣教育令，確立日本在臺灣的教育制度。 11月24日，臺灣總督府首任文官總督田健治郎到任。	6月1日，淡水高爾夫球場開幕，為臺灣第一座高爾夫球場。		6月1日，淡水女學堂竣工。			

1920	7月24日，臺灣地方行政制度變更，全島劃分為五州二廳，下轄三市四十七郡，郡下轄之街庄為今日鄉鎮之基礎。	臺北州淡水郡下轄淡水街、三芝庄、八里庄、石門庄。「淡水稅關」更名為「臺灣總督府稅關淡水支署」。					
1921	4月1日，「三一法」改為「法三號」。 10月17日，臺灣文化協會成立，從事文化啟蒙運動。						
1922			淡水英國領事館完成裝設電燈及電扇設備工程。	「淡水中學校」更名為「私立淡水中學」，「淡水高等女學校」更名為「淡水女學院」。			
1923	4月16日，攝政皇太子裕仁視察臺灣。 12月16日，取締臺灣議會設置請願運動的「治安警察法違反事件」(簡稱「治警事件」)發生。	開闢淡水海水浴場。		羅虔益牧師完成淡水中學男子體育館，於6月5日作為臺灣設教五十周年紀念禮拜使用。			

1924		5月26日，淡水女子公學校成立(今文化國小)。					
1925		9月19日，意大利飛機降落淡水港。 成立淡水郡聯合同風會。		6月，淡水中學新校舍竣工。 7月1日，淡水中學校八角塔校舍落成使用。 10月，私立淡水婦女學堂得到日本政府正式認可。			
1927	7月10日，臺灣文化協會分裂，部份人士另組臺灣民眾黨，為臺灣人第一個政治團體，要求地方自治。 4月15日，臺灣共產黨(日本共產黨臺灣民族支部)成立於上海法國租界。	8月7日，淡水郡人士建議重修淡水港。 8月14日，成立淡水港施設期成同盟會。					

1928		7月，進行淡水市街的整頓工事。 8月1日，淡水公會堂落成。 9月，成立臺北州水產會淡水魚市場。					
1929		1月1日，淡水市街的整頓工事完工。	工務局批准淡水英國領事館車庫的新建工程。	4月，「私立淡水婦女學堂」改名「淡水婦女義塾」。			
1930	10月27日，發生霧社事件。						
1931		1月15日，淡水關渡間完成公路擴修。 8月1日，淡水獸疫血清製造所成立(今家畜實驗所)。		杜道理姑娘奉派擔任私立淡水女學校校長一職。			
1932			淡水英國領事館完成現代化的污水系統與熱水供應系統。	第二代淡水禮拜堂改建。			

1933		7月26日，臺北與淡水間官營公共汽車開始營業。 成立淡水建築信用合作社。		9月3日，第二代淡水長老教會堂落成。				
1934	9月2日，持續14年的臺灣議會設置請願運動終止。	6月25日，淡水郡駐軍大演習。 9月26日，淡水信用購買利用組合成立(今日淡水第一信用合作社)。 12月，淡水郡農會成立。	淡水英國領事館完成職員宿舍重建工程。	亞額爾姑娘接任私立淡水女學校校長一職。				
1935	10月10日—11月28日，適逢日本統治臺灣四十周年，舉辦始政四十周年紀念臺灣博覽會。 11月22日，舉行新制地方自治，郡市街庄協議員選舉。	10月3日，淡水郡市區工事改正完成(今中正路)。						

1936				姑利伯紐代理私立淡水女學院校長一職。9月15日，淡水中學校及淡水高等女學校移交給日本政府。			
1937	7月7日，中日戰爭爆發。	北投至淡水加舖柏油路面。淡水車站至金山的公路開始拓寬，形成今日的中山路。		1月，前臺南州立第一中學教務主任有坂一世擔任淡水中學校長。淡水婦女義塾停辦，將宣道婦的訓練工作移到宣教師宿舍進行。			臺灣總督府遞信部航空局挑選淡水鼻仔頭村為機場預定地。
1938				私立淡水高等女學校及淡水中學校立案。興建マッカイ（馬偕）博士紀念圖書館。			

1939		設立淡水魚市場。油車口神社完工。					
1940	2月11日，臺灣人改姓名開始。			淡水婦學堂改名「安樂家」。淡水婦學堂校舍在日本人接管淡水中學時，被當作學生宿舍。淡水宣教師宿舍增設「臺北神學校高等女學部」。			淡水街竿蓁林一帶的機場用地收購完成後，開始展開淡水飛行場實際測量調查。
1941	4月19日，推動皇民化的皇民奉公會開始活動。12月8日，日軍偷襲珍珠港，大戰爆發。日軍向英、美宣戰。			臺北神學校高等女學部遷至臺北宮前女學校。華雅各故居為男宿舍，改名為「玄武寮」。戰後英商德記洋行租賃此屋時，於前方增建二樓。			4月新開設淡水曼谷線的飛行航線。12月12日，日本政府宣布停止淡水曼谷線的飛行。

1942	第一批臺灣人志願兵入伍。		日本人以敵產接收淡水英國領事館。				配合淡水飛行場的興建，臺灣總督府與軍方陸續設置相關航空設施。 10月1日，成立臺灣總督府氣象臺淡水飛行場出張所。
1943	4月1日，日本政府開始實施六年制義務教育，設立國民學校。 11月25日，盟軍開始空襲臺灣。			私立淡江女學校由神學校分離，另成立宮前女學校，採四年制。			3月，臺灣總督府氣象臺淡水飛行場出張所新廳舍建成，正式搬入辦公。
1944	9月1日，日本政府對臺灣人開始實施徵兵制。			「台北神學院高等女學部」改名「臺北宮前女學校」。			4月，日本政府將淡水殼牌倉庫以敵產管理。 10月12日8時30分，美軍轟炸淡水，殼牌油庫起火。

1945	8月14日，昭和天皇發布終戰詔書。 10月25日，中華民國政府代表盟軍接收臺灣。	5月13日，同盟國飛機轟炸淡水。 10月8日，國軍憲兵第四團乘戎克船由淡水登陸。 11月23日，派接管委員黃炎生接收淡水郡，派汪明燦代理淡水郡守，並調整郡內街庄長及學校校長。 12月20日，接管委員會主任連震東視察淡水。	戰後英國人重返淡水紅毛城。	林茂生接收淡水中學及淡水女中。		12月1日，海關臺北總關淡水支關成立。	2月，將淡水飛行場出張所員工宿舍拆除解體，遷至中和田野間擇地而建。 8月，日軍投降後，淡水飛行場由空軍第廿二地區司令部接收。 11月1日，「淡水飛行場出張所」改名為「臺灣省氣象局淡水測候所」。
1946	1月16日，臺灣實施地方自治，廢郡為區，廢庄、街為鄉、鎮。	設淡水鎮公所，屬淡水區署管轄。 1月25日，淡水港燈臺修復竣工。 修復淡水鎮至金山鄉公路。				2月12日，臺北區淡水港憲兵緝私任務，奉令交海關辦理。	原淡水鼻仔頭嘉士洋行土地所有權登錄為國庫。

1947	2月28日，臺灣發生二二八事件。	3月18日，臺北、淡水間恢復通車，淡水漸趨安定。 10月16日，成立淡水港務辦事處。		淡水中學發生二二八事件。 淡水中學、淡水女中兩校合併，改稱淡水中學男子部、女子部。中山女子中學（前宮前女學院）合併為淡江中學女子部。			
1948	公布實施動員戡亂時期臨時條款，開啟了臺灣的動員戡亂時期。			淡水中學男女兩校分開經營，女子部成立純德女子中學。			8月，臺灣地區空軍司令部核准淡水飛行場撤廢。
1949	5月20日，中華民國於臺灣省實施戒嚴。 12月8日，中華民國政府撤退來臺灣。	8月11日，淡水漁港測量作業開始進行。					
1950	韓戰爆發，美國派遣第七艦隊巡弋臺灣海峽。	9月6日，臺北縣第一次區域調整委員會成立，淡水區撤銷，分成淡水鎮、八里鄉、三芝鄉、石門鄉。					

1951	美國開始對臺灣提供軍事、經濟援助。 9月8日，美國等48國與日本簽署「舊金山和約」，日本聲明放棄對臺灣、澎湖的主權。						淡水飛行場列入空軍清理計畫中。
1952	4月28日，中華民國與日本簽訂「中日臺北和約」。						
1953		淡水避風港防波堤及碼頭工程完工。		純德女子中學設立純德幼稚園。			
1954	12月3日，中美共同防禦條約在美國華盛頓簽署。						
1955	2月7日—2月10日，浙江大陳島軍民撤退來臺灣。 8月20日，發生孫立人事件。	12月10日，淡水區漁港竣工。					
1956				10月6日，淡水中學與純德女中合併為淡江中學。			
1958	8月23日，金門發生八二三砲戰。			淡水婦學堂復學，改稱「臺灣婦女聖經書院」。			

1959	8月7日，臺灣中南部發生八七水災。	5月，開放沙崙第二海水浴場（即今沙崙海水浴場）。		2月14日，臺北基督教長老教會召開北部大會，為紀念在臺灣傳教百年，決議籌設大專學校。			
1965				8月15日，淡水工商管理專科學校成立。			
1967	7月1日，臺北市升格為直轄市。						
1970		馬偕醫院在竹圍增設分院，同時創辦高級護理學校於關渡。					
1971	10月25日，中華民國退出聯合國。			華雅各故居作為淡水工商管理學校的校長寓所。			原迺生產石油株式會社的支線鐵道廢除。
1972	3月21日，中華民國與英國斷交。 9月29日，中華民國與日本斷交。		淡水紅毛城的英國領事館關閉，移交澳大利亞駐華使館代管。				

1975	4月5日，中華民國總統蔣中正逝世，由副總統嚴家淦繼任。						
1976							淡水氣象測候所的辦公室被颱風吹倒。
1977							淡水氣象測站移撥給梧棲站。
1978	12月15日，美國宣布自1979年1月1日起與中華民國斷交，與中華人民共和國建交。						
1979	12月10日，高雄市爆發美麗島事件。						
1980			淡水紅毛城正式收歸中華民國所有。				
1983			淡水紅毛城指定為一級古蹟。				
1984			淡水紅毛城修復完成，古蹟區開放參觀。				

1985		8月19日，滬尾砲臺指定為二級古蹟，淡水龍山寺、福佑宮指定為三級古蹟。		8月19日，理學堂大書院指定為二級古蹟，馬偕墓園指定為三級古蹟。			
1986				淡水禮拜堂屋頂全面翻修。			
1987	7月15日，臺灣解嚴。						
1988	1月13日，蔣經國逝世，李登輝繼任總統。	7月16日，淡水線發出最後一班火車。		淡水禮拜堂指定為縣級古蹟。			
1989							「淡水氣象測站」改稱「中央氣象局淡水氣象站」。
1991	5月1日，廢除動員戡亂時期臨時條款，動員戡亂時期結束。						
1992				滬尾偕醫館整修完畢。		淡水白樓被拆除。	5月7日，殼牌倉庫附近番仔樓因火災燒毀。

1994	12月3日，省長、直轄市長首次民選。	4月，淡海新市鎮第一期綜合示範區破土動工。					
1996	3月23日，臺灣舉行首次總統直選。						
1997		3月28日，台北捷運淡水線通車。				2月25日，前清淡水關稅務司官邸指定為縣級古蹟。	12月，為反對興建淡水河北側沿河快速道路，淡水地方文化人士串連全國民間團體發起組成「搶救淡水河行動聯盟」。
1998		滬尾湖南勇古墓指定為縣級古蹟。		淡水禮拜堂、滬尾偕醫館指定為縣級古蹟。		淡水外僑墓園指定為縣級古蹟。	
1999	9月21日，臺灣中部發生九二一大地震。	4月，淡水中正路拓寬工程開工。		淡水工商管理學院改制為真理大學。			

2000	臺灣首次政黨輪替。	9月，淡水中正路拓寬工程完工。 9月25日，淡水河北側快速道路計畫全案擱置。				6月27日，淡水海關碼頭被指定為縣級古蹟。	6月，原英商喜嘉士洋行倉庫、淡水水上機場、淡水氣候觀測所指定為為縣定古蹟。 12月31日，殼牌公司將古蹟正式移交給淡水文化基金會。
2002				3月，舉行馬偕博士來臺宣教130週年紀念活動。			
2003			7月，淡水紅毛城管轄權由內政部移交臺北縣政府。				
2004			淡水紅毛城再度整修。				
2005		淡水街長多田榮吉故居指定為縣級古蹟。					

2009				真理大學整修華雅各故居，改名「教士會館」，紀念歷代在臺灣服務的宣教士。			
2010		淡水河北側環河快速道路爭議事件再起。 淡水重建街拓寬工程爭議，上千人抗議。					

2013		淡水重建街拓寬爭議再起。淡海新市鎮第二期開發爭議。淡江大橋興建計畫破壞淡水夕照景觀爭議，學術界發起「拒蓋淡江大橋」活動及連署。			得忌利士洋行完成建築物修復工作。	發生「前清淡水關稅務司官邸（俗稱小白宮）附近的閒置土地都更計畫案」爭議。	

備註：本表出處來自白惇仁總編纂，1989，《淡水鎮志》；米復國，1997，《1860~1890S淡水、大稻埕及艋舺殖民建築之研究：殖民與殖民論述的考察》；黃瑞茂，2008，《埔頂歷史風貌特定區都市設計計畫暨古蹟周邊都市設計審議原則與準則擬定計畫》；張志源，1999，《殖民與去殖民文本的文化想像—重讀淡水埔頂地景》及本書淡水重要建築個案資料。

附錄　淡水埔頂與鼻仔頭地區重要建築物基本資料

淡水紅毛城

屬性：衙署

地址：新北市淡水區文化里中正路28巷1號

建築風格：淡水紅毛城主堡為方形城磐，地基及牆壁採外石內磚的砌法。內分為上下二層樓，內部採半圓筒形的穹窿結構建造，英國人進駐後將尖形屋頂改成平臺式，在東北及西南角位置增設角樓二處，二樓南側也增建露臺，露臺亦設有雉堞及槍眼，現有紅色為英國人所粉刷，原外牆為灰白色。二樓東室內側為領事辦公室設有壁爐，外側為會計辦公室，有大保險櫃及文件焚化爐，外室是幹事、助理領事及翻譯員辦公室，底層二個西向穹窿利用磚牆隔了四個小牢房，外室保留較大的空間作為管理之用。一樓南側為廚房、浴室及洗手間北側留做空院讓犯人放封用，牆高3.6公尺，牆頂鋪碎玻璃，除關本國人外，也代關外國人，牢房有當時送食的小窗及窺孔。

年代	大事紀
約於西元1629年	西班牙人在今日淡水河口丘陵上興建要塞，名之為「聖特•多明哥」。
西元1642年	8月荷蘭人擊敗西班牙，隨後占領此城堡，並似乎以當時巴達維亞總督范·帝門之名重新命名，稱之為「狄緬堡」。
西元1643年	7月荷蘭聯合東印度公司福爾摩沙的長官和議會決定要新建石頭城堡加以取代。
西元1644年	荷蘭人重新修築堡壘，稱此堡壘為「聖安東尼歐堡」。
西元1654年	荷蘭人再修補聖安東尼歐堡，認為應把八角形的屋頂拿掉，並改成平臺，用四角形石塊與石灰鋪上，而縫隙、龜裂部份用亞麻油石灰泥塗抹以防漏水。
西元1668年	荷蘭據臺完全結束。
西元1681年或1683年	守將何祐修築舊城磐。
西元1724年	淡水同知王汧增建紅毛城東西大門二，南北小門二，作為兵營，今僅存南門。
西元1867年	英國政府與清國訂立「紅毛城永久租約」，以永代借地方式取得舊荷蘭城堡與附近土地作為領事館與領事官邸敷地。
西元1868年	英國領事館設置紅毛城內。

西元1877年	英國領事館辦公室完成整修工作。
西元1898年	英國領事館設分館於大稻埕致和洋行，再遷至瑞記洋行。
西元1900年	英國領事館增設飲用水自來水設備工程。
西元1912年	英國領事館提出「紅毛城永久租借」獲得同意。
西元1922年	英國領事館完成裝設電燈及電扇設備工程。
西元1932年	英國領事館完成現代化的污水系統與熱水供應系統。
西元1934年	英國領事館完成職員宿舍重建工程。
西元1941年	日軍向英、美宣戰，英國領事館因而封閉。
西元1945年	英國人重返紅毛城。
西元1972年	3月21日中英斷交，紅毛城英國領事館關閉，移交澳大利亞駐華使館代管。
西元1980年	正式收歸中華民國所有。
西元1983年	12月18日被內政部指定為一級古蹟。
西元1984年	紅毛城古蹟區開放參觀。
西元2003年	7月淡水紅毛城管轄權由內政部移交臺北縣政府。

▲ 淡水紅毛城全貌。

▲ 淡水紅毛城立面。

▲ 淡水紅毛城一樓戶外放封空間。

▲ 淡水紅毛城一樓牢房廚房。

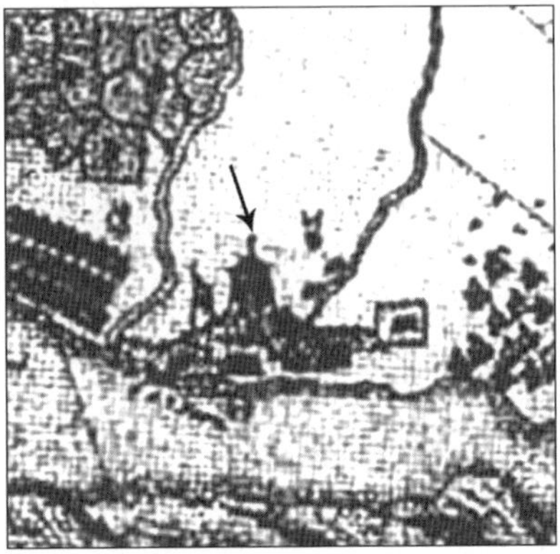

▲ 17世紀的聖特多明哥堡。
圖片來源：西元1654年「手繪淡水及其附近村落及雞籠嶼圖」，可能為約翰·卡爾班特松·布拉克（Jan Garbrantsz Black）於西元1629年繪製，是荷蘭人為取得西班牙人情報偵察繪製的。

▲ 19世紀末淡水紅毛城。
圖片來源：《L' ile Formose' Histoire et Description》。

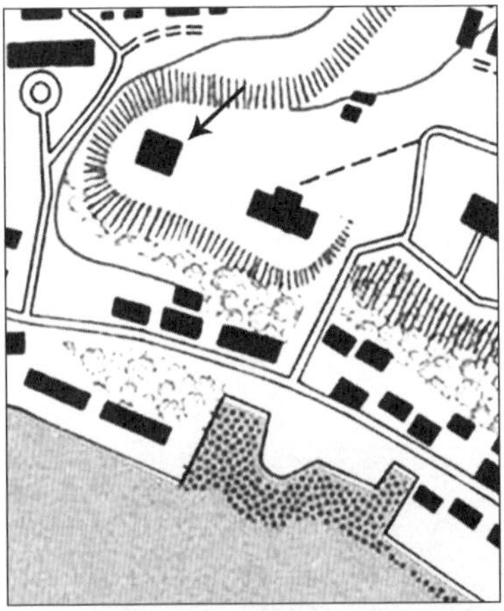

▲ 西元1945年淡水紅毛城位置（略圖）。圖片來源：荷蘭海牙國立檔案館。

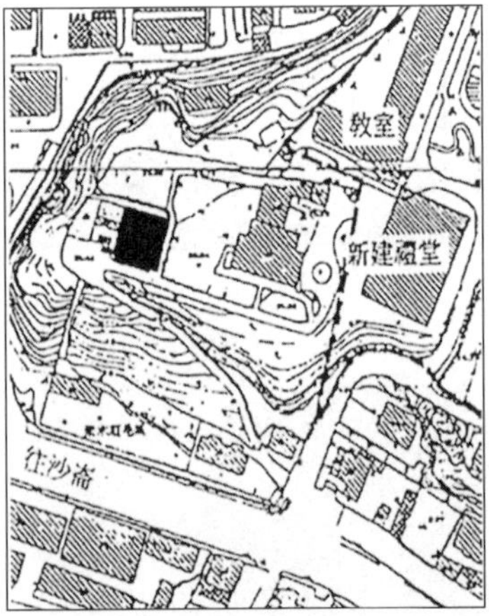

▲ 20世紀90年代淡水紅毛城位置。圖片來源：淡水現況地形圖。

淡水英國領事館官邸	
屬性：衙署	
地址：新北市淡水區文化里中正路28巷1號	
建築風格：淡水英國領事館官邸建於淡水埔頂的緩坡上，陽臺走廊占建築物三分之一到四分之一的面積，為半戶外的生活空間，以英制尺寸作為設計依據。平面機能上，淡水英國領事館為二層樓，兩側對稱安排客廳、廚房，各設有壁爐，中央廊廳式。設計模矩為半圓拱，分成室內空間及室外迴廊拱圈系統。正立面設計按立面的向心性將兩端開口比例調鬆，中央開口調緊，入口拱兩側的併柱拉開，出現兩個開口。屋架為桁架系統，基礎為承重牆結構。陽臺走廊上方由木條菱形天花構成，以改善天花板內部通風。石造基礎，基礎底層抬高有通風口，防潮及防蚊。	
年代	大事紀
西元1861年	英國副領事郇和到淡水後，因無適當居住地點，故先住在船上。
西元1862年	英國副領事郇和租下滬尾岸邊的民房作為辦公處所。
西元1867年	英國政府與清國訂立「紅毛城永久租約」，以永代借地方式取得紅毛城與附近土地作為領事館與領事官邸敷地。
西元1874年	英國財政部通過工務局上海事務所申請淡水領事館建築費2,500磅，由當時工兵技佐馬歇爾督建。
西元1887年	淡水英國領事館官邸完工。
西元1892年	淡水英國領事館官邸花費1,500英磅整修，加蓋二樓臥房、更換木質地板等完工。
西元1898年	淡水英國領事館官邸增建三面陽臺，並改良後面衛生狀況不良的佣人宿舍。
西元1905年	淡水英國領事館官邸增建三面陽臺等完工。
西元1938年	工務局上海事務所提出改建計畫，包括淡水英國領事館官邸食器室擴張工程及興建第四間臥室，並加大西北臥室窗戶工程，但此計畫未被執行。
西元1941年	日軍向英、美宣戰，淡水英國領事館因而封閉。
西元1945年	英國人重返紅毛城。
西元1972年	中英斷交，紅毛城英國領事館關閉，移交澳大利亞駐華使館代管。
西元1980年	正式收歸中華民國所有。
西元1983年	12月18日指定為一級古蹟。

▲ 英國領事館官邸及草坪。

▲ 英國領事館官邸立面。

▲ 英國領事館官邸陽臺。

▲ 英國領事館官邸室內餐廳。

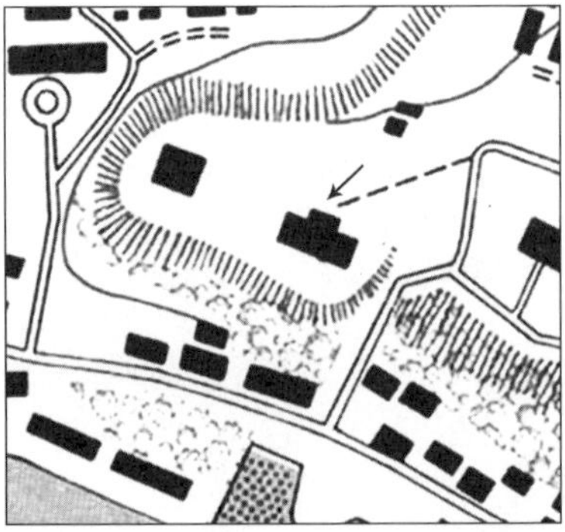

▲ 西元1945年淡水英國領事館官邸位置（略圖）。圖片來源：圖片來源：1945年美軍轟炸地圖。

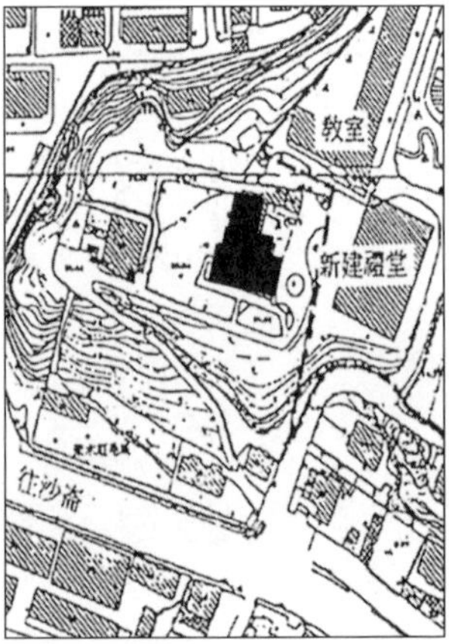

▲ 20世紀90年代淡水英國領事館官邸位置。圖片來源：淡水現況地形圖。

理學堂大書院	
屬性：書院	
地址：新北市淡水區真理街32號。	
建築風格：理學堂大書院是偕叡理牧師在埔頂興建的校舍，由本人親自設計監工，泥水匠洪仔泉施作，石材從淡水附近採集，紅磚由廈門運來。在理學堂大書院內部空間有教室、博物陳列室、圖書室、浴室及廚房。最初配置是在平面中間為1個天井，兩側有護龍的中西混合式合院格局，左右有獨立出口，立面有磚柱，屋頂有女兒牆，屋面的裝飾有船錨、鐘塔。	
年代	大事紀
西元1880年	偕叡理牧師回加拿大故鄉報告他在臺灣傳教的成果，受到鄉親極大的肯定，在地方報的呼籲下，牛津郡的鄉親們捐款讓偕叡理牧師在臺灣興建一座現代化學校。
西元1881年	偕叡理牧師應用加拿大的捐款買地，親自設計、監工理學堂大書院。
西元1882年	「理學堂大書院」竣工開學，英文名字為「Oxford College」，是北臺灣第一間西學學堂。
西元1983年	8月19日指定為二級古蹟。

▲ 理學堂大書院正面及庭院。

▲ 理學堂大書院屋頂裝飾風格。

▲ 理學堂大書院屋頂裝飾十字架。

▲ 理學堂大書院正立面。

▲ 西元1945年理學堂大書院位置（略圖）。圖片來源：1945年美軍轟炸地圖。

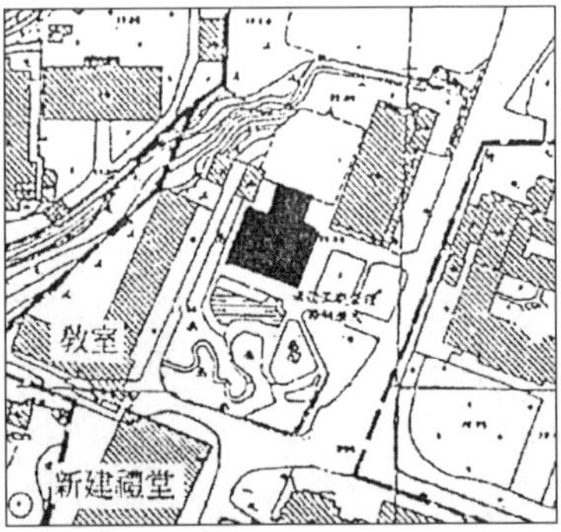

▲ 20世紀90年代理學堂大書院位置。圖片來源：淡水現況地形圖。

淡水禮拜堂	
屬性：祠廟	
地址：新北市淡水區馬偕街8號	
建築風格：淡水禮拜堂外立面左側有高聳的鐘塔。採用扶壁，柱頭以小帽尖裝飾，外牆以磚砌，內部為鋼筋混凝土柱及樓板，屋頂為大跨距的鐵骨，再以木板作天花板。教堂正面有聖父、聖子、聖靈「三位一體」的裝飾，鐘樓則是基督教義的「五餅二魚」及「客西馬尼禱告」裝飾。	
年代	大事紀
西元1915年	淡水禮拜堂由滬尾偕醫館醫師宿舍改建，為磚造白灰牆，俗稱白色禮拜堂，鐘樓設於正門上方。
西元1928年	因教堂空間不敷使用，決定改建，興建經費除由會友、學生和各友會奉獻外，大部分由偕叡廉向加拿大母會申請補助。
西元1932年	淡水禮拜堂改建。
西元1933年	9月3日淡水禮拜堂完工。
西元1986年	淡水禮拜堂屋頂全面翻修，將傳統玻璃改為鑲鉗彩色玻璃。
西元1998年	8月29日指定為縣定古蹟。

▲淡水禮拜堂正面。

▲20世紀90年代淡水禮拜堂位置。圖片來源：淡水現況地形圖。

◀淡水禮拜堂入口。

滬尾偕醫館

屬性：其他

地址：新北市淡水區馬偕街6號

建築風格：滬尾偕醫館為閩南式民宅，建築外觀有著中式閩南瓦的屋頂和西洋拱形的門窗。室內有中西混合的風格。內部格局單純，仍有手術濯洗臺、壁爐、門鐘等設備及偕叡理牧師當年所用的風琴、西式餐桌、鐵床和當時醫療所用的藥瓶、藥罐等。

年代	大事紀
西元1873 年	5月偕叡理牧師租民房為診所，名為「滬尾醫館」。
西元1879 年	偕叡理牧師得到一位同姓馬偕的美國籍婦人捐款，利用這筆錢蓋了滬尾偕醫館，是臺灣第一所西醫院。
西元1901 年	偕叡理牧師辭世，滬尾偕醫館一度關閉。
西元1906 年	加拿大宋雅各醫師來臺，重開滬尾偕醫館。
西元1912 年	臺北馬偕紀念醫院落成使用，滬尾偕醫館功成身退。
西元1912 年後	滬尾偕醫館先後作為神學院、圖書館、幼稚園和學生宿舍之用，建築體亦修建多次。
西元1998年	8月29日指定為縣定古蹟。
西元2013年	現況保存良好，目前主要作為馬偕文物展示空間。

▲ 滬尾偕醫館正面。

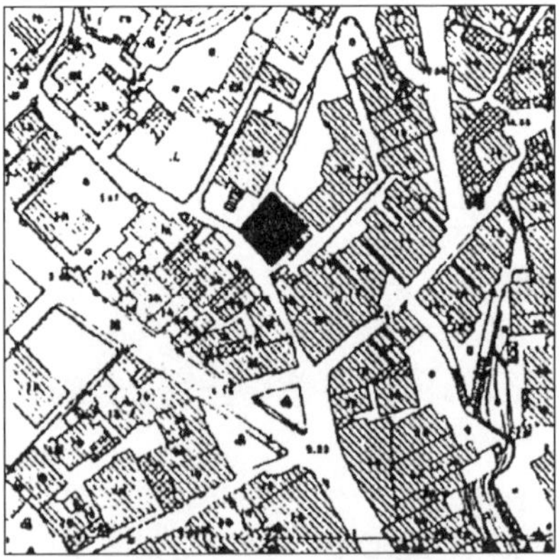

▲ 20世紀90年代滬尾偕醫館位置。圖片來源：淡水現況地形圖。

◀ 滬尾偕醫館內部的展示空間。

淡水馬偕墓園	
屬性：陵墓	
地址：新北市淡水區真理街26號	
建築風格：淡水馬偕墓園位於淡江中學的角落，此處是偕叡理牧師家族墓園，得以安葬於此墓園者，多為其家人與嫡系學生。原為淡水外僑墓園，偕叡理牧師逝世後，家人遵從其遺囑，以一堵圍牆將其墓與其他洋人之墓隔開，以表明偕叡理牧師為臺灣人。墓碑較高者是偕叡理牧師的墓，右邊是妻子張聰明之墓，左邊是偕叡廉夫婦，外圍則是學生、姻親之墓。偕叡理牧師夫婦的墓碑，正面是英文和河洛話羅馬拼音，背面是漢字。	
年代	大事紀
西元1901年	6月2日下午4時，偕叡理牧師因喉癌去世於淡水，年58歲。葬於此處。
西元1985年	8月19日指定為縣定古蹟。

▲馬偕墓園全景。

▲馬偕墓。

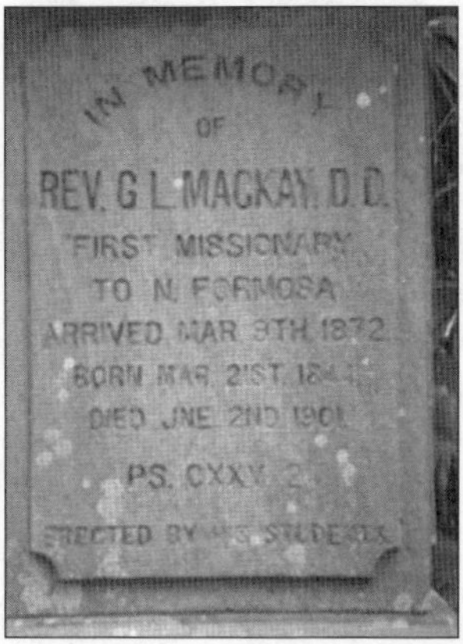

◀馬偕墓的墓碑文字。

▲馬偕博士逝世百週年紀念碑。

▲ 馬偕墓碑。

▲ 從外僑墓園望向馬偕墓園。

▲ 西元1945年淡水馬偕墓園位置（略圖）。圖片來源：1945年美軍轟炸地圖。

▲ 20世紀90年代淡水馬偕墓園位置。圖片來源：淡水現況地形圖。

淡水外僑墓園	
屬性：陵墓	
地址：新北市淡水區真理街3巷	
建築風格：淡水外僑墓園中所埋葬的外籍人士，因為宗教信仰、職業、國籍的不同，區分為4個區域。東區以基督教徒為主、西區以商人為主、南區以天主教為主、北區為官員。安息於墓園中著名的人物包括吳威廉牧師、監造滬尾砲臺的包恩士等。淡水外僑墓園墓碑使用的材料有觀音山石、花崗石、唭哩岸石、大理石、磚材等。	
年代	大事紀
西元1870年	英國領事館開始管理外僑墓園。但淡水外僑墓園最早的一座墳墓在西元1867年。
西元1909年	文獻記載英國人共同墓地管理者、大不列顛領事代理人清水重隆以銀壹佰圓「無限期無條件」向臺北廳借外僑墓園墳地。
西元1998年	8月29日指定為縣定古蹟。

▲ 淡水外僑墓園內部1。

▲ 淡水外僑墓園內部2。

▲ 淡水外僑墓園內部3。

▲ 淡水外僑墓園內部4。左側為與馬偕墓園相隔的矮牆。

◀ 淡水外僑墓園內部5。

▲ 西元1945年淡水馬偕墓園位置（略圖）。圖片來源：1945年美軍轟炸地圖。

▲ 淡水外僑墓園內部6。

▲ 20世紀90年代淡水馬偕墓園位置。圖片來源：淡水現況地形圖。

前清淡水關稅務司官邸	
屬性：其他	
地址：新北市淡水區真理街15號	
建築風格：前清淡水關稅務司官邸建築物平面為矩形，東、西、南三面有陽臺，白色灰泥正立面有十一個拱圈。廊柱上僅有簡單線腳裝飾。	
年代	大事紀
西元1862年	滬尾設洋關正式開市徵稅。
西元1866年	海關公署以洋銀900元向淡水人吳春書、吳煌業兄弟購得位於砲臺埔土地，東西24丈，南北19.5丈，開始興建第一棟海關長官的官邸。當時助理官員仍借住紅毛城內。
西元1875年	海關公署向吳氏兄弟購買土地，興建助理與職員的兩棟宿舍，有「埔頂三塊厝」之稱。可惜助理宿舍毀於中法戰爭，職員宿舍也因經二次大戰之戰火摧殘，於戰後被拆除。
西元1895年後	淡水海關逐漸沒落，前清淡水關稅務司官邸被改為賓館使用。
西元1900年	前清淡水關稅務司官邸成為休憩、聯誼、打球、聚會吃飯的場所。
光復後	成為總稅務司長官李度的官邸。
西元1997年	2月25日指定為縣定古蹟。

▲ 前清淡水關稅務司官邸正面。

▲ 前清淡水關稅務司官邸內淡水稅官所屬地碑。

◀ 前清淡水關稅務司官邸內的展示空間。

▲ 西元1945年前清淡水關稅務司官邸位置（略圖）。圖片來源：淡水現況地形圖。

▲ 前清淡水關稅務司官邸內的展示空間。

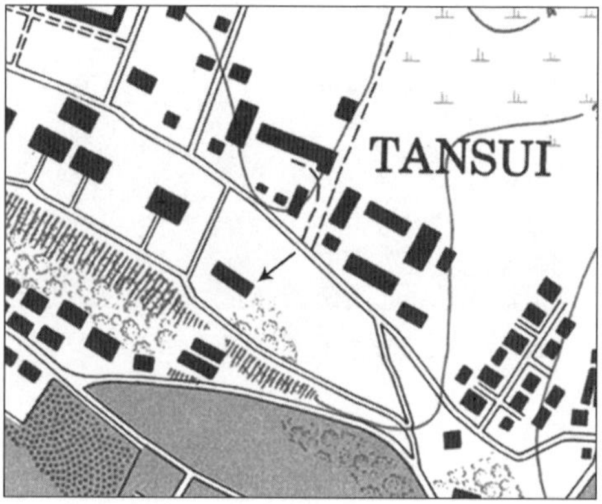

▶ 20世紀90年代前清淡水關稅務司官邸位置。圖片來源：1945年美軍轟炸地圖。

淡水海關碼頭	
屬性：其他	
地址：新北市淡水區中正路259號	
建築風格：淡水海關碼頭區域內現在有清代與日治時期海關之相關建設，包括碼頭本體、二層洋樓一棟、倉庫二棟、以及其他相關建築遺蹟。淡水碼頭本體全長約為150公尺，全屬重力式岸壁構造，岸壁表面全為硬石，另登船口可供船舶停靠、上下貨之用。	
年代	大事紀
西元1862年	區天民以滬尾守備署開設淡水海關，正式收稅。中國政府正式延請英國人李泰國為總稅務司，海關管理權移轉給洋人。
西元1863年	英人侯威爾擔任首任淡水海關副稅務司。
西元1895年	8月5日淡水海關稅務司馬士結束業務，將淡水海關正式移交給日本。
西元1916年	淡水稅關總關自淡水移設臺北大稻埕。
西元1920年	將原淡水稅關更名為「臺灣總督府稅關淡水支署」。
西元2000年	6月27日指定為縣定古蹟。

▲ 淡水海關碼頭遺跡。

▲ 淡水海關碼頭地景。

▲ 淡水海關碼頭倉庫修復。

▲ 淡水海關碼頭岸壁構造。

▲ 淡水海關碼頭步道。

▲ 淡水海關碼頭倉庫。

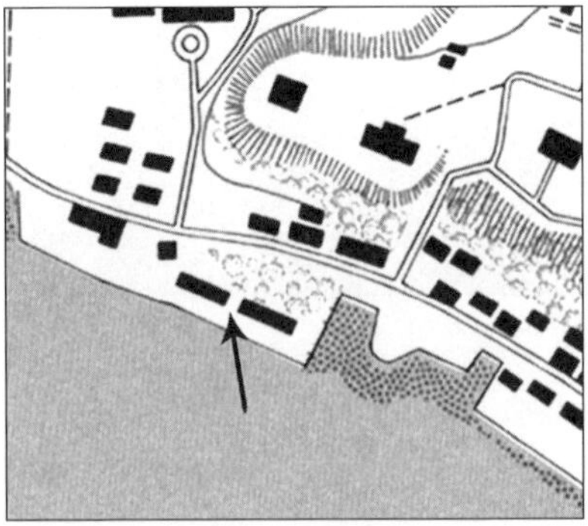

▲ 西元1945年淡水海關碼頭位置（略圖）。圖片來源：1945年美軍轟炸地圖。

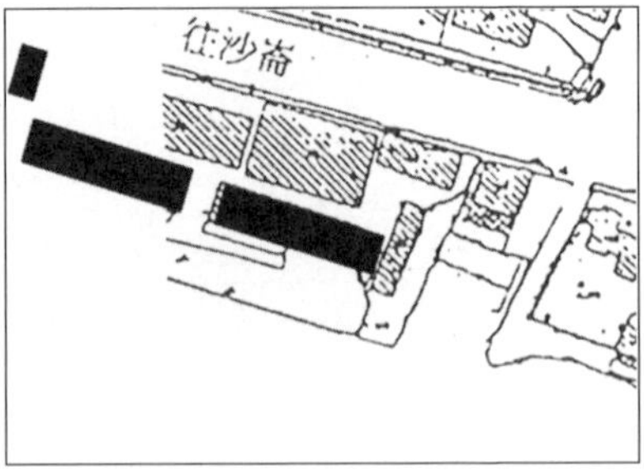

▲ 20世紀90年代淡水海關碼頭位置。圖片來源：淡水現況地形圖。

淡水中學八角塔	
屬性：教室	
地址：新北市淡水區真理街26號	
建築風格：淡水中學八角塔的正立面中間及兩側前端為八角塔造型，入口的主塔牆面以紅白交替的磚堆砌而成。正門以觀音石雕出雀替和宮燈，上有吳廷芳的篆隸「私立淡水中學」和校訓「信望愛」。八角塔完工後，為了與男子體育館相連，在正面後側作過水廊至體育館左側門。校舍初建時只有主體建築二樓，左右護龍1樓，後來左護龍加蓋為二樓，光復後，右護龍加蓋二樓。	
年代	大事紀
西元1911年	12月偕叡理牧師長子偕叡廉為籌辦淡水中學校由加拿大返臺。
西元1914年	3月9日得日本政府允許，暫以理學堂大書院為校舍，開設淡水中學校。
西元1923年	由加拿大的傳教士羅虔益牧師設計淡水中學八角塔，有中西混合的建築風格。
西元1925年	淡水中學八角塔完工。
西元2000年	6月27日指定為縣定古蹟。
今日	作為淡水中學教室及辦公室使用。

▲ 淡水中學八角塔正面。

▲ 淡水中學八角塔側面。

▲ 淡水中學八角塔右側面。

▲ 淡水中學入口的主塔。

▲ 淡水中學八角塔右側衛塔。

▲ 淡水中學八角塔左側衛塔。

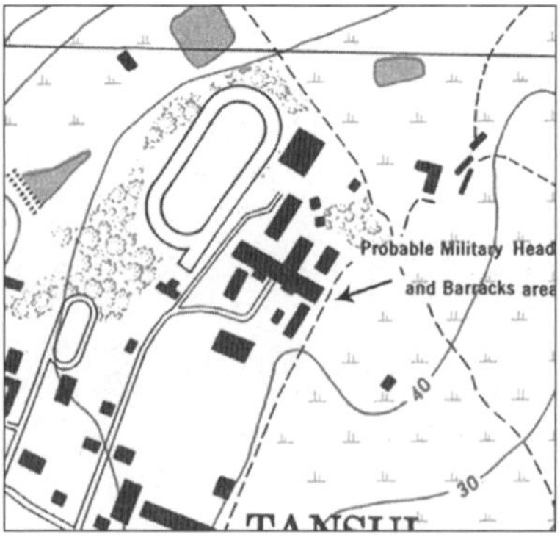

▲ 20世紀90年代淡水中學八角塔位置。圖片來源：1945年美軍轟炸地圖。

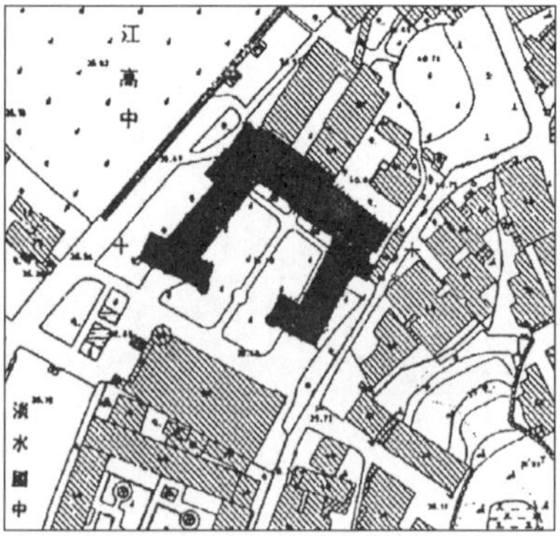

▲ 西元1945年淡水中學八角塔位置（略圖）。圖片來源：淡水現況地形圖。

淡水中學校男子體育館	
屬性：體育館	
地址：新北市淡水區真理街26號	
建築風格：淡水中學校男子體育館正面模仿閩南農宅立面，有馬背山牆和鳥踏線作裝飾，門楣採用觀音石，交角處雕有雀替，兩旁裝設一對石雕垂花吊筒作燈座，門上雕有淡水中學徽章和「體育館」三個字，內部屋頂為鋼桁架，為中西合璧的形式。	
年代	大事紀
西元1923年	淡水中學校體育館由羅虔益牧師設計，並於6月5日作為臺灣設教五十周年紀念禮拜使用。
西元1936年後	日本人接管淡水中學時，淡水中學校體育館改為武道館使用。
今日	作為淡江中學校體育館使用。

▲淡水中學校男子體育館正面。

▲淡水中學校男子體育館側面。

▲淡水中學校男子體育館側面入口。

▲淡水中學校男子體育館背面。

◀淡水中學校男子體育館側面及外部空間。

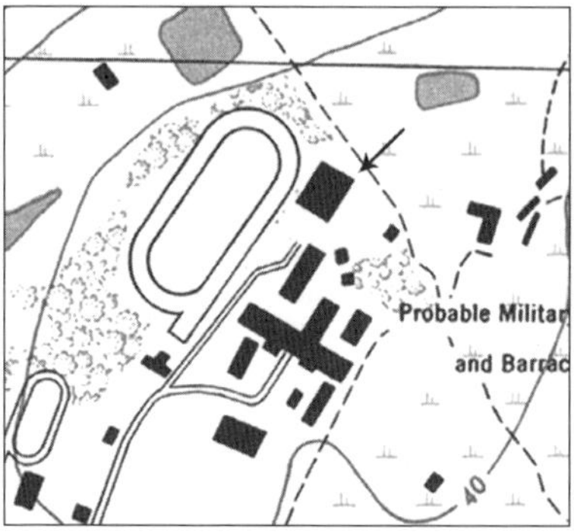

▲ 西元1945年淡水中學校男子體育館位置(略圖)。圖片來源:1945年美軍轟炸地圖。

▲ 淡水中學校男子體育館與淡水中學八角塔連結廊道。

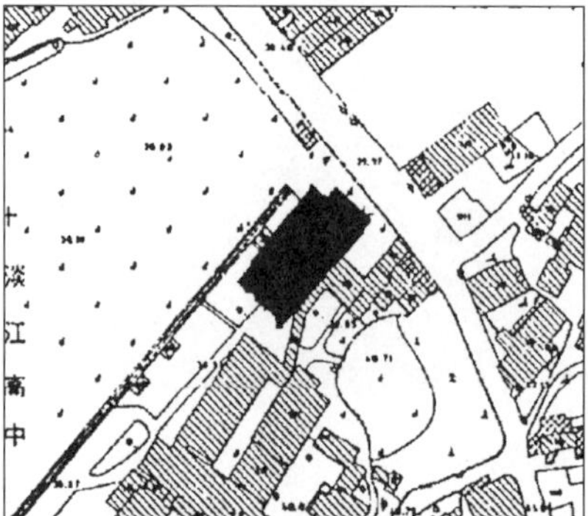

▶ 20世紀90年代淡水中學校男子體育館位置。圖片來源:淡水現況地形圖。

淡水女學校女子體育館	
屬性：體育館	
地址：新北市淡水區真理街26號	
建築風格：淡水女學校女子體育館內部屋頂為鋼桁架，外部立面有西洋拱圈風格。	
年代	大事紀
日治時期	作淡水女學校女子體育館使用。
今日	作為純德幼稚園教室使用。

▲ 淡水女學校女子體育館側面。

▲ 淡水女學校女子體育館正面。

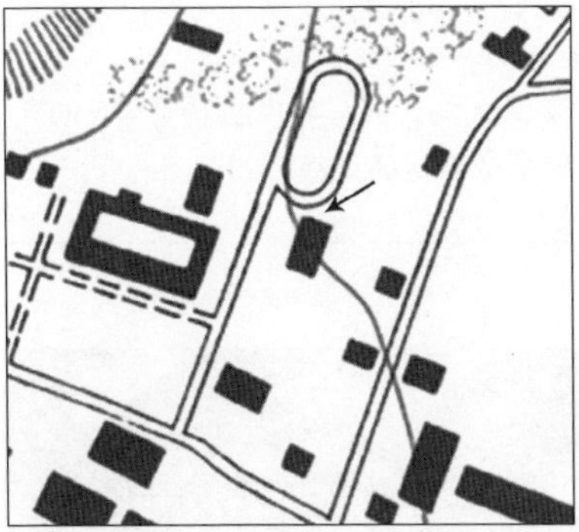

▲ 20世紀90年代淡水女學校女子體育館位置。圖片來源：1945年美軍轟炸地圖。

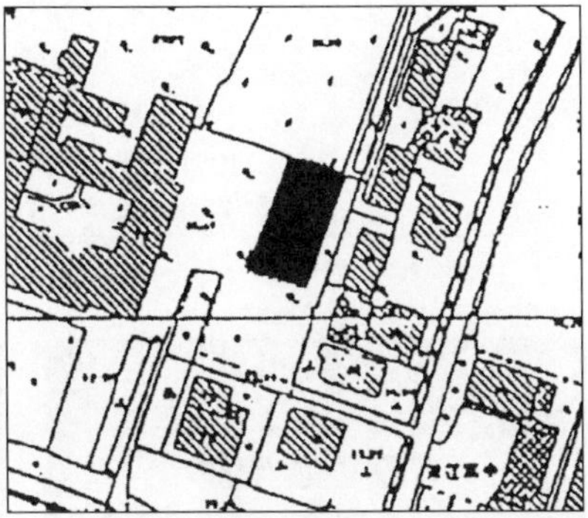

▲ 西元1945年淡水女學校女子體育館位置（略圖）。圖片來源：淡水現況地形圖。

淡水婦學堂	
屬性：教室	
地址：新北市淡水區真理街26號	
建築風格：淡水婦學堂屋頂為四坡頂，正立面一樓有外廊拱圈，二樓有綠釉花瓶欄杆，室內保持原有的空間特色。	
年代	大事紀
西元1904年	5月以吳威廉牧師為領導的北部教會為強化宣教政策，向加拿大本國母會發出建議書，以充實新時代的婦女教育。
西元1905年	2月北部中會第二屆會議中決定淡水女學堂宜另建一宿舍讓有夫之學生居住，並建議購買女學堂東邊之地。
西元1910年	新建的婦學堂校舍在女學校東南隅落成啟用，為臺灣北部第一所專為成年婦女設立的「婦女堂」。
西元1925年	10月以「私立淡水婦女學堂」得到日本政府正式認可。
西元1929年	4月「私立淡水婦女學堂」改名「淡水婦女義塾」。
西元1937年	「淡水婦女義塾」停辦，將宣道婦的訓練工作移到宣教師宿舍進行。
西元1940年	淡水婦學堂改名「安樂家」，作為專牧失依婦女的修道院，校舍又名「真樓」，在日人接管淡水中學時，被當作學生宿舍。
西元1958年	長老會北部女宣道會利用婦學堂校舍，將婦學堂復學，改稱「臺灣婦女聖經書院」，由淡江中學陳泗治校長兼任院長，學年維持兩年制。
西元1961年	「臺灣婦女聖經書院」搬到臺北大稻埕臨時房舍。西元1971年遷入大稻埕教會旁新建的大樓。
今日	作為淡江中學校史館。

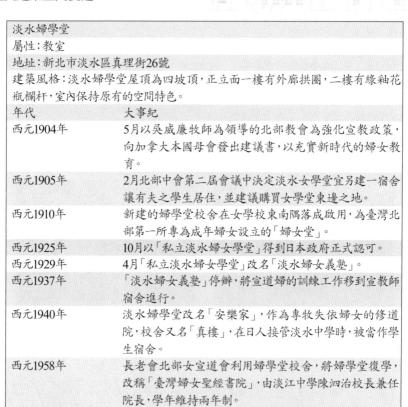

▲淡水婦學堂正面。

▲淡水婦學堂環境。

▶ 淡水婦學堂一樓拱廊。

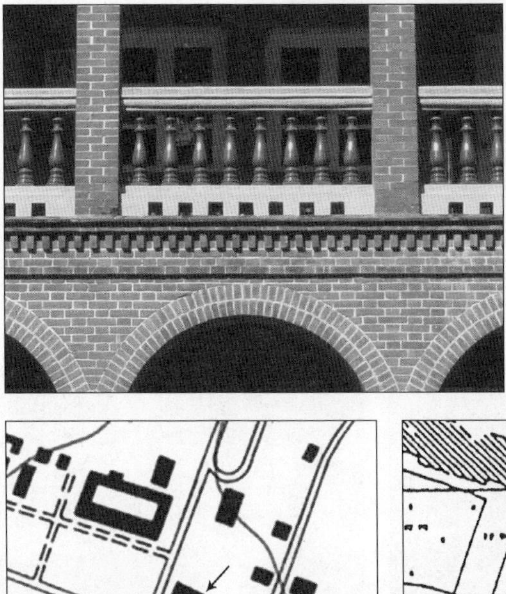

◀淡水婦學堂二樓綠釉花瓶欄杆。

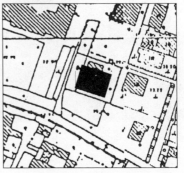

▲ 西元1945年淡水婦學堂位置（略圖）。圖片來源：1945年美軍轟炸地圖。

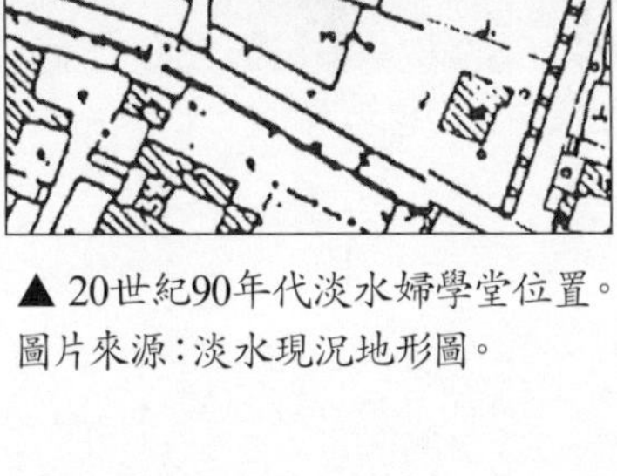

▲ 20世紀90年代淡水婦學堂位置。圖片來源：淡水現況地形圖。

淡水女學校	
屬性：教室	
地址：新北市淡水區真理街26號	
建築風格：淡水女學校為四合院中圍著天井的二樓建築，正面有二十二個精美的磚拱，二樓迴廊使用綠釉花瓶欄杆，正面山牆有濃厚的拜占庭趣味，以磚雕手法刻「淡水女子學校」之中英文落款。	
年代	大事紀
西元1883年	偕叡理牧師在現址創辦了全臺第1間女子學校「女學堂」，由於當時民智未開，故不甚成功。
西元1907年	淡水女學堂按日本學制重新開校。
西元1915年	淡水女學堂學生漸多，原建築已不敷使用，當年停課，由吳威廉牧師重建新校舍。
西元1916年	5月竣工開學，更名為「淡水高等女學校」。
西元1922年	10月更名為「淡水女學院」。
西元1945年後	一度與淡水中學合併，成為淡水中學女子部，後再分離，更名為「純德女子中學」。
西元1965年	與淡江中學合併。
今日	作為女生宿舍，樓下為純德幼稚園使用。

▲淡水女學校正面。

▲ 磚雕手法刻「淡水女子學校」之中英文落款。

▲淡水女學校正面中央。

▼淡水女學校前空地。

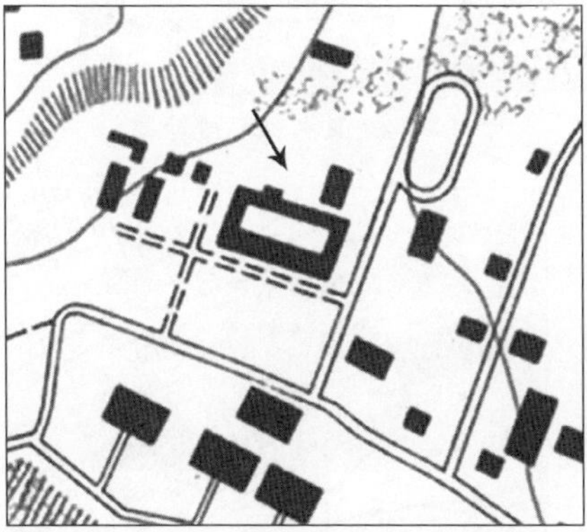

▲ 西元1945年淡水女學校位置（略圖）。圖片來源：1945年美軍轟炸地圖。

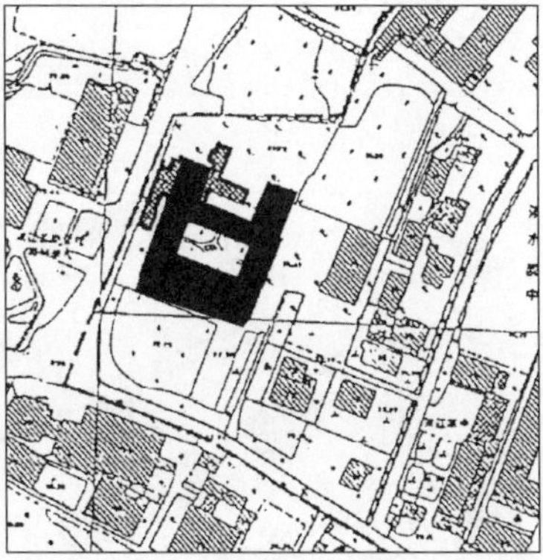

▲ 20世紀90年代淡水女學校位置。圖片來源：淡水現況地形圖。

淡水牧師樓	
屬性：宿舍	
地址：新北市淡水區真理街32號	
建築風格：淡水牧師樓內部為簡易隔間，正面為精美的磚拱，二樓迴廊採用花瓶欄杆，磚工精美。	
年代	大事紀
西元1906年	吳威廉牧師興建完成牧師樓，所用的磚材和福杉據稱來自廈門。
西元1906年-1945年	在吳牧師過世後由明有德牧師進駐，明有德牧師是淡水中學最後一任校長，學校被日人接管後，由孫雅各牧師居住。
今日	曾作真理大學教職員餐廳，現為真理大學辦公空間使用。

▲ 淡水牧師樓正面。

▲ 淡水牧師樓外廊。

▲ 西元1945年淡水牧師樓位置（略圖）。圖片來源：1945年美軍轟炸地圖。

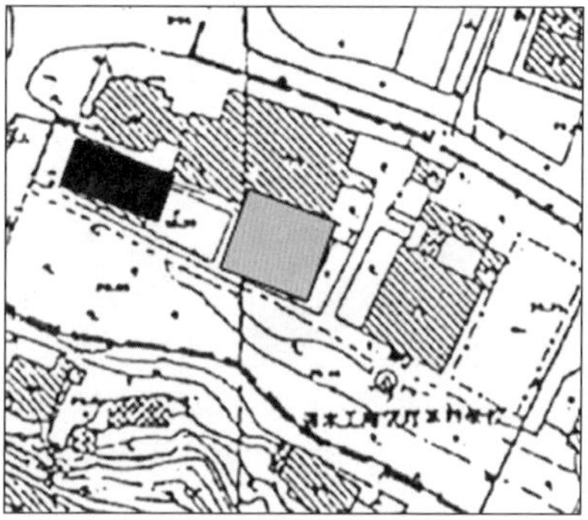

▲ 20世紀90年代淡水牧師樓位置。圖片來源：淡水現況地形圖。

淡水姑娘樓	
屬性：宿舍	
地址：新北市淡水區真理街32號	
建築風格：淡水姑娘樓內部為簡易隔間，正面為比例精美的磚拱，二樓迴廊採用花瓶欄杆，磚工精細、造形、比例優美。其屋頂西邊氣窗上仍有白灰所塑「1906」的浮字，所用的磚材和福杉來自廈門。	
年代	大事紀
西元1906年	原屬寶順洋行之土地，由吳威廉牧師親自設計督工，聘當時著名的洋樓匠師黃阿樹施工。最先住的是高姑娘、金姑娘，淡水人就稱它為「姑娘樓」。
今日	作為真理大學辦公空間使用。

▲ 淡水姑娘樓正面。

▲ 淡水姑娘樓外廊。

▲ 西元1945年淡水姑娘樓位置（略圖）。圖片來源：1945年美軍轟炸地圖。

▲ 20世紀90年代淡水姑娘樓位置。圖片來源：淡水現況地形圖。

馬偕故居	
屬性：住宅	
地址：新北市淡水區真理街13號	
建築風格：馬偕故居正面有七個拱廊，正面入口前有九級精美觀音石臺階。屋架木材由廈門進口之福杉。屋頂為四坡落水有高低兩層次，除了前後的老虎窗，左右也留有大型氣窗，採閩南紅瓦，地板則抬高作為隔潮層。	
年代	大事紀
西元1875年	西元1874年加拿大母會決定派華雅各醫生到淡水負責滬尾偕醫館的工作，考慮到宣教士家居問題，而匯款給偕叡理牧師，作為興建兩棟宣教士宿舍的經費。此建築物於此年興建。
西元1878年	5月27日偕叡理牧師在自宅結婚，長女偕媽連、長子偕叡廉也在此出生。
西元1900年	偕叡理牧師外孫柯設偕出生於此。
明治年間	乃木總督曾來此拜訪、參觀。
二次大戰初期	改名為「安樂寮」，供失去家庭的婦女住宿靜養，後來淡水中學租作學寮，稱為「白虎寮」。二次大戰末期作為彈藥庫。
戰後	馬偕次女偕以利續住，直到年老。西元1965年後成為淡水專科學校圖書館、實習旅館。今日為外籍老師宿舍。

▲馬偕故居正面。

▲馬偕故居側面。

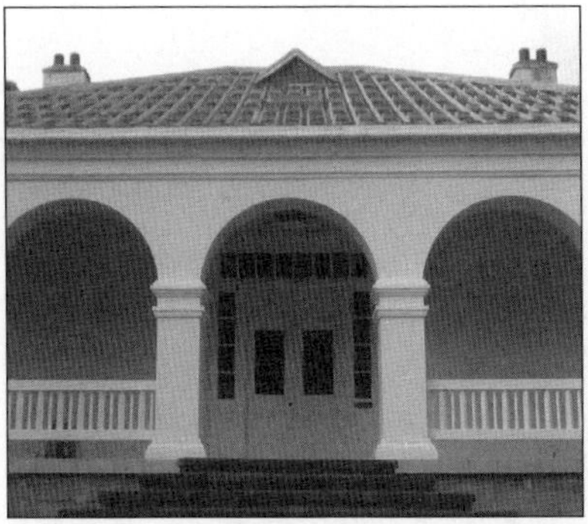

▲ 馬偕故居正面細部。

▲ 馬偕故居後側增建建築物。

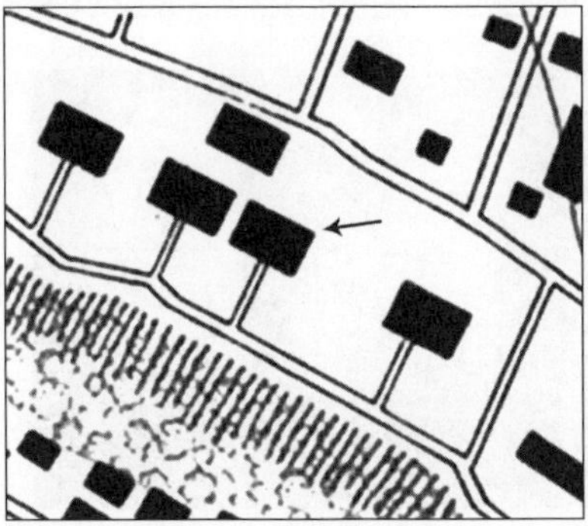

▲ 西元1945年淡水馬偕故居位置（略圖）。圖片來源：1945年美軍轟炸地圖。

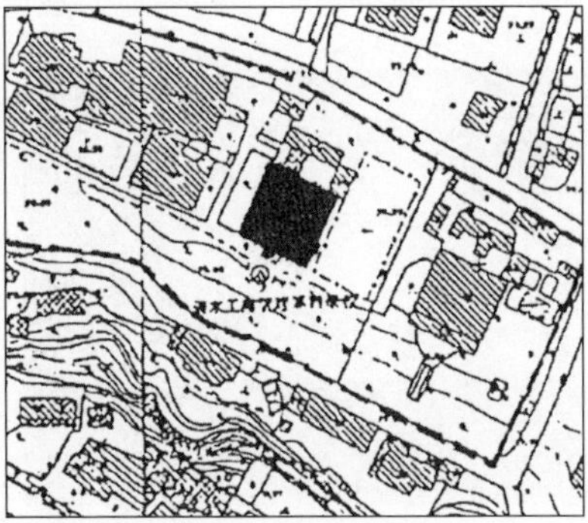

▲ 20世紀90年代淡水馬偕故居位置。圖片來源：淡水現況地形圖。

華雅各故居	
屬性：住宅	
地址：新北市淡水區真理街13號	
建築風格：華雅各故居正面有拱廊，英商德記洋行租賃此屋時，於前方增建二樓，內部裝修部分保持原始的樣貌。	
年代	大事紀
西元1875年後	作為偕叡理牧師的助理牧師宿舍，自第1任華雅各牧師之後，繼有閏虔益牧師、黎約翰牧師及吳威廉牧師等在此生活。以偉彼得牧師住的最久，因此有「偉牧師館」之名。日治末期宣教士離開後，一度改為婦女義塾校舍。之後淡水中學租為男宿舍，改名為「玄武寮」。
戰後	英商德記洋行租賃此屋時，於前方增建二樓。
西元1971年	作為淡水工商管理學校校長寓所。
西元2009年後	修建華雅各故居，完成後改名「教士會館」，以紀念歷代在臺灣服務的宣教士，作為真理大學校內師生交流場地。

▲ 華雅各故居正面。

▲ 華雅各故居室內空間。

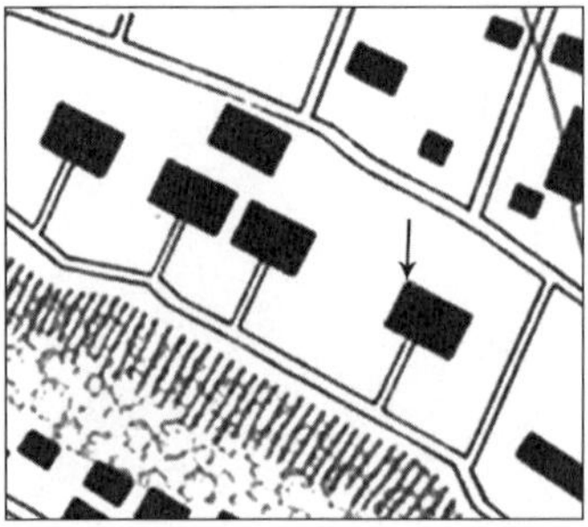
▲ 西元1945年淡水華雅各故居位置(略圖)。圖片來源：1945年美軍轟炸地圖。

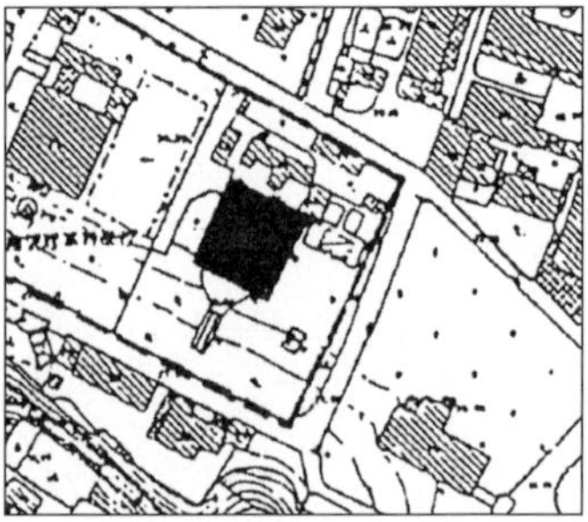
▲ 20世紀90年代淡水華雅各故居位置。圖片來源：淡水現況地形圖。

淡水得忌利士洋行	
屬性：其他	
地址：新北市淡水區中正路316號	
建築風格：	
得忌利士洋行於清代開港後興建，原擁有淡水河岸專屬碼頭。今日留存的第一檢查場及輸入品倉庫保有清代當時洋行倉庫的建築形式。	
年代	大事紀
清代開港後	得忌利士洋行創設於香港，除具備一般洋行的貿易功能之外，航運是其主要業務，專營華南地區臺灣、香港、福州、廈門等地間的航運。曾經寡占臺灣航路數十年，是淡水開港後洋行貿易蓬勃發展的見證。
西元1899年	日本政府發布「命令航路書」，指定日本大阪商船公司開設此區的數條航路，與得忌利士洋行展開激烈競爭。
西元1902年	得忌利士洋行撤出臺灣船運航線。
西元2013年	淡水得忌利士洋行完成建築物修復工作。

▲ 淡水得忌利士洋行第一檢查場建築物。

▲ 淡水得忌利士洋行輸入品倉庫及空地。

▲ 淡水得忌利士洋行第一檢查場建築物室內空間。

▲ 淡水得忌利士洋行第一檢查場建築物正面。

◀ 淡水得忌利士洋行第一檢查場建築物正面修復時樣貌。

▶ 淡水得忌利士洋行第一檢查場建築物牆面修復時樣貌。

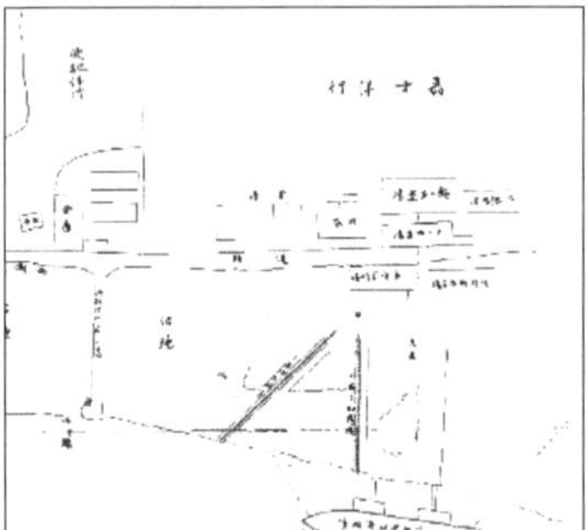

▲ 日治時期淡水得忌利士洋行配置圖。資料來源：明治33年(1900)《臺灣總督府公文類纂》，<英國人エフ、アシトン埠頭倉庫會社設立ニ付滬尾棧橋築設認可并同棧橋許可ー>，冊號:562，文件號：9，檔案編號：00000562009900 3002M。

▲ 20世紀90年代淡水得忌利士洋行位置。圖片來源：淡水現況地形圖。

淡水街長多田榮吉故居	
屬性：其他	
地址：新北市淡水區馬偕街19號	
建築風格：為淡水埔頂日本官員之住宅，保有當時日治時期木造官舍形式，室內空間為街長宿舍、餐廳、廚房、衛浴空間。	
年代	大事紀
清末	當時為學海書院的學田，後為日本學產財團的產業。
日治時期	由多田榮吉購得，並申請自用自來水，成為全淡水第一戶接自來水的民宅。
戰後	被經濟部以接收日產名義，將所有權登記在經濟部的名下，但原屋主私底下將建築賣出，建築便長期為私人所使用，使得多田榮吉故居存在著產權爭議問題。
西元2005年	4月21日被指定為縣定古蹟。

▲淡水街長多田榮吉故居建築物及庭園。

▲ 淡水街長多田榮吉故居正面及屋頂。

▲ 淡水街長多田榮吉故居室內空間(尚未整修)。

◀ 淡水街長多田榮吉故居外側圍牆現況。

▲ 淡水街長多田榮吉故居建築物進行古蹟整修。

▲ 淡水街長多田榮吉故居建築物入口及圍牆。

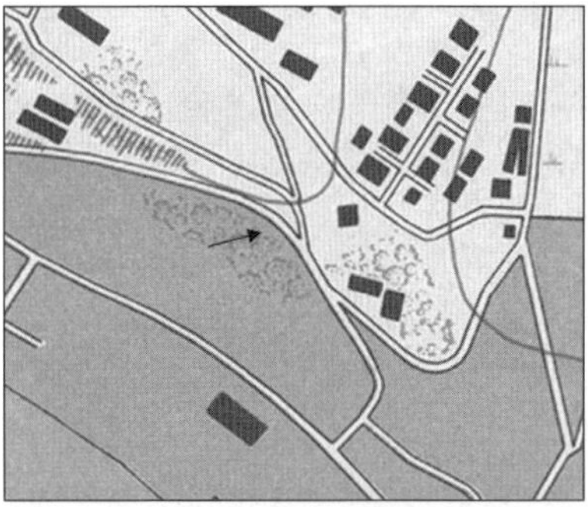

▲ 西元1945年淡水街長多田榮吉故居位置（箭頭處，因屬民宅故未標註建築物）。圖片來源：1945年美軍轟炸地圖。

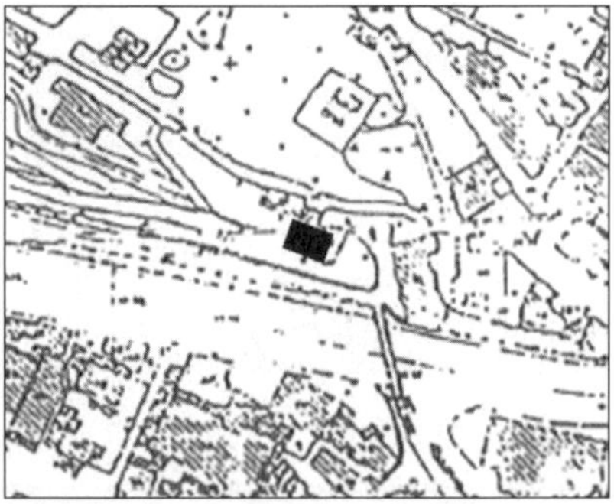

▲ 20世紀90年代淡水街長多田榮吉故居位置。圖片來源：淡水現況地形圖。

原英商嘉士洋行倉庫	
屬性：其他	
地址：新北市淡水區鼻頭街22號	
建築風格：原英商嘉士洋行倉庫保存數座年代不同的西洋倉庫，建築構造配合石油輸送機能，現場遺留油管管線、油槽設施、鐵道月台等特殊產業地景遺跡。	
年代	大事紀
西元1894年	11月英商嘉士洋行向紀化三永租鼻仔頭的水田、園埔、圳埤和牛路。
西元1897年	11月19日「拉派克·嘉士會社」成為「殼牌運輸貿易會社」代理商。
西元1901年	8月25日淡水線火車通車。迺生產石油支線鐵道可能同時完工或稍後完工。
西元1909年	9月1日英商向日本國庫永代借地鼻仔頭土地。
西元1944年	4 月日本政府將殼牌倉庫以敵產管理，由筒井友太郎為敵產管理人。10 月 12 日 8時30分美軍第三艦隊十四架F6F格魯曼機轟炸淡水，油庫起火，燃燒一晝夜。美軍的轟炸地圖，詳細繪出洋行內各建築、油管、油槽、圍牆的位置。
西元1946年	原淡水鼻仔頭嘉士洋行土地所有權部，登錄為國庫。
西元1971年	迺生產石油支線鐵道廢除。
西元1992年	5月7日殼牌倉庫附近百年番仔樓付之一炬。
西元1997年	反對環河快速道路興建，淡水文史團隊及各界生態環保團體，成立「搶救淡水河行動聯盟」，此處為搶救的重要地點。
西元2000年	6月27日訂為縣定古蹟。殼牌公司將古蹟捐給淡水文化基金會 12 月 31 日正式移交。

▲ 原英商嘉士洋行倉庫。

▲ 原英商嘉士洋行倉庫內鐵道復原。

◀ 原英商嘉士洋行倉庫空地新建平臺。

▲ 原英商嘉士洋行倉庫。

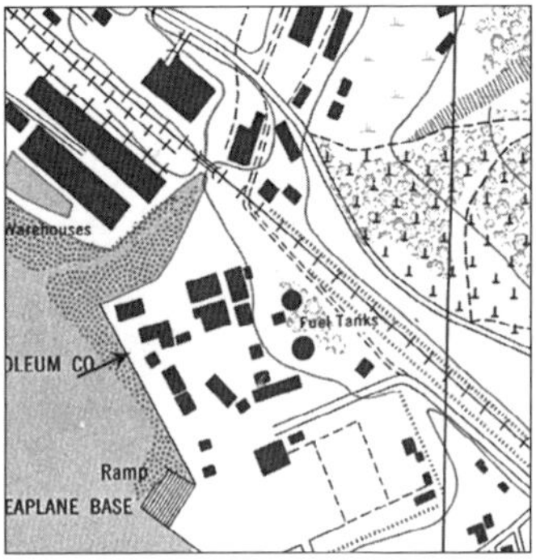

▲ 亞細亞石油株式會社地圖。資料來源：1945年美軍轟炸用地圖。

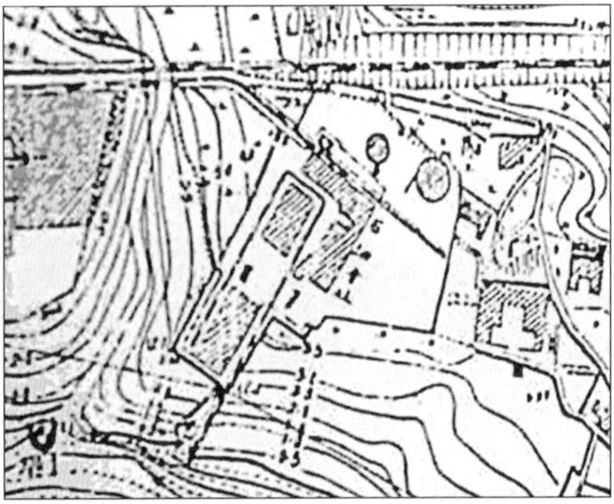

▶ 20世紀30年代淡水亞細亞石油株式會社倉庫配置圖。可見基地內有鐵道支線連結淡水線。資料來源：淡水港圖(局部)。

淡水水上機場	
屬性：其他	
地址：新北市淡水區中正東路42巷7號	
建築風格：淡水水上機場利用淡水河口中央的浮洲之南側河道4、5公里長的水面為天然跑道。日治時期淡水飛行場當時的設備可能包括機場事務所、飛機修護廠、油庫、航空測候所、滑道碼頭、牽引機等。今日基地內堤岸及駁坎均為日治時期所興建，並有防空洞數座。飛行機使用區域最主要為停機坪及滑溜台。基地外的石板路也是日治時期便已施作完成，作工十分講究。	
年代	大事紀
西元1937年	臺灣總督府遞信部航空局挑選淡水鼻仔頭村為機場預定地，除軍事需要，與加強東南亞經貿有關。
西元1940年	淡水街竿蓁林一帶的機場用地收購完成後，開始展開實際的測量調查。
西元1941年	編列淡水飛行場設置費預算計337千元，由交通局基隆築港出張所長吉村善臣負責設計規劃，於年初完成第一期工程，並供同年4月新開設的「淡水曼谷線」使用。12月8日，日軍偷襲珍珠港。同月12日，日本政府宣布停止飛行航線。
西元1942年	臺灣總督府與軍方陸續設置相關航空設施，包括機場內的出張所、無線羅針所、周邊照明設置及航空燈臺等。
西元1943 年	日本軍方徵用民航機及飛行，所有機場皆屬軍用，便不再有民航機在淡水飛行場起降。
西元1945年	8 月日軍投降後，淡水飛行場由空軍第廿二地區司令部接收。
西元1948年	臺灣地區空軍司令部於8月核准淡水飛行場撤廢，撤廢面積共計10.2913甲。
西元1951年	空軍派員前往各停止撤廢機場勘察被耕種情形及環境價值，將無法復用，也無留用價值的十五個機場列為第一期清理者，淡水飛行場即列入其中。
西元2000年	6月27日訂為縣定古蹟。

▲ 淡水水上機場溜滑台。

▲ 淡水水上機場遠眺。

▲ 20世紀30年代淡水水上機場尚未與建前的地貌。資料來源：淡水港圖(局部)。

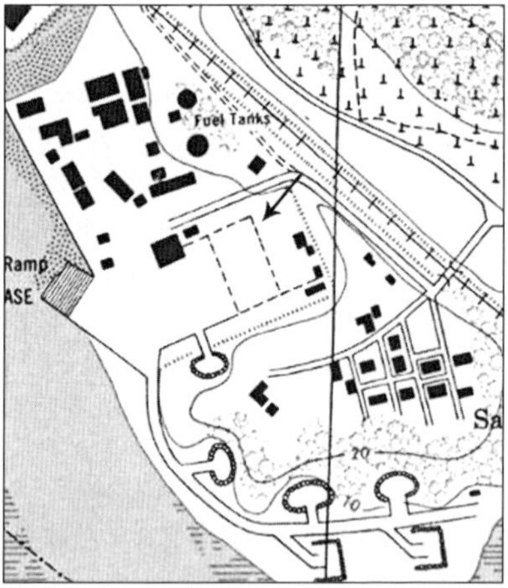

▲ 西元1945年淡水水上飛機位置（略圖）。圖片來源：1945年美軍轟炸地圖。

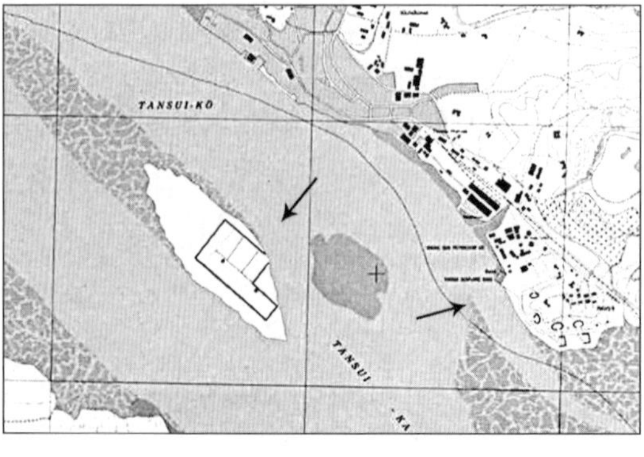

◀ 西元1945年時淡水河沙洲上有水上飛行場相關設施（略圖）。圖片來源：1945年美軍轟炸地圖。

淡水氣候觀測所	
屬性：其他	
地址：新北市淡水區中正東路42巷6號	
建築風格：淡水飛行場出張所屬於風力塔與辦公廳舍分離的型式。建築物配置採西北、東南方向。辦公廳舍位於氣象觀測坪及風力塔之間，以方便工作人員管理及記錄兩邊儀器的數據。三層樓高的風力塔為鋼筋混凝土造建築物。基地北側平行於建物的道路，向左通往飛行場，為舖設精良的石板鋪道。南側有大濠溝，是為興建淡水飛行場的跑道填土所挖掘的。	
年代	大事紀
西元1942年	9月15日由臺灣總督府氣象臺技師田邊三郎為首任所長，借用淡水飛行場廳舍作為臨時辦公廳進行籌建事宜，並與簡木和裝設各器械，設置氣象室外觀測地，同年10月1日成立「臺灣總督府氣象臺淡水飛行場出張所」。
西元1943年	3月新廳舍建成，乃正式搬入辦公，負責飛行場測候工作。
西元1945年	2月將淡水飛行場出張所員工宿舍拆除解體，遷至中和田野間擇地而建。11月1日「淡水飛行場出張所」改名為「臺灣省氣象局淡水測候所」。由於淡水飛行場業已停飛，故出張所隸屬臺灣省氣象局。
西元1950年	發生空軍總部與氣象所對淡水測候所房屋歸屬爭議，經多次交涉也無法收回。
西元1976年	淡水測候所辦公室因被颱風吹倒。
西元1977年	淡水氣象測站移撥給梧棲站，淡水測候之工作僅存技佐一員，工友一員，直隸中央氣象局二組。
西元1989年	空軍氣象總隊結束借用。。
西元2000年	6月27日訂為縣定古蹟。

▲ 淡水氣候觀測所現況。

▲ 淡水氣候觀測所氣象觀測坪現況。

▲ 淡水氣候觀測所風力塔。

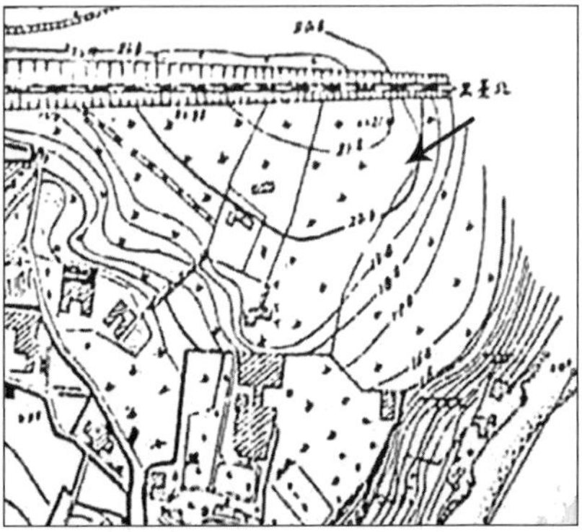

▲ 20世紀30年代淡水氣候觀測所尚未興建前的地圖。資料來源：淡水港圖(局部)。

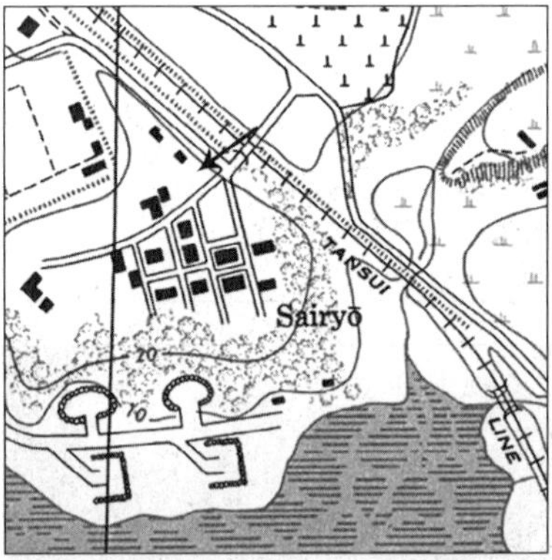

▲ 西元1945年淡水氣候觀測所位置（略圖）。圖片來源：1945年美軍轟炸地圖。

▲ 淡水氣候觀測所原辦公廳舍遺址。

▲淡水氣候觀測所觀測坪。

▲淡水氣候觀測所庭院水井。

▲ 淡水氣候觀測所觀測坪地震儀內部。

▲淡水氣候觀測所戶外樓梯。

▲淡水氣候觀測所豐富的植被生態。

▲淡水氣候觀測所空地。

附錄　日治時期芝蘭三堡滬尾烽火街、龍目井街、永吉街、新店街、砲臺埔、竿蓁林庄庄仔內永代借地之資料表

一、滬尾烽火街、龍目井街、永吉街、新店街

位置	地號	用途	面積（甲）	地主	永代借地權者	租金	條件
芝蘭三堡滬尾烽火街	14	建築用地	0.8987	國庫	中野金太郎	6,500銀元	無期限無條件
芝蘭三堡滬尾烽火街	22	建築用地	0.1421	國庫	英商Tait&Co.（德記洋行)	3,000銀元	無期限無條件
	23	原野	0.3840	國庫			
芝蘭三堡滬尾龍目井街	18	建築用地	0.0257	國庫	英國人ロバード・ハンダーブルース(Robert Hunter Bruce)	1,180銀元	無期限無條件
芝蘭三堡滬尾龍目井街	20	建築用地	0.1857	國庫	加拿大長老教會	2,010銀元	無期限無條件
芝蘭三堡滬尾永吉街	35	建築用地	0.0188	葉良和	英國籍葉成敦、葉成樹、葉成坤、業成機(別名葉開芳)	85銀元	無期限無條件
	44	建築用地	0.0088	葉良和		61銀元	
芝蘭三堡滬尾新店街	61	建築用地	0.0137	蔡番	英國籍葉成敦、葉成樹、葉成坤、業成機(別名葉開芳)	180銀元	無期限無條件
	62	建築用地	0.0121	蔡番			
	64	建築用地	0.0092	蔡番			
	65	建築用地	0.1675	國庫			
芝蘭三堡滬尾新店街	57	建築用地	0.1396	國庫	西班牙人ジヨアキンカレン・テイノ（畢金柱）	707銀元	無期限無條件

二、滬尾砲臺埔

位置	地號	用途	面積（甲）	地主	永代借地權者	租金	條件
芝蘭三堡滬尾砲臺埔	10	原野	1.4828	國庫	加拿大長老教會	220銀元	無期限無條件
	34	建築用地	3.4147	國庫		2,285銀元	
	41	建築用地	1.6758	國庫		1,506銀元	
芝蘭三堡滬尾砲臺埔	8	墳墓地	0.1028	國庫	英國人共同墓地管理者	100銀元	無期限無條件
芝蘭三堡滬尾砲臺埔	72	英國領事館	1.2308	國庫	英國土木及共設建築物監督署	年繳15,380銀元	無期限無條件
	42	原野	0.0612	國庫			
芝蘭三堡滬尾砲臺埔	42	原野	2.3576	國庫	英國人テンチヤン・メア・カイ	1,117銀元	無期限無條件
	57	建築用地	0.0337	國庫			
	59	建築用地	0.2840	國庫			
	61	旱田	0.6469	國庫			
芝蘭三堡滬尾砲臺埔	9	原野	0.5224	國庫	英國人テンチヤン・メア・カイ	580銀元	無期限無條件
	50	建築用地	0.0531	國庫			
	51	原野	3.0815	國庫			

三、竿蓁林庄庄仔內

位置	地號	用途	面積（甲）	地主	永代借地權者	租金	條件
芝蘭三堡竿蓁林庄庄仔內	34	建築用地	0.6421	國庫	英商”Shell Transport & Traiding Co.	2,400銀元	無期限無條件
	102	原野	0.3790	國庫			
芝蘭三堡竿蓁林庄庄仔內	40	原野	0.2254	國庫	英國人ヴアレンタイン・フヴエンスウヲース・ジヨンドツト	1,839銀元	無期限無條件
	51	建築用地	0.7784	國庫			
芝蘭三堡竿蓁林庄庄仔內	50	建築用地	0.1542	國庫	英Jardine, Matheson& Co.（怡和洋行）	225銀元	無期限無條件
	66	原野	0.2543	國庫		2,000銀元	無期限無條件
芝蘭三堡竿蓁林庄庄仔內	67	原野	0.2221	國庫	Samuel Samuel &Co. Ltd.	300銀元	無期限無條件
芝蘭三堡竿蓁林庄庄仔內	68	旱田	0.1685	國庫	英國籍葉成機（別名葉開芳）	310銀元	無期限無條件
	69	池沼	0.0121	國庫			
	70	建築用地	0.0100	國庫			
	82	原野	0.1651	國庫			
		原野	0.1241	國庫			

資料來源：明治42年（1909）9月1日，《臺北廳報》第809號，告示第88號。

附錄　重要名詞中英文對照

一、重要人名對照表

英文	中文
Alexander Morrison	墨雷
B. S. Ringer	林格
Charles Elliot	義律
Fernão de Magalhães	麥哲倫
Francis Ashton	雅士頓
Francis Cass	范嘉士
Francisco Vaez	伐愛士
Francisco Xavier	沙勿略
G. W. Mackay	偕叡廉
George Leslie Mackay	偕叡理
J. B. Fraser	華雅各
J. Jamieson	黎約翰
Jacinto Esquivel	愛斯基委
James Matheson	麥哲遜
James Miliscl	美利士
James Tait	傑姆士·德
John Dodd	陶德
Kenneth F. Junor	閨虔益
Matteo Ricci	利瑪竇
Miss Alma Burdick	閔瑪利姑娘
Miss Dorothy Douglas	杜道理姑娘
Miss Hannah Connell	高哈拿姑娘
Miss Jane Kinney , M.A.	金仁里姑娘
Miss Mabel G. Clazie	黎瑪美姑娘

英文	中文
Miss Phyliss Argall ,M.A.	亞額爾姑娘
Miss Ruth Heighton	紐伯利姑娘
Vasco da Gama	瓦斯科·達伽馬
W. Gauld	吳威廉
William Jardine	嘉定

二、重要地名及建築物對照表

英文	中文
Fort Anthonio	聖安東尼歐堡
Ihla Formosa	美麗之島（臺灣）
Mackay Hospital	滬尾偕醫館
Oxford College	理學堂大書院
Piatow	鼻仔頭
Pudin	埔頂
San Salvador	聖救主城
Santo Domingo	聖特·多明哥堡
Tamsui	淡水
Tamsui Girl' s School	淡水女學校
Woman's School	婦學堂

三、重要公司、教會名稱對照表

英文	中文
Anglo-Saxon Petroleum Co.	盎格魯-撒克遜石油公司
Asiatic Petroleum Co., Ld.	亞洲石油公司
Boyd&Co.	和記洋行
Brown& Co.	水陸洋行

英文	中文
Buttler&Co.	公泰洋行
Canada Presbyteran Church	加拿大長老教會
Chinese Insurance Co., Limited.	中國保險有限公司
Dent&Co.	甸德洋行
Dodd&Co.	寶順洋行
Elles &Co.	怡記洋行
Field Hastis&Co.	費爾哈士迪洋行
Foster&Co.	福斯特洋行
Jardine Matheson&Co.	怡和洋行
Java Sea and Fire Insurance Co.	爪哇海上火災保險有限公司
Lapraik, Cass & Co.	拉派克・嘉士會社
Lapraik, Douglas & Co.	得忌利士洋行
Lloyd' s North China Insurance Company	勞合北美中國保險
Marcus Samuel & Co.	馬可士・薩姆爾公司
Milish &Co.	美利士洋行
Rising Sun Petroleum Co. Ltd.	迺生產石油株式會社
Russell&Co.	唻記洋行
Samuel Samuel & Co.	三毛路會社、撒姆爾・薩姆爾公司
Shell Transport and Trading Company Ltd.	殼牌運輸貿易會社
Tait&Co.	德記洋行
Union Insurance Society of Canton	廣東保險協會聯盟
Westminster Presbyterian Church, Toronto	加拿大多倫多西敏長老教會

附錄　共同會勘淡水河岸古蹟有感

淡江大學建築研究所 張志源　1999

民國88年（1999）1月8日臺北縣政府邀請文化大學李乾朗教授、臺灣科技大學徐福全教授及中國工商專校張震鐘教授等學者實地會勘「鼻仔頭」臭油棧、水上機場、測候所遺址、清代海關碼頭和油車口駱家古厝，評估其是否具有古蹟保存價值，我們和搶救淡水河行動聯盟一些關心古蹟及環快道路的地方人士，偕同參與，感觸良多。

在會勘過程中。透過地方文史及田野工作者向學者補充說明相關史實及古蹟現場狀況，使會勘工作進行順利，幾個會勘重點的古蹟輪廓，更為顯著：

一、淡水「鼻仔頭」附近古蹟

（一）臭油棧洋行建築：現今淡水鼻仔頭位置介於紅樹林保護區及淡水捷運站之間。在鼻仔頭街底端的「臭油棧」（當地人通稱）在清末開港時期此處是「寶順洋行」舊址（後因大火燒毀，今僅剩基座）。而後英國人的「迺生產洋行」石油公司闢建為油庫及儲油槽，並在其中興建兩棟英國石油公司經理住宅（已毀）和幾棟油庫建築。現存共有四棟完整的建築物，供作倉庫使用。這些建築物是臺灣清代開港通商後現今僅存的洋行建築，在臺灣其他清代開港的港口城市，所有歷史碼頭的貨棧與倉庫建築均已消失，所以這幾棟建築不只見證了過去淡水港口的歷史，亦是臺灣海上貿易史重要的文化資產。在建築的特色方面，諸如大型跨距桁架的倉庫建築中間立有磚柱，以及木桁架構造系統中的撐材以鐵件補強，並且在形式與構造細部上混合了中、西式樣，有可能是洋人所設計建造。

（二）淡水測候所：在盛清沂所寫的〈臺灣省北海岸史前遺址調查報告〉中記載在今淡水測候所附近有史前遺址（稱為測候所遺址），同時在此處有建於昭和17年（1942）的淡水測候所，戰後延續成為中央氣象局的氣候測候使用，為現今臺灣最北的測候站。

（三）水上機場：位於此處的水上機場為臺灣第一座水上機場，昭和14年（1939）臺灣總督府電信部交通局選定淡水火車站南面的鼻頭村興建水上機場，並在當時淡水河一處土丘安置方向旗，其水上機場的跑道就是由今天鼻仔頭一直到渡輪碼頭附近的600多公尺水面，昭和16年（1941）機場完工啟用後成為民用的水上機場，由民間公司經營日本橫濱經淡水到曼谷的民航事務，太平洋戰爭爆發後水上機場成為軍事用途，目前水上機場的設施保留原本的規模及形制，保存的很好。此處現為軍事管制區。在現場可看到當時的人字型堤岸邊坡。

二、淡水海關碼頭：現存歷史水岸碼頭、石材及日治時期興建的房舍。淡水海關碼頭的位置，為清嘉慶13年（1808）滬尾水師守備所在，道光年間為防外國殖民者入侵，臺灣道姚瑩築滬尾砲臺，咸豐10年（1860）建滬尾海關，同治元年（1862）設滬尾海關正口。現址為海軍海蛟四中隊碼頭，其構造由安山岩疊砌，有少量唭哩岸石，為全臺四口（淡水、基隆、安平、旗后）僅存的歷史水岸。淡水人稱此處為「下海關」，據判斷此處當時可能為3,000噸左右的火輪停靠地點，在現場可想像到當時船如何靠岸及卸貨的方式。此地為五虎崗凸稜之一，其歷史意義包含著清代軍備地點以及海關地點及開港後與淡水「埔頂」洋人的活動緊密相連，為了解淡水發展相當重要的地點。

三、中法戰爭古戰場歷史水岸：此地點在油車口淡水河沿岸。此處雖未為預定探勘的地點，但眾人來此看到了在淡水河岸過去為火山碎屑岩及安山岩殘蹟，以及現存淡水少數僅存的清代古宅—駱家祖厝。在光緒10年（1884）法軍登陸淡水，為清軍所擊退，淡水人稱此次戰役為「西仔反」，該古戰場除滬尾砲臺已被列為二級古蹟外，歷經百餘年的破壞，現僅存少量城岸、古墳、古宅及歷史水岸殘蹟，目前古戰場登陸點及沈船障礙物河口海域部份已遭工程破壞，少數古墳碑為安山岩石材，尚耐風化。而淮軍提督古匾（存於今油車口蘇府王爺廟內）部份毀損。建議應將中法戰爭的古戰場僅存的文化地景及建築加以維護。同時殘存的河岸地景應要加以維護保存。

面對淡水鎮現今水岸殘存的歷史遺跡，我們應多加愛護及進一步了解才是。淡水歷經了原住民、西班牙、荷蘭人、漢人、開港後的洋人、日本人以及戰後50幾年的國民政府及人民對空間地景的改造。但這50幾年的地景的改變遠勝於過去淡水有史以來的變化。現今的淡水在多數人的眼中只是成為新的遊樂空間，也成為過路小鎮消費的地點。我們的淡水小鎮已變得破舊不堪，難道還容忍再被摧殘嗎？過去的都市計畫以及房地產恣意的肆虐，使我們生存的地方變得越來越差，又怎能不站出來呢？

從一些研究顯示，民國57年（1968）淡水都市計畫公布實施後，淡水本地與外地資本進入淡水地區，淡水店屋開始搶建，新式金融服務業、商業空間與民間建設公司主導的營造體系進入淡水地區。由於地區販厝營建體系的鞏固以及房地產市場發展的影響，加上位在臺北都會區周圍的波及及地盤式統包制度與地緣關係，使民間自建自用的住宅生產對空間塑造產生重大的影響。首先在淡水舊市街外圍的開發，然後慢慢擴展到舊市街來。

都市計畫公布後，淡水市鎮急速的發展，同時遽增的學生移民使淡水產業結構與消費區位再次轉移，隨著與臺北都會的交通更趨便利，淡水地區更與臺北的都會地區進行商業功能的交易，從而從過去港埠的角色成為臺北都會區的一部份，提供了居住與休閒的活動空間。到了80年代昂貴的土地市場、熱絡房地產投資及政府縱容土地政策，臺灣的地下建築師極度盛行，同時營造廠與租執照的開發商和廣告代銷公司結合了財團型地產開發集團及地方型地產開發集團，用房地產廣告以意識型態為中介將住宅商品化，轉換流動資本，造成了90年代淡水眾多集合住宅及財團開發的建築群，使淡水城鎮的歷史經驗的辨認越顯困難。在都市的發展中，國家盲目的都市政策無疑是很大的原因，錯誤的政策才會變成現在看到的淡水，但難道我們還要讓一些新錯誤的政策再繼續嗎？

大量無整體發展的建設，促使淡水空間變得破碎而不人性，破壞了舊有環境。淡水不再是以前清代人描述的美麗的山川，林逢源在〈戍臺夕陽〉描述的「戰爭遺跡留孤壘，錯落新村下晚煙」的意象其實已不復存在，有的只是星期天滿街的外地遊民及留下的滿堆垃圾。在福佑宮對聯上寫的「屯山水奠咫尺渚州欽赫濯，坌水環繞千年淡海慶安瀾。」只是變成一個自嘲的語氣，試想如果淡水河河岸蓋著一條快速的道路，風水怎會好起來呢？坌水環繞千年淡海慶安瀾？90年代的淡水其實是充滿悲戚的。

但難道我們真的總要讓所有東西被破壞殆盡，才會重新看到真正應該要存留的價值嗎？那真是太晚！也是不可挽救的錯誤！對於在淡水唸書，只能間接幫忙的我，在1年多看到這麼多淡水人、外地人串連起來保護這裡，反對環河快速道路興建過程是感到極為珍惜可貴的！而這次面對的是比20幾年前的「紅毛城事件」更加艱辛的歷程，我們只有更加的努力才能解決這次的危機。同時出於私心的希望在山上的淡江人不要袖手旁觀了！尤其是建築系的我們，面對淡水空間變化的改造，更須多付出行動實際的幫忙，怎能袖手旁觀？

備註：本篇在前段古蹟部份的介紹採用的資料是由淡水社區工作室所寫的〈淡水「鼻仔頭」街附近古蹟指定會勘補充資料〉及由紀榮達先生寫的〈中法戰爭古戰場〉及〈淡水海關碼頭〉兩份提報為古蹟的文件節錄及現場會勘口述彙整而成。（有關文內的空間歷史說明，後來在調查研究後有部分修正，詳見本書全文）

文章來源：張志源，1999，（共同會勘淡水河岸古蹟有感），《文化淡水》第24期第3版。

附錄　淡水區海關總稅務司官署宿舍(俗稱「小白宮」)附近的閒置土地都更計畫案陳述意見

張志源 2013.7.13

本人是新北市市民，是學術研究者，長年關注淡水埔頂此地區的發展，也接受過20年建築相關學術與實務訓練與教育。關於淡水區海關稅務司官署宿舍（俗稱「小白宮」）附近的閒置土地都更計畫案，本人認為此案貴局實不宜以一般都市更新案視之，因為此地區是臺灣西元1860年開港後西方人來臺灣發展，今日唯一僅存的文化地景保留尚較完整處，保留了難以抹滅的臺灣歷史記憶，且此區位於文化部劃定世界遺產潛力點「淡水紅毛城及其週遭歷史建築群」的核心區位置，貴局應審慎考量此案都市更新事業計畫通過的正當性及目前規劃案的合理性，並建議應會同文化局、工務局、地政局等單位對此地區都市更新劃定及細部管制訂定相關規定，以不辜負全民寄託。茲就上述意見詳述如下：

一、經查都市更新條例第1條規定：「為促進都市土地有計畫之再開發利用，復甦都市機能，改善居住環境，增進公共利益，特制定本條例。」第4條規定：「都市更新處理方式，分為下列三種：一、重建：係指拆除更新地區內原有建築物，重新建築，住戶安置，改進區內公共設施，並得變更土地使用性質或使用密度。二、整建：係指改建、修建更新地區內建築物或充實其設備，並改進區內公共設施。三、維護：係指加強更新地區內土地使用及建築管理，改進區內公共設施、以保持其良好狀況。」第6條規定：「有下列各款情形之一者，直轄市、縣（市）主管機關得優先劃定為更新地區：一、建築物窳陋且非防火構造或鄰棟間隔不足，有妨害公共安全之虞。二、

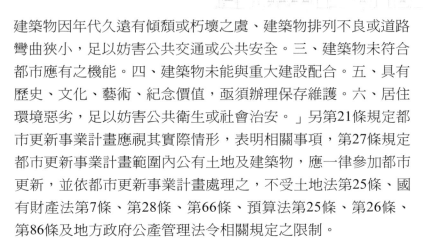

建築物因年代久遠有傾頹或朽壞之虞、建築物排列不良或道路彎曲狹小，足以妨害公共交通或公共安全。三、建築物未符合都市應有之機能。四、建築物未能與重大建設配合。五、具有歷史、文化、藝術、紀念價值，亟須辦理保存維護。六、居住環境惡劣，足以妨害公共衛生或社會治安。」另第21條規定都市更新事業計畫應視其實際情形，表明相關事項，第27條規定都市更新事業計畫範圍內公有土地及建築物，應一律參加都市更新，並依都市更新事業計畫處理之，不受土地法第25條、國有財產法第7條、第28條、第66條、預算法第25條、第26條、第86條及地方政府公產管理法令相關規定之限制。

二、本案(淡水區海關總稅務司官署宿舍（俗稱「小白宮」）附近的閒置土地都更計畫案)納入都市更新地區範圍，因位於文化部劃定世界遺產潛力點「淡水紅毛城及其週遭歷史建築群」的核心區位置，故都市更新處理方式是否應採用重建，而非整建與維護方式，實有疑義！建議本案實不宜以一般老舊窳陋的都市更新地區，對都市更新事業計畫僅檢討建築規模、樓層、視覺景觀、權利變換等一般性內容，應由貴局都市更新審議委員會先確定本案提出是否符合「增進都市土地有計畫之再開發利用，復甦都市機能，改善居住環境，增進公共利益」之意旨，並建議會同文化局共同檢討。

三、本案周邊重要的古蹟與歷史建築物共計十八處，包括：淡水紅毛城（國定古蹟）、理學堂大書院（國定古蹟）、淡水禮拜堂、滬尾偕醫館、馬偕墓、淡水外僑墓園、前清淡水關稅務司官邸、淡水海關碼頭、淡水中學八角塔、婦學堂、淡水女學校、姑娘樓、牧師樓、淡水中學體育館、馬偕故居、華雅各故居、得忌利士洋行倉庫、淡水街長多田榮吉故居等。這十八處古蹟與歷史建物從民國72年12月18日紅毛城被指定為一級古蹟開始，歷經貴府及行政院文化建設委員會（今日的文化部） 30年的努力與改善，方形成現在空間環境品質，這30年間花費在修復單體古蹟歷史建築、環境改造經費及民間自行管理維護改善經費超過百億，今日都市更新案位在這十八處重要的歷史建築物所處的核心地點，於坡地興建高層建築物，無論利用何種建築設計手法可讓小白宮可以遠眺淡水河景觀，但淡水埔頂整個地區所有文化環境與古蹟整體景觀品質勢必定受到嚴重影響，此豈符合都市更新條例第1條所稱增進全面公共利益之立法意旨。請貴局慎思。

四、西元1860年臺灣開港後數個重要地區出現外國人聚集的地區，包括高雄（旗津、哨船頭）、臺南（市區、安平）、基隆、臺北大稻埕及淡水此處，西元1897年日本政府將這些地區劃定為臺灣的外國人雜居地範圍。然而臺灣戰後至今，因都市計畫管理及建築管理制度的混亂，前四個區域早已因未適當制定合宜的空間環境管制保存策略，在民眾與建商開發過程中喪失既有環境風貌。今日就僅剩淡水埔頂地區、鼻仔頭地區尚存少數當時臺灣開港後歷史風貌建築及景觀。也因為如此，文化部方會將此地區納入世界遺產潛力點「淡水紅毛城及其週遭歷史建築群」的核心區位置，其目的是希望日後能結合貴府逐步推動改善相關建築與景觀環境。觀諸本案所提的都市更新事業計畫內容，是由建商提供百分之四十七之土地，政府公部門提供百分之五十三配合都市更新，雖依都市更新條例第27條的規定，都市更新事業計畫範圍內公有土地及建築物應一律參加都市更新，並依都市更新事業計畫處理之。但該條之立法意旨是否適用於本案確有疑義！就今日世界的文化資產保存發展與國際社會對都市更新、都市計畫與都市發展的策略思維上，無不將重視古蹟歷史建築物周邊地景保存納為重要的考量方向，對於周邊建設管制無不競競業業，並以金錢或指定容積移轉等類似方式來補償原有地主之損失。如前所述，此案目前在建築古蹟保存界引起軒然大波，勢必要考量文化資產周邊環境的價值與重要性，如僅用一般都市更新程序檢討，貿然同意此案開發，以今日資訊傳播之發達，勢必貽笑國際。

五、最後建議「淡水紅毛城及其週遭歷史建築群」的核心區日後可能一再因民間建商提出都市更新案，公有土地必須被迫配合更新，而引起諸多爭議，建請貴局會同文化局、工務局、地政局等相關等單位，應整體就建築管理、土地管理、都市計畫管理、文化資產管理體系整合，對文化部劃定世界遺產潛力點「淡水紅毛城及其週遭歷史建築群」的核心區擬定相關的管制規定，以維護貴府、文化部與民間學校、團體等諸多單位這30年來花費難以計量的經費與無數人力辛苦奔波得來不易的成果。也不辜負全民寄託。

附錄　淡水重要地圖

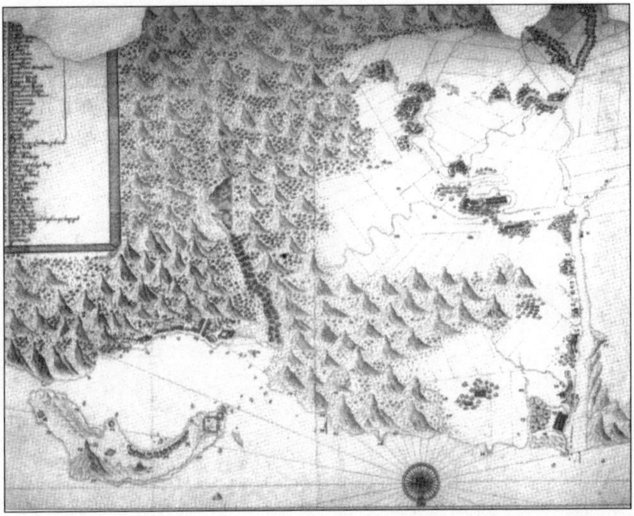

▲ 1654年手繪淡水及其附近村落及雞籠嶼圖。資料來源：荷蘭海牙國立檔案館典藏。

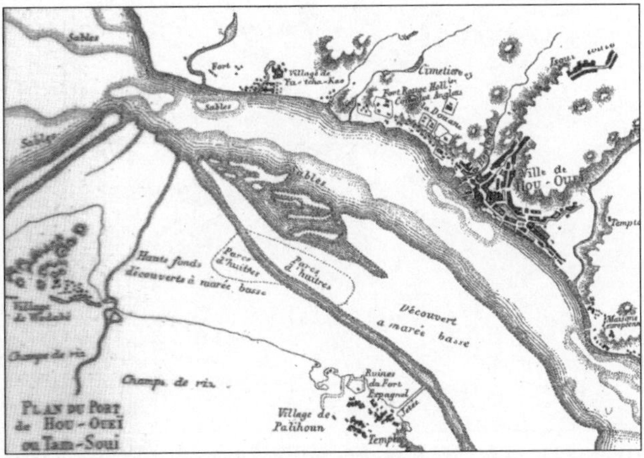

◀明治28年（1895）淡水河口手繪圖。資料來源：國立臺灣歷史博物館典藏。

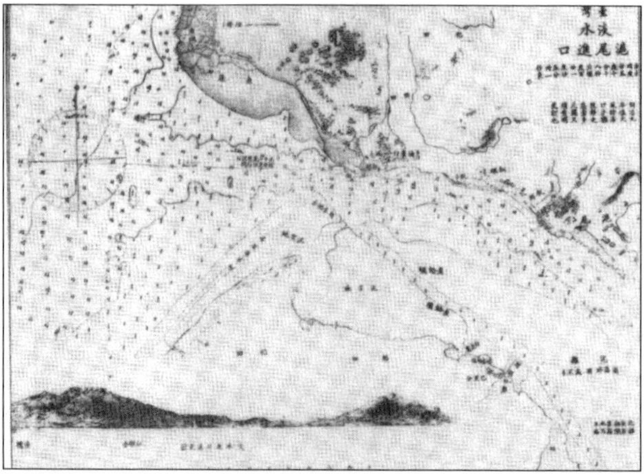

▲ 清末年間由中國人仿效西方所繪的台灣淡水滬尾進口圖。資料來源：中央研究院GIS中心數位典藏。

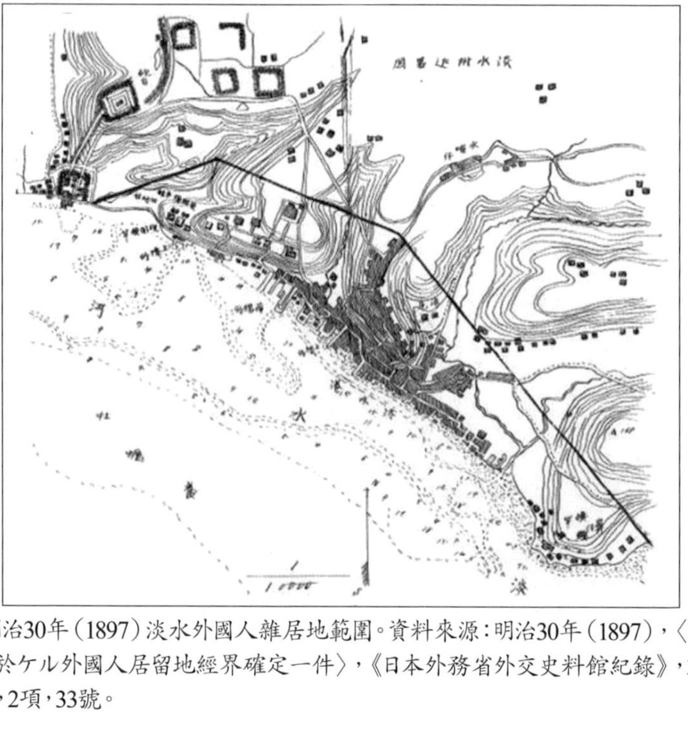

▲ 明治30年（1897）淡水外國人雜居地範圍。資料來源：明治30年（1897），〈臺灣島ニ於ケル外國人居留地經界確定一件〉，《日本外務省外交史料館紀錄》，3門，12類，2項，33號。

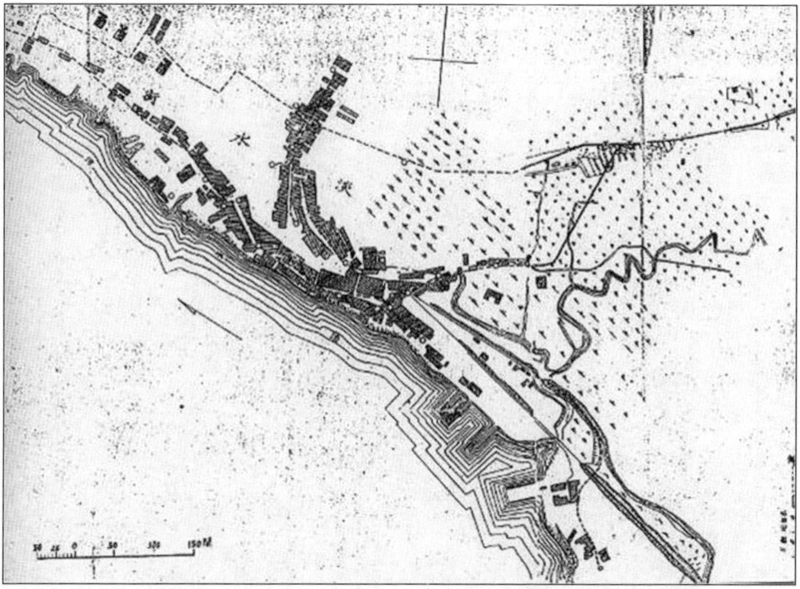

▲明治35年（1902）淡水鐵道水管路線地圖。資料來源：《淡水街案內》。

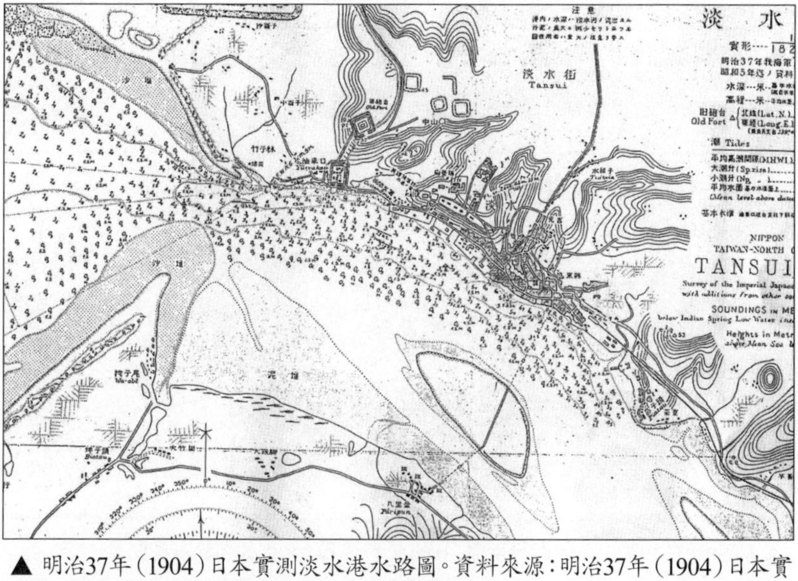

▲明治37年（1904）日本實測淡水港水路圖。資料來源：明治37年（1904）日本實測淡水港水路圖。原圖見於高雄旗後燈塔展覽室。

▲明治37年(1904)年滬尾淡水地圖。資料來源:藏於國家圖書館之臺灣堡圖。

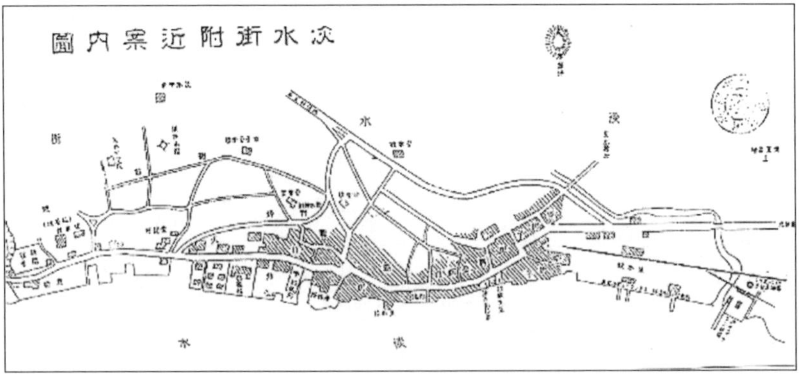

▲昭和5年(1930)淡水街附近案內圖。資料來源:《淡水郡管內要覽》。

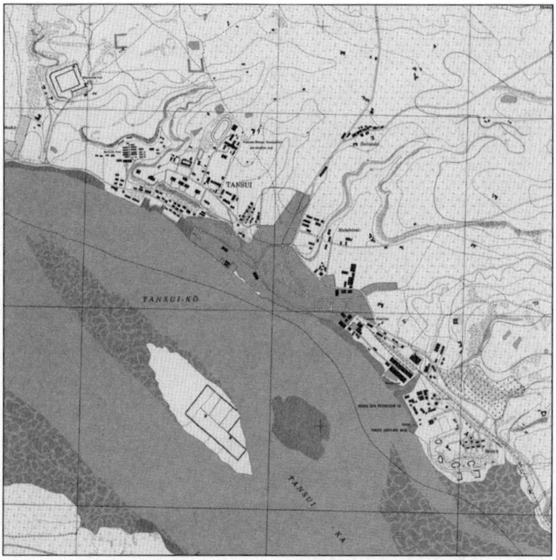

▲ 昭和20年（1945）淡水地圖。資料來源：美國德州圖書館淡水地圖。

▲ 民國37年（1948）淡水港地形圖。資料來源：美國國家檔案館典藏臺灣舊航空照片檔案編號B03258_004。中央研究院GIS中心數位典藏。

索引

本書重要地名索引

本書重要建築物名稱索引

本書重要人名索引

本書重要公司組織索引

國家圖書館出版品預行編目資料

臺灣淡水埔頂及鼻仔頭地區歷史建築空間變遷 / 張志源著. -- 初版. -- 臺北市：蘭臺, 2014.1
面； 公分. -- (臺灣史研究叢刊；11)
ISBN 978-986-6231-67-4(平裝)
1.歷史 2.歷史性建築 3.新北市淡水區
733.9/103.9/141.2 102015438

臺灣史研究叢刊 11

臺灣淡水埔頂及鼻仔頭地區歷史建築空間變遷

作　　者：張志源
編　　輯：郭鎧銘
美　　編：林育雯
封面設計：林育雯
出 版 者：蘭臺出版社
發　　行：蘭臺出版社
地　　址：臺北市中正區重慶南路1段121號8樓之14
電　　話：(02)2331-1675或(02)2331-1691
傳　　真：(02)2382-6225
E—MAIL：books5w@yahoo.com.tw或books5w@gmail.com
網路書店：http://store.pchome.com.tw/yesbooks/
http://www.5w.com.tw、華文網路書店、三民書局
總 經 銷：成信文化事業股份有限公司
劃撥戶名：蘭臺出版社　帳號：18995335
網路書店：博客來網路書店 http://www.books.com.tw
香港代理：香港聯合零售有限公司
地　　址：香港新界大蒲汀麗路36號中華商務印刷大樓
C&C Building, 36,Ting, Lai, Road, Tai,Po, New,Territories
電　　話：(852)2150-2100　傳真：(852)2356-0735
出版日期：2014年1月 初版
定　　價：新臺幣550元整（平裝）
ISBN：978-986-6231-67-4

版權所有・翻印必究